風響社 あじあブックス 別巻④

朝鮮民族説話の研究

孫晋泰

金廣植・馬場英子・鄭裕江 訳／樋口 淳 解題

風響社

刊行にあたって

樋口　淳

本書は、孫晋泰著『朝鮮民族説話의研究』(一九四七年四月 ソウル 乙酉文化社)の翻訳です。本書の書名は直後に『韓国民族説話의研究』と改められましたが、内容は変わりません。孫晋泰は出版にあたって、本書が「一九二七年八月以来、『新民』という雑誌に国文(朝鮮語)で十五回にわたって発表した朝鮮民族説話の研究を当時発表した内容そのままに、まずは上梓することを約束したものである」と述べています。

『新民』は日帝時代(日韓併合期)にソウルで一九二五年五月から一九三二年六月(第七三号)まで刊行された朝鮮語の月刊総合誌で、崔南善、李允宰、李秉岐、李殷相、梁柱東など当時の知識人が多数参加した重要な雑誌ですが、残念なことに散逸し、その後の復刻版にも欠号が多く、韓国の国立中央図書館や日本の国会図書館にも完全には所蔵されていませんでした。幸い孫晋泰論文掲載号に関しては、筆頭翻訳者である金廣植が韓国各地の図書館の蔵書を辿って十五回全ての連載論文をチェックし、孫晋泰の言葉通り、若干の異同はあるものの大きな修正はないと確認することができました。

孫晋泰は、一九〇〇年に慶尚南道の釜山に近い東萊で生まれ、一九二一年にソウルの中東中学校を卒業し、東京の早稲田大学第一高等学校予科に入学しました。

雑誌「新民」に「朝鮮民間説話의研究」を連載していた一九二七年夏から一九二九年春に至る時期は、早稲田大学を卒業し、当時開設されたばかりの東洋文庫に研究の場を得て、『朝鮮古歌謡集』（一九二九）、『朝鮮神歌遺篇』（一九三〇）、『朝鮮民譚集』（一九三〇）という三冊の著書を準備しながら、韓国全域で民譚（民話）と巫覡の語る祭祀と神歌の調査を行うと同時に、後に『韓国民族文化의研究』（一九四八年乙酉文化社）にまとめられる考古学・人類学・民俗学調査を盛んに行っていた、研究活動の全盛期でした。

本書は、したがって孫晋泰の民譚と民俗、そしてシャマニズムの現地調査の成果を、東洋文庫における古典籍の調査によって裏づけた成果であるといってよいと思われます。

漢文の教養を絶対視していた朝鮮王朝の両班文化は、一八九四年に開化派の金弘集の手で断行された甲午改革によって転機を迎えましたが、孫晋泰より少し年長の李能和や崔南善の世代の知識人は、当初ハングルを自由に使いこなすことができませんでした。

生まれつつあるハングル文化と旧世代の漢文化の混在した朝鮮文化移行期を生きた孫晋泰は、明治初期日本の夏目漱石や南方熊楠のように自在に漢文を読みこなし、朝鮮・中国の知識人が愛した古典籍の世界に親しむ一方で、両班の教養とはほど遠い庶民の語る民譚や巫覡の巫歌の世界に分け入りながら、その一方で白鳥庫吉や津田左右吉のような年長の日本知識人と対等に付き合うことができたのです。

今日、本書に孫晋泰が引用した漢文献を自由に読みこなす人の数は限られています。とくに二一世紀に入り漢字をほぼ全廃した韓国では、これを読み下す人はごく稀れです。

日本の状況も韓国とほぼ同じです。本書では、漢籍部分の翻訳は、で中国民間文学専攻の馬場英子が担当し、孫晋泰が当時、東洋文庫で利用した本を確認しながら、なるべく読みやすい日本語にするように努めました。日韓の中央図書館から失われた『新民』の全号を検証し、救い出した金廣植の業績とともに、特筆に値するものと思われます。

本書が改めてハングルに翻訳され、韓国の人たちが『朝鮮神歌遺篇』『朝鮮民譚集』とともに、少し前までの自国文化に親しむことができる日を待ち望んでいます。

目次──

●解説篇

装丁＝オーバードライブ・前田幸江

●本文篇　朝鮮民族説話の研究

孫晋泰著／金廣植・鄭裕江・馬場英子　訳

はじめに

民族説話とは、一つの民族の間で語り伝えられる神話・伝説・古談・童話・寓話・笑話・雑説等の総称である。その特質を社会学的に見ると、一つの社会生活集団内に伝承される集団的、自然発生的、かつ自然発展的な説話であると考えられる。言い換えれば、一社会集団で営まれる集団生活のうちで自然に生長した集団的な思想や感情、または生活事象を表現したものである。

そして、そのような社会集団が、他民族の説話を受容する場合にも、当該の説話が受容する側の生活に溶け込み、集団の説話として受け入れられた場合には、その集団の民族説話として定着する。それゆえ、民族説話は個人や支配階級の貴族のものではなく、集団的かつ平等に、民族に共有されるものとなるのである。

また、この問題を歴史学的に見ると、歴史的民族説話と現実的民族説話に区別される。ここで歴史的民族説話というのは、民族の現実生活のうちですでに生命を失い、単に記録の上にのみ姿を留めるものであり、現実的民族説話と呼ぶものは、いまも民族の現実生活に生きているものである。

さらにこれを文学的に見ると、これは知識階級が文字を通じて記録し、文字によって伝える文学ではなく、文字を読むことができない人々が語りを通じて伝承する、所謂、口碑文学である。それゆえ、この口碑文学は文学的・

科学的な教養、思想的・感情的な教養、歴史的・地理的な教養、倫理的・道徳的な教養、民族的・社会的な教養、人格的な教養など、多角的な生活上の教養を与える文学である。

民族説話は民族の生活の上で、実に重要な任務を担ってきただけでなく、支配階級を除外した一般民族層のありのままの生活のみを取捨選択して成長発達した芸術であるので、私たちの民族の性格と思想と感情を最も素直に表現している。

この民族説話を研究する方法には、人類学的、民俗学的、社会学的な方法があり、さらに、文学的・宗教学的・言語学的・心理学的・歴史学的・地理学的・経済学的・倫理学的・政治学的・法律学的な、さまざまな角度からの方法があるが、文化史的方法もまた重要である。

文化史的方法とは、一つの民族説話がどのようにどこで発生して、どの時代にどのような理由でどこに伝播したのかという経路を考究する方法である。私が本書の副題を「文化史的研究」としたのは、私の民族説話研究の方法の中心が文化史的研究であることを意味する。私は、本書の執筆にあたって、知識の及ぶ限り、上述の各種方法を援用した。

私は本書で檀君伝説、東明王伝説、赫居世伝説、首露王伝説等、上古時代の建国伝説については言及しないことにしたが、この問題に関しては機会があり次第別途で詳論する予定である。

私は、読者各位に、この拙い小研究を通して、朝鮮文化のつぎのような特色を理解してほしいと願う。その特色とは、まず朝鮮の民族文化は、遥遠な古い昔から決して孤立した文化ではなく、世界文化の一環として存在しており、その民族文化は、世界各地に分布している世界共通の説話、つまり「世界的説話」の全ての種類を持っていたと推測されるということである。

次に、朝鮮の周囲の他民族との文化関係において考察すると、朝鮮文化は確かに中国文化と最も深くて複雑な親密関係を持ち、朝鮮文化が中国文化に及ぼした影響は質と量とも極めて少ないが、漢民族が朝鮮民族に与えた影響は極めて多いということを指摘しなければならない。

また朝鮮民族とモンゴル民族との関係を考えると、モンゴル民族の影響は漢民族に比して量的にはとうてい比較にならないが、漢民族の感化が主に文字や記録を通して我々に伝えられたのに対して、モンゴル民族の伝承はもっぱら人的な交流によって、口承を通じて朝鮮各地に広まったので、特に人間的・血縁的な親密さが感じられる。

最後に、日本民族との関係を見れば、多くの民族説話が朝鮮から日本に伝えられたことがわかる。日本から私たちに伝えられた説話は極めて少数で、また、その伝承は、あるいは文字記録により、あるいは人的な交流によってなされたもので、朝鮮との関係においては、過去の日本文化は常に受身の立場にあったことがわかる。

第一篇　中国に伝わった朝鮮説話

1　新羅の金の錐《つち》説話

朝鮮の建国神話が中国に伝わり、かれらの古文献に多くの記録が残っているのは周知の通りである。また、朝鮮の民族説話そのものが中国に伝わった場合もまったくないわけではない。唐の段成式の『酉陽雑俎《ゆうようざつそ》』続集（『学津討原』十六集）巻一の冒頭、及び『太平広記』巻四八一に、つぎのような話がある。

新羅の国の第一貴族(1)（高位の貴族）である金哥は、その遠い祖先の名を旁㐌といった。（旁㐌には）弟が一人いて、大変な金持ちだった。兄の旁㐌は、分家していたので、衣食をもらっていた。空いている土地一畝をくれる人がいたので、旁㐌は、蚕と穀物の種を、弟に求めた。弟は蚕の繭と穀物の種を蒸して与えたが、旁㐌は気づかなかった。蚕の繭が（孵る）時期になると、蚕は一匹だけ孵ったが、その蚕は、日に一寸余りも成長した。十日もたつと牛ほどの大きさになった。数本の木の葉を食べても足りなかった。

弟はこのことを知ると、隙を狙ってその蚕を殺した。（すると）一日で、四方百里内の蚕がすべて旁㐌の家に飛んで集まってきた。国の人はこれは巨蚕だ、と言った。つまり蚕の王という意味である。四隣の人びとは一緒に糸をとって、供出しなかった。

旁㐌の撒いた種から穀物は、ただ一本だけ育った。その穂は長さが一尺余になった。

旁㐌がそれをずっと見張っていると、突然、鳥が飛んできて、穂をくわえていった。旁㐌は追いかけた。山を登って五、六里行くと、鳥は岩の裂け目に入った。日が暮れてあたりが暗くなったので、旁㐌はそのまま岩の傍にとどまった。

夜半、月明りの中に一群の赤い服の子どもたちが一緒に遊ぶのが見えた。一人の子が「君は何が欲しい？」と聞いた。一人が「酒が飲みたい」と言うと、子どもは一つの金の錐《つち》を出して、岩をたたいた。酒と酒器がみんな揃った。一人が「食べ物が欲しい」と言って、また槌をたたくと、餅《ピン》(2)とスープと肉料理が岩の上に並んだ。しばらくして食べ終えると、行ってしまった。金の錐は岩の隙間に挿したままだった。

旁㐌は大喜びで、その槌を取って帰った。欲しいものは、槌をたたいて手に入れたので、旁㐌の富は国の財力に匹敵するほどになった。彼は、いつも弟に珠玉を贈った。弟は、以前、蚕や穀物の件で兄を欺いたことを初めて悔やんで、兄に言った。

「試しに蚕や穀物で私を欺いてください、私も兄さんのように金の槌が手に入るかもしれません」

旁㐌は弟の愚かさを諭したが、聞かないので、弟の言うとおりにした。弟が蚕を飼うと、一匹だけ孵ったが、普通の蚕だった。穀物を植えたら、また一本だけ育った。実ったら、鳥がくわえていった。弟は大喜びで、鳥について山に入っていった。鳥が入っていったところに着くと、子どもの群れに出会った。子どもたちは怒って、「金の錐を盗んだ奴だ」と言って、捕まえて、「糠《ぬか》で塀を三つ作るか、鼻を一丈に伸ばされたいか」と聞いた。

弟は糠で塀を三つ作る、と言ったが、三日かけても飢えて疲れはてただけで、できなかった。

鬼に許しを請うと、鼻を引っ張られて、象の鼻のようになって帰ってきた。国の人びとは怪しんで見物に集まったので、弟は恥じて怒って死んだ。

その後、子孫がふざけて槌をたたいて狼の糞を出そうとしたら、雷が轟いて、槌は無くなってしまった。

この説話の一節や一句は、今もなお生命力を持ち続けている。朝鮮のある話では、悪い兄が貧しい弟に穀物の種を分けてやる際、それを蒸してやったという一節がある。また、ほかの話では、［人のまねをして］金の錐を手に入れようとして出かけて足を折られ、村人から笑いものになったと変化している。

朝鮮の諺に対する影響も大きく、自分のことで手いっぱいという場合に「わが鼻も三尺の長さだが」、または、「俺の鼻は三尺もあるが」と言い、また何かを手に入れようと出かけ、談判しても成功せず、ひどい目に遭った場合、「鼻をつかまれた」と言う。子どもたちがひどく叱られたとき、自分の鼻のところで両手の親指と小指を伸ばして、長い鼻のかっこうにして、「俺の鼻が……」または、「宋生員[3]、俺の鼻を見ろ」と言う。

このような言い方も、新羅の金の錐の説話に由来するものだと考えられる。また同じような場合に「鼻を引っつかまれた」と言うのは、おそらく「鼻をつかむ」という言葉がなまって伝わったものであろう。

そして、現在の民間説話に「隣人がトケビのところから如意棒や宝の槌（打ち出の小槌）を手に入れたのをまねて、ひどい目にあって帰ってくる」という、金の錐説話を受け継いだ話が、広く伝わっていることも周知の通りである。

このように有名な新羅の金の錐の説話が、中国の民族説話にどのような影響を及ぼしたかは定かではないが、段成式の記録から、金の錐が朝鮮の説話として中国に伝わったことだけは、はっきりとわかる。

2　兄弟が金を投げ捨てた話

陳耀文（一五七三―一六一九）の『天中記』巻五十、「金は不祥の物」の条に次のような話がある。

朝鮮国の都に兄弟二人がいて、一緒に旅した。弟は黄金二錠を手に入れたので、その一つを兄に与えた。楊花津[4]に至り、一緒に船に乗って、川を渡った。と、突然、（弟は）金を水中に投げ捨てて、「私は平生、兄さんをとても大切に思っているのに、今、金を分けたら、たちまち兄さんを疎ましく思う気持ちが湧いてきました。だから、この金は不祥の物なので、川に捨てて忘れてしまうのがいいのです」と言った。兄は「おまえの言うことは確かにその通りだ」と言って、やはり金を水中に投げ捨てた。

また、『東国輿地勝覧』（一五三〇）巻十、陽川県山川孔岩津の条にも、このような話がある。

高麗の恭愍王（一三三〇―一三七四）の時、ある兄弟が一緒に旅に出た。弟は黄金二錠を手に入れたので、その一つを兄に与えた。渡し場に着くと、共に船に乗って渡ったが、弟が突然、金を水中に投げすてた。兄がいぶかって尋ねると、「私は平生、兄さんをとても愛していたのに、今、金を分けたら、たちまち兄さんを厭う気持ちが芽生えました。これは不祥の物なので、川に捨てて忘れたほうがいいのです」と言った。兄は「全くおまえの言うとおりだ」と言って、また金を川に投げ捨てた。この時、同船していたのは皆、愚民だったので、兄弟の姓名や邑里（出身地）を尋ねた者はいなかった。

『天中記』にほぼ同じ記事があるのを見ると、この説話が明代に朝鮮から中国に伝わったのは明らかである。

しかし、この「金を投げ捨てる」伝説は、もともと朝鮮固有のものなのか、また、兄弟の「金の投げ捨て」説話が本当に事実であったかという点は、少し疑わしい。すでに仏典にこれに類した話が見えるからである。たとえば唐の釋道世の『法苑珠林』巻九十四（六六八）に引く後秦の鳩摩羅什（三四四―四一三）訳『大智度論』には次のように記されている。

……兄弟二人が、それぞれ十斤の金を担いで旅した。道中、ほかに連れはいなかった。兄が先にこのように考えた。

「私が弟を殺して金を取りたいのは、この道が広漠として、誰にも知られないからだ」弟もまた兄を殺して金を取りたいという考えを起こした。兄弟はそれぞれ悪心を抱いて、言葉や視線が皆（ふだんと）異なった。兄弟はすぐに自ら悟り、後悔の念を生じた。

「我々は人でなしだ、禽獣と何ら変わらない。ともに兄弟として生まれながら、わずかの金のために悪心を起こした」と。兄弟はともに水辺に至ると、兄が金を水中に投げた。弟は「善きかな、善きかな」と言った。弟もまた金を水中に棄てると、兄も「善きかな」と言った。兄弟はさらにお互いに「なぜ、善きかなと言ったのか」と尋ねた。それぞれ答えて「自分はこの金のためによからぬ心を起こして、危害を加えようとしたが、今、棄てることができたので、善きかなといったのだ」と言った。二人の言葉は一致した。

日本の文献にもこのような伝説はあり、『続南方随筆』（一九二七）に引用されている。(5)

訳注

（1）新羅の身分制、骨品制を反映した呼び名か（今村与志雄『酉陽雑俎』四巻二四頁、東洋文庫、参照）。

（2）「餅（ビン）」は、穀物の粉をこねて、丸く薄く焼いたり蒸したりしたもの。

（3）生員は、本来、朝鮮王朝時代における科挙の一つ生員試（小科）に合格した人をさすが、実際は、科挙には関係なく、ただ両班への敬称に用いられた。

（4）現ソウル麻浦区、漢江の渡し。

（5）「駕籠舁き互いに殺さんと謀りし話」

第二篇　中国の影響を受けた民族説話

朝鮮民族は有史以来、政治的に中国から独立してはいたが、貴族文化の側面では、新羅統一（六七六）以来、ほぼ中国の一部という観を呈していたのは、否定できない歴史的事実である。朝鮮固有の文化がなかったわけではないが、その文化は、ほぼ原始の状態から抜け出せていなかった。

檀君時代を理想的な時代だと考え、新羅の文化が燦爛無比であったように主張するのは、古代を無批判に賛美しようとする感傷的で封建的な歴史家たちが常に陥りやすいところである。たとえ檀君時代が確かに存在したとしても、その時代は未開な原始時代に過ぎず、原始社会からわれわれが学ぶことは多いが、当時の一般文化は後世のように進歩発達したものではなかった。また、新羅の文化の中で彫刻や建築が驚くほどに発達していたことは事実だが、彫刻や建築だけが文化のすべてではない以上、新羅の文化が高麗や李朝（朝鮮王朝）より発達していたということも、やはり間違った認識だと言わざるを得ない。

これは、あたかもギリシャの古代彫刻が偉大だということをもって、今日のギリシャ文化が古代より劣っていると推測するのと同じように誤っている。

いわば、古代美術に深い関心をいだく美術研究者が、古代文化の一側面にすぎないものに、過度の感情をこめて過度の賛辞を捧げたために、歴史を知らない一般民衆が、彼らの美文に酔って古代賛美に共鳴したにすぎない。空想的気質を多く持った先人が、現実生活に対する不満の反動から、古代人の純真無垢な生活への過度な賛嘆を生み、幻覚を生み出したにすぎない。しかし、歴史は常に進歩し、社会は絶えず進化している。

三国時代よりは高麗時代の文化が発達しており、高麗時代よりは李朝時代の文化が進化している。しかし、そのような発達進歩は、朝鮮の固有文化が自然に展開した結果ではなく、主なものは中国文化の輸入によって、旧来の幼稚な社会組織、政治、経済の組織等が中国的に変革され高級化しながら、固有の文化も新来の高級文化の感化により次第に進展することになったのである。記録が始まり、文学や美術が発生したことも、すべて中国文化の感化であった。また、中国内部の文化的進展にしたがい、朝鮮の文化も常にその感化を受けた。

したがって、少なくとも高麗以後の朝鮮文化の上層部は、それを中国文化の一部だとみなしても決して過言ではない。もちろん、中国文化が朝鮮に及ぼした悪影響もあり、それは中国文化の本質が貴族的であったことにも原因はあるが、朝鮮人の消化力や利用方法にも本質的な欠陥があったことはいなめない。

そしてまた、近代まで発展してきた朝鮮文化が、つねに中国文化の一部分であったと仮定すれば、朝鮮の民族説話の中に、中国の民間説話や小説、その他の方面の影響が、大変多いはずである。

そこで、私は文化的に朝鮮と最も密接な関係を持った中国の説話と朝鮮の説話を比較して、朝鮮民族説話の内にどれほど中国の影響があるかを考察した後に、モンゴルや日本の説話とどのような相互影響があるのかを考えてみることにする。しかし、朝鮮に伝わった話でも、中国や日本の説話であると認識して語られるものは、もちろんここでは対象としない。

1　大洪水伝説

私の調査した範囲内では、朝鮮民族に固有の創世神話は確認できなかったが、仏教の強い影響を受けたと思われる創世神話型の民間説話を見出した。

しかし、わずか一話にすぎない話を、インドの創世神話と比較することはできないので、やむを得ず、朝鮮民族固有の創世神話は省略し、世界的に広く分布する大洪水伝説から始めることにする。

朝鮮の民間に伝わる大洪水説話にもいくつかの異説があるが、ここでは研究目的にしたがって、中国と関係がある説話だけを取り上げることにする。

洪水伝説の一つは以下の通りである。

むかし、大洪水が起って世界はすべて海と化し、一人も生存する者がいなくなった。その時、ある男とその妹だけが生き残って、白頭山のように高い山の頂上に漂着した。

水が引いた後、男とその妹は世間に下りてみたが、人の影さえ見つけることができなかった。

このままでは、人は絶滅するしかないが、兄妹の間で結婚をするわけにもいかない。しばらく考えた末、兄妹はそれぞれ向かい合う二つの峰の上に登ると、女は雌臼［曳き臼の穴の開いた方］を回しながら下り、男は雄臼［曳き臼の突起がある下の方］を回しながら下った［あるいは石臼の代わりに、青松の葉を燃やして煙を出したともいう］。それから、二人は天に祈った。

雌臼と雄臼は不思議なことに、谷間の下で、まるで誰かがくっつけたかのようにぴったりと重なった［または青松の葉から出た煙が、不思議なことに空中で混ざり合ったともいう」。兄妹はこれを天のお告げだと思い、結婚することを決心した。この兄妹の結婚により、人類は存続することになった。

今のこのように多くの人類の祖先は、じつは昔のこの二人の兄妹であるという。

（一九二三年八月一一日、咸興府何東里、金浩栄氏談）

この伝説は人類の始祖伝説だといえるが、だいたい、洪水伝説は人類の絶滅をともなっており、洪水後、残った何人かの男女によって世界の人類がふたたび繁殖するようになる。とりたてて人類の始祖という点を強調しなくても、洪水伝説さえ持ち出せば、自然に人類の始祖を連想する。その上、今日に至るまで神話学者は「大洪水神話」という名称を用いてきたので、私もこの名称を踏襲することにする。神話学者なら誰でも洪水伝説について言及するから、いまさら私が「この伝説が世界的に広く分布している」と説明する必要はあるまい。

近年、ドイツのヨハンネス・リームが、その『伝説と科学にみる洪水（Die sinftlut in sage und wissenschaft）』で、旧約聖書の洪水伝説、バビロニアやアッシリアの洪水伝説をはじめとして、これまでに報告された諸民族の歴史上の洪水伝説の分布を詳しく研究し、その分布図を作成している。

しかし、朝鮮の洪水伝説はまだ学界に紹介されていないので、この分布図に入っていないのは遺憾である。私の関心は、前記の朝鮮の洪水伝説が、どこから直接的な影響を受けたのか、どの民族の伝説と最も似ているのかという点にある。

もし、朝鮮の伝説が世界のいかなる洪水伝説ともかけ離れていて、独特な点があるとするならば、それは遠い昔から朝鮮に存在していたといえるが、それは次に述べる中国雲南省のロロ族（イ族）の創世説話の一節と最もよく似ており、しかも中国の話とも実によく似ている。このことから、決して遠い昔から独特の姿で朝鮮に存在していたとは言いがたい。

フランスのカトリック宣教師、ポール・ヴィアルが一八九八年に上海で出版した『ロロ族（Les Lolos）』という小冊子によると、天地開闢の時、天の神は泥土で一対の男女を創造した。

その創造された人は兄（ムー）と妹（ヌー）の二人で、名前はトゥシといった。もちろん、父（イバ）も母（イマ）もおらず、地上には他に誰もいなかった。そして、その兄妹二人はすべて泥土で作られたのだった。兄妹二人は二つの山の上から、それぞれが丸い石を投げ落とした。すると、兄が落とした石はちょうど妹が落とした石の上に落ちた。

つぎに彼らは篩を一つずつころがした。すると妹のものは少し前方で止まり、兄のものは山麓の妹の篩のすぐ後ろに落ちた。

彼らはまた、それぞれ山の上で火を燃やすと、煙は天上に上がり、ある山の上で集まって一つになった。その後、兄妹は夫婦になり、妹は一つの瓢簞を生んだ。その瓢簞の中にはありとあらゆる種類の人の種が入っていた。人はこのようにして繁殖することになった。

この説話はイ族の創造神話の一節であり、人類の祖先を語ったものである。イ族には、ほかに洪水神話があるが、この話の一節が朝鮮の洪水説話にどれほど似ているかは、すぐわかるだろう。

このような民間説話は、イ族だけではなく、中国の唐代の文献にも見られる。

唐代の李冗の『独異志』（『稗海』第一套）巻下に次のような話がある。

むかし、宇宙開闢の時、ただ女媧《じょか》兄妹二人だけが昆山にいた。天下にはまだ人民というものが無かったので、相談して夫婦となることにしたが、やはり恥ずかしいので、兄はその妹と崑崙山に登り、「天がもし我々兄妹二人を遣わして夫婦とするというのなら、煙をすべて合わせよ。もし違うというなら、煙を散らせ」と唱えた。すると煙が合わさったので、妹はやってきた。兄は草を編んで扇を作り、その顔を隠した。今の人が、嫁を取るときに扇を持つのは、この事を象徴しているのだ。

嫁を娶るときに顔を隠す扇を使うことについて、このような理由がつけられているのは、中国人が作り出した事だからである。この中国の説話は、結局イ族の影響を受けたのか、それとももともと中国固有の説話で、イ族が中国説話の影響を受けたのかは、考証しがたい。

しかし唐代に既にこのような説話があったのならば、朝鮮の「兄妹が結婚して、人類の始祖になった説話」が『独異志』のような記述から出てきたことは疑う余地がない。とくに朝鮮の説話がその冒頭に洪水伝説的色彩を持っているのは、朝鮮伝統の洪水民間説話に、大洪水が人類を絶滅させたという筋があったからであろう。

一、ある時代、世の中にはただ兄妹二人しか残っていなかった。
二、兄妹は結婚することに躊躇して決められなかった。
三、兄妹が天の神の意思を知るために、高山の上で煙を出したり、あるいは（石臼など）ほかの物を落としたりした。
四、煙が異常に集まって一つになったので、兄妹は結婚した。
五、この兄妹が人類の祖先になった。

これらの諸点は、この説話の重要な部分であると同時に、三つの民族の説話は、この点で完全に一致している。しかし、イ族の説話が朝鮮の話に直接関係があるとは考えられないので、朝鮮の民間に現存するこの説話は、高麗あるいは李朝時代の知識階級が、『独異志』のような書物を読んで、それを近親者に語ったことをきっかけにして、次第に民間でも流行したのであろう。

2　南斗七星、北斗七星と短命運の少年の話

朝鮮の民間には、次のような説話が伝わる。

昔、ある一人息子がいた。ある日、神僧（仙人のような不思議な力を持つ僧）がその子の家の前を通りかかった。その子の面相を見ると、「この子は十九歳までしか生きられない」と言った。その子の父親は大変驚いて、その僧に何度も叩頭して哀願した。「禅師さまは人の寿命についてよくご存じなのですから、私の息子を救う方法もご存知のはず。どうか息子を救って、うちの家が途絶えないようにしてください」

僧は、二度目までは「寿命の長短はわかりますが、私の力で人の命を救うことはできません」と断ったが、三度目に哀願されると、次のように言った。

「では、明日、南山のてっぺんに登ってみなさい。そこで二人の僧が囲碁を打っているだろうから、その前で叩頭して、命をお助けくださいとだけ頼んでみなさい。そうしたら、何か方法があるはずです」

子は翌朝、南山のてっぺんに登ってみた。果たして、二人の僧が囲碁を打っていた。子はその前で跪いて、命を助けてくださいとだけ頼んだ。一人の僧の顔は美しかったが、もう一人の僧の顔は醜かった。醜い顔の僧は、聞いても聞こえなかったような顔をした。大分経ってから、美しい顔の僧が困り果てた顔をしてその子を見て、醜い顔の僧に言った。

「あまりにも可哀そうな様子だから、助けてやろう」醜い顔の僧は頭を振って反対した。二人の僧の間で言い争いが始まった。しばらくの間、言い争っていたが、美しい顔の僧の懇願によって、二人の僧は仲直りをして、その子を助けてやることにした。美しい顔の僧は南斗七星で、醜い顔の僧は北斗七星だった。北斗七星は懐から人の名簿を取り出して、その子の寿命を十九から九十九歳に直した。その子は何度も叩頭して家に帰ってきた。このように人の寿命は、北斗七星が掌るのである。

（一九二三年八月一三日、咸興、金浩栄氏談）

短命運の一人息子の面相を、神通力をもつ神僧や道士、占い師が見て、少年を救うために朝鮮八道（朝鮮の八つの地方）の遊覧に旅立たせるとか、寺に行かせるとかいう説話は、朝鮮民族説話の中にはよくあるものだが、そういうのはもちろん朝鮮独自の話型ではなく、中国由来の定命論や観相論の影響を受けている。この説話の題名や冒頭の部分はまったく中国説話の影響であろう。

定命論の起源はインドにあったのかどうか、もともと中国にそのような思想があったのかどうかは不明だが、そういった思想を直接朝鮮に伝えたのは中国であろう。

それに加えて、この南北斗七星と短命運の少年の説話は、全体が中国のものであることが次の中国説話からわかる。晋の干宝の『捜神記』巻一(1)には次のような説話がある。

管輅(2)（二一〇―二五六）、字は公明、さまざまな術に通じていて、未来と過去の事がわかった。五月に南陽（河南省）の平原を通った時、一人の少年が畑で麦を刈るのを見て、輅はため息をついて、通り過ぎた。少年が「あなた様は、どうして、思わずため息をついていかれたのですか」と尋ねた。輅が「おまえの姓はなにか？」と聞くと、「姓は趙、名は顔です」と答えた。

輅は言った、「たまたま通りかかって、少年を見たら、その寿命が二十を超えず、若死にするとわかったので嘆いたのだ」と。趙顔はこれを聞くと、叩頭したまま「なぜそれがわかったのか」と教えを請うた。

輅は「運命は天で決められていて、私が救えることではない」と言った。

趙顔はこれを聞くと、急いで家に帰り、父に知らせた。そこで父は走っていき、十里も行かないうちに管輅に追いついた。父子二人は馬を下りて伏し拝み、「今しがた、息子が聖人様のお言葉で、二十歳にならずに夭折すると伺いました。聖人様、どうすれば延命できるでしょうか。必ずお礼は致します」と言った。

輅は言った。「運命は私のあずかるところではありません、どうすることができましょう」しかし趙顔が誠を尽くして頼むので、救ってやることにして、趙顔に「ひとまず家に帰って清酒を一榼（一樽）と鹿の干し肉一斤を用意しなさい。私は、卯の日の小食（朝の軽食）の時に、必ず君の家を訪ねる。都合がよければ、頼んでみよう。うまくいくかどうか、わからないが」と言った。父親は家に帰って、酒と干し肉を用意して、待っていた。

輅は、はたして約束通りにやってきて、趙顔に言った。

「おまえが卯の日に麦刈りをした畑の南の大きな桑の木の下で、二人が碁を打っている。おまえはただ、この酒と肉を用意して、片側で盃に酒を満たし、肉を前に勧め、勝手に飲食させるのだ。飲み終わったらまた酌をする。酒がなくなったら頃合いだ。もしおまえに尋ねたら、おまえはただ拝礼しろ、何も話すんじゃないぞ。

必ずどちらかが救ってくれる。私はここでおまえを待っている」

そこで趙顔は、輅の言ったとおりに出かけると、果たして二人が碁を打っていた。進み出て、非常に恭しく控えて、干し肉と杯を前に置いた。一人は、碁に夢中で、ひたすら酒を飲み、肉を食べるだけで、趙顔を顧みることは無かった。何杯か酒を注ぐうち、碁は終わった。北に座っていた人が頭をあげて、趙顔がそばに侍っているのを見ると、カンカンになって叱りつけた。

「なぜここにいるのか」趙顔はただお辞儀をするばかりで答えなかった。南側に座った方が、北側に座った方に「そもそも人は、他人の物を食べるなんて恥ずかしいことだ。たまたま来て、すでにかの人の酒と干し肉を食らった。どうして人情無しのことができようか」

北側に座った人が「文書はすでに決まっているから、その都度変えることはできない」と言うと、南側に座った人が、「ちょっと文書を見せてくれ」と言い、趙顔の寿命が十九歳なのを見て、言った。

「簡単だ、改められるよ」と言って、筆を執って上下逆転の印を加えた。趙顔は見てたいへん喜んだ。（その人は）顔に向かって「九十まで生きるように救済した」と言った。顔は聞いてうれしくてたまらず、お辞儀をして家に帰った。

菅輅に会うと、輅は趙顔に言った。

「おまえを助けて、寿命を増やせてよかった。書き直してくれた北側に座っていた人は北斗星だ。南側に座っていたのは南斗星だ。南斗は人の誕生を司る。北斗は人の死を司る。およそ人は受胎すると、皆、南斗から北斗に行く。すべての願いは皆、北斗に頼むのだ」趙顔の父は束帛（五匹の絹）と金を用意して、謝礼としたが、輅はすべて受け取らなかった。

清酒や鹿の干し肉で南斗を接待したとか、十九を逆にして九十に改めたというのは、話としても非常に面白い。管輅という術士の姓名までがはっきりと出てくるのは中国説話の特色である。南斗と北斗が大きな桑の樹の下で囲碁を打った等の細かい差異はあるが、元来、説話にそのような変化が起きるのは、当然のことである。

中国と朝鮮の説話の大筋は酷似している。このことから東晋代にすでに中国にあった話が、『捜神記』を通じて朝鮮に紹介され、朝鮮の民間にまで伝播したことは否定できないと思われる。

麦を刈った畑の南端の大きな桑の樹の下というのが南山になったのは、朝鮮的な情緒が加味されたのであろうが、朝鮮の説話で「十九歳を九十九歳に改めた」のは、おそらく朝鮮の語り手が、話を聞いた時に「九十」の件に注意を払わず、間違って伝えたのが、そのまま今日に伝わったのだろう。あるいは朝鮮の他の語り手の中には、中国の話のように、九の字を上に返して九十歳とした話を今もなお伝えている者がいるかもしれない。

しかし、十九という数字や、南斗と北斗が南の方で囲碁を打ったことや、子が観相家の言うことを聞いて南斗と北斗の前で命を哀願したことや、南斗は善良で北斗は善良でないことや、南斗の頼みで定命を変えたこと等、朝鮮の説話は多くの点で、中国の説話を比較的忠実に伝えたものだといえる。

ただ、朝鮮の説話が観相家や南斗、北斗をいずれも僧にしているのは、朝鮮がこの説話を輸入してから随分時が経っていることを意味する。仏僧を蔑視していた李朝の半ば以降にこの説話が朝鮮に広がったとすれば、一般の他の説話のように観相家はただの観相家、または占い師や道士等になっていただろう。南斗、北斗も白髪の老人になっていたかもしれない。

とはいえ、この説話が高麗時代あるいは李朝初期に朝鮮の民間に伝わったと断言できる決定的な証拠はまだない。

3　広浦伝説

咸鏡南道定平郡宣徳面広浦の由来に関しては、次のような伝説がある。

今の広浦は小さな漁村に過ぎないが、五百年前までの広浦は大きな都会だった。その当時の広浦には軽薄な若者が大勢いた。

ある老婆が（小さな）酒屋を営んでいた。ある日、粗末な身なりの一人の老翁が酒屋にやってきて、飢えと渇きにさいなまれた様子で、飲食を乞うた。老婆はもともと慈善心の持ち主だったので、親切にもてなした。老翁はたっぷり食べた後、一銭も無くて、代金が払えないことを謝った。

老婆はもともと代金をもらおうとは思っておらず、空腹の人に食べさせるのは当然のことで、礼を言うまでもないと言った。老翁はしばらく、そこに立って考えていたが、このように言った。

「今から三日分の食料を用意して、あの山上の墓の前に立っている石像の童子の目から血が流れたら、すぐに用意した食料を持って、高い山の上に避難しなさい」

老婆は老翁の言った通りにすぐに食料を準備すると、朝、夕に童子の石像から血が流れていないかを確かめにいった。そして、ぶらぶらしている若者に会う度にこの話をして、「あなたたちも避難する準備をしなさい」と忠告した。しかし、悪たれの若者たちが老婆の言うことを聞くはずがなかった。

彼らは、言うことを聞かないばかりか、老婆を驚かせてやろうと悪巧みを企て、夜、こっそりと出かけて老婆が言っていた石像の目を赤く塗り、まるで血の涙が流れているようにして、翌朝、老婆にそのことを話した。

老婆は慌てふためいて食料を持って、すぐに山の上に避難した。悪たれの若者たちは自分たちの計略がうまくいったと思い、老婆の酒樽をあけて、好き放題に飲んで大騒ぎをした。ちょうどこの時、津波が起きて、またたく間に広浦ははてしない海原と化した。こうして、大都会だった広浦はすべて陥没してしまった。今の広浦の大河口はその時の陥没によって生じたもので、今の広浦里は陥没後に新たに建てられたものであるという。

（一九二三年八月一七日、咸興郡西湖津内浦、都相禄君談）

このような伝説は他のところにもあるようだが、私はいまだに他の完全な形の話を聞いていない。そして、このような種類の伝説をとりわけ「広浦伝説」という必要はないが、何か代表的な名称をつけたほうが伝説研究上、便利なので、この種類の伝説を総称して「広浦伝説」という名称の下に一括することにする。

しかし、この伝説も朝鮮固有のものではなく、中国説話から伝来したことは、中国の記録をみれば明らかである。すなわち梁の任昉（四六〇―五〇八）の『述異記』巻上には、次のような伝説がある。

和州（安徽省和県）[3]の歴陽は水没して湖となった。むかし、書生が一人の老婆に会った。老婆は書生を厚くもてなした。書生は老婆に、「この県門の石亀の目から血が出たら、この地は陥没して湖になるでしょう」と話した。老婆はしばしば門を見にいった。門の見張り役人が老婆に尋ねると、老婆はつぶさにわけを話した。役人は朱で亀の目を染めた。老婆は（それを）見ると、そのまま北山の上まで走って逃げた。振り返って見ると、町は沈んでいた。今、湖には、明府魚、[4]奴魚、婢魚がいる。

歴陽湖（安徽省和県）のこの伝説は、早く梁代から中国にあったのは明らかであるが、唐代の記録にも大同小異の

ものが見られる。唐の李冗の『独異志』（『稗海』第一套）巻上には、

歴陽県に一人の媼がいて、いつも善行をしていた。ある若者が、門を通る時に食を求めたので、とても恭しく応対したところ、去り際に媼に、時々県城に行って、門の閾《しきい》に血があれば、すぐに山に登って避難するようにと言った。これ以後、媼は毎日門のところに行った。役人がそのわけを聞くと、媼は若者が教えたとおりに答えた。役人はそこで戯れに鶏の血を門の閾に塗った。翌日、媼は血があるのを見て、鶏籠を持って山上に走った。その夕、県は陥没して湖となった。今の和州歴陽湖がこれである。

という記述が見える。

歴陽湖の伝説に関して、梁と唐の伝説にいくらか違いがあること、梁の話では「県門の石亀の目から出血する」が、唐の話では「県門の敷居に血があれば、山に登って避難しろ」となっており、梁の話では、県の役人が朱墨で亀の目を塗り、唐の話では、鶏の血を敷居に塗るとなっているなど、時代と説話者の相違によって異説を生じるのは、まさに伝説の「伝説」たるゆえんであり、二つの説話が同一の根源から発生したことは疑う余地がない。

そして、このような伝説が、早くも梁や唐代に既に中国の記録に存在することから、朝鮮の同類の伝説が、『述異記』や『独異志』等の記載を通じて生まれたのは自明のことである。

広浦伝説で、老婆が慈善心に富んだ人である、というのが、たとえ『独異志』の「一人の媼がいて、いつも善行をしていた」という部分の影響ではないとしても、この類の話では、類似の表現が見られることが多い。

しかし広浦伝説が中国の記録から生まれたものであるとすれば、この点もやはり中国の影響とみるのが妥当だろうし、「旅人が飲食を要求したので老婆が手厚くもてなした」というモチーフや、「どこかの何かから血が流れれば山に登って避難しなさい」と忠告するモチーフ、「誰かが老婆の言うことは、まったく荒唐無稽だとして、朱墨や鶏の血等の赤いものでその物体に色を塗る」といたずらするモチーフ、「予言どおりにある地方が陥没する」というモチーフなど、この説話の中心になるモチーフは全て一致する。

これは、決して偶然の一致と見ることはできないだろう。

広浦伝説を、歴陽湖にまつわる『独異志』と『述異記』の伝説と比較すると、『独異志』の話のほうが広浦の伝説により多くの感化を与えたと思われるが、広浦説話で「童子の石像から血の涙が流れたら山上に避難しろ」とあるのは、『述異記』の石亀のモチーフが影響したと思われる。

『述異記』が語る「県門の石亀」というのは、朝鮮では親近感がまったくないし、『独異志』の「県門の敷居」に血があるというのも、それほど共感を与える言葉ではないので、朝鮮では最も親近感のある「墓前の石像」に転訛したのである。

中国の伝説では、少年と老媼が中心人物であるのに、広浦伝説では老翁と老媼を中心人物とし、中国の伝説の「少年」の位置に「老人」を配置したのは、朝鮮の説話では預言者の多くが老人なので、朝鮮的に転訛したのである。

そのほかに広浦伝説で「悪たれの若者たちが老婆を騙して、老婆の酒を勝手に暴飲して大暴れした」というのは、説話が流伝する過程で生じた語り手の技巧であり、津波で広浦が陥没したというのは、海辺にある広浦の地理的条件を自然に利用したのである。

赤い染料を塗ったという些細な点は、いうまでもなく、そのように語る方が「わざわざ鶏を買って殺した」というより、聴く者を容易に納得させるからだと思われる。

話が脇道に逸れるが、歴陽が陥落して今の歴陽湖になったという記録は前漢の時からあり、後漢の学者の間でも問題となっていた。梁や唐の状況は、前述した通りである。便宜上、後漢の記録から紹介を始めれば、王充（二七—九七）の『論衡』巻二、命義篇の初めには、次のように記されている。

墨家の論では、人の死は天命によるのではないとする。儒家の議では、人の死は天命によるとする。天命がある、というのは、『論語』（顔淵篇）[5]子夏の「生死は天命により、富貴は天に在り」という言葉にあらわれている。天命に無いとは、歴陽の都が一晩で沈み、湖となったことを言う。

明らかに、後漢の時には宿命論を否定する材料として歴陽の話が使われていたことがわかる。しかし見るところ、この「歴陽陥没説」は前漢時代に、すでに存在していた。

すなわち、『淮南子』巻二、俶真訓のほぼ終わりの部分に、次のような話がある。

……それ、歴陽の都は一夕にして湖となった、勇敢な者も知恵のある者も、臆病者や愚者と同じ運命なのだ。

しかし先に述べた伝説は見えない。ただ、『淮南子』のこの文の下に後漢の高誘がつけた注には、梁あるいは唐の話に似た話が見える。高誘は、次のように記す。

歴陽は淮南国の県名で、今、江都に属す。昔、老嫗あり、常に仁義を行う。二人の諸生が通りかかって「この国は、今まさに沈んで湖とならん」といい、媼に「東の城門の閾《しきい》に血がついているのを見たら、すぐに走って北山に登り、振返るな」と言った。この時から媼は出かけていっては、門の閾を確認した。門番が尋ねたので、媼はこういうわけなのだ、と答えた。その晩、門番はわざわざ鶏を殺してその血を門の閾に塗った。翌朝、老媼が行くと、門に血が見えたので、すぐに北山に登った。国は水没して湖となった。門番にそのことを話してから、一晩のことだった。わずか一日で湖となったのだ。勇敢な者も臆病者も同じ運命で、生き残った者も逃げ出した者もいなかった。

この注から後漢の時代にこのような伝説が中国で流伝していたことがわかる。しかも唐の伝説には、さらに『独異志』〔これも唐の書物である〕と、やや異なる話もあるのだ。すなわち馬総の『意林』（『学津討原』十二集）巻二『淮南子』二十二巻の条に「歴陽之都、一夕湖に成る」の句をひいた後に続けて、馬総が自分の話を書いている。

歴陽は、淮南の県である。ある人が、歴陽の母に、城門に血がついているのを見たら、振り向かずに逃げるように、と言った。その後、門番がわざと血で門の閾を汚した。母はすぐに北山に登り、県は果たして水中に没した。母はそのまま化して石となった。案ずるに、高誘の注には、母が石に化すという文は見えない。

これによると、「老婆が石に化す」という語りは、すでに唐代に出現しているが、民族説話には、こうした変化の類例が多く見られる。それは民族説話固有の特性で、とりたてて語るほどの問題ではない。

中国の話がどのように変化しようとも、広浦伝説が先述の様々な記録から変化したものであることは否定できない。論点と直接関係はないが、我々はやはりこう言うしかない。すなわち「地層の陥没に湖の成因を求めるのは、いかなる民族にとっても自然であり、地質学上もそのように説明できるが、そのようなことが、本当に発生したのかどうかまではわからない」と。朝鮮の記録にも類似した事例があり、『三国遺事』巻二「恵恭王」の条には、次のような記述が見える。

大歴の初年（七六六）、康州（慶尚南道晋州）官署の大堂の東で、地が次第に陥没して池となった［ある本では大寺の東の小さな池とする］。縦十三尺、横七尺あり、そこにたちまち鯉が五、六匹現れ、（その鯉が）次第に大きくなり、（それに従って）淵もまた大きくなった。

これは恐らく、歴陽湖と同様に地層が陥没してできた記録だろう。しかし、鯉云々はもちろん伝説である。先に引いた種々の歴陽湖伝説のほかにも、これと類似した説話が歴陽県以外の県にもある。唐の徐堅の『初学記』巻七「湖城陥」の条には、晋の干宝の『捜神記』（巻十三）の内容を引いて言う。

干宝の『捜神記』にいう、由権県（浙江省）は、秦の時の長水県である。秦の始皇帝の時、童《わらべ》の謡《うた》に「城門に血がついていたら、城《まち》はまさに陥没して湖となる」と言った。これを聞いた嫗は、毎朝、調べにいっていた。門衛が捕まえようとしたので、嫗はその訳を話した。その後、門衛が門に犬の血を塗ったら、嫗は血を見て逃げ出した。たちまち、大水が出て、県が水没しそうになった。主簿令の幹が入ってきて、県令（知事）に知らせると、県令は「どうして（おまえは）魚になったのか」と言った。幹は「明府（知事さま）も魚になっています」と言った。とうとう（城は）沈んで湖となった。

『学津討原』所収の『捜神記』巻二十は、次の通りである。

むかし、巣県（安徽省）で、ある日、揚子江の水があふれた。間もなく水は元に戻ったが、あとに残った支流に巨大な魚がいて、重さは一万斤だったという。

三日して魚が死ぬと、郡内の人びとは皆これを食べたが、老媼一人食べなかった。突然、老人が現れ、「これはわが息子である。不幸にしてこの禍に遭った。あなただけが食べなかったので、あなたに報いたい、もし東の門の石亀の目が赤くなったら城《まち》は、じきに沈むだろう」と言った。

媼は毎日注意して見ていた。子どもが不思議がるので、媼が本当のことを話すと、子どもは、媼をだまして朱で亀の目を染めた。媼は見て、急いで城《まち》を出た。青い服の童子が「私は龍の子です」と言って、媼を案内して山に登った。城《まち》は陥没して湖となった。

これにより、早くも晋代には、歴陽湖伝説から変化した他県の湖水に関する説話が出現していたことがわかる。

4　義犬伝説（その一）

義犬伝説も世界各地に広く分布する説話で、その種類も多い。それはこの話がある程度、事実に起因しているからだと思われる。独自の起源をもつと同時に民族間の伝播関係をも形づくっている。朝鮮では、早くも高麗時代の記録がある。高宗王朝の時期の崔滋（一一八八—一二六〇）の『補閑集』巻中には次のような文が見える。

金蓋仁は居寧県の人である。一匹の犬を飼い、大変かわいがっていた。ある日、遠出したら、犬もついてきた。蓋仁は酔って道端に倒れて寝込んだ。野焼きの火が迫ってくると、犬はかたわらの川で体を濡らして、往復しては（蓋仁の）まわりを廻って、草を湿らせて火の道を断《た》ったが、力尽きて死んでしまった。蓋仁は目を覚まして、犬がしたことの跡を見て、悲しんで歌を作って哀悼の意を表し、杖を植えて印とした。杖は大樹となったので、その地にちなんで獒樹（猛犬の樹）と名づけた。楽譜の中に「犬墳曲」とあるのが、それである。

後にある人が詩を作って「人は恥じを呼んで畜と為すが、公然と大恩を負う。主、身を危うくして死なず、焉んぞ犬と同じく論ずるに足らんや」と。

晋陽公（一四一七―六八、朝鮮王朝の世祖）は門客に命じて伝記を作らせた。世の中の恩を受けた者に知らしめて、もって報いるようにと願ってのことだ。

居寧は巨寧ともいい、高麗時代には全羅北道任実郡の属県で、今の南原《ナムオン》にあたると思われる。すでに十三世紀半ばに義犬説話は広く伝わっており、このような義挙を賛美して「犬墳曲」まで楽譜に収められていた。「義犬伝」の類も世の中に広まった。

南原［または任実］で、本当にこのような事実があったかは非常に疑わしい。なぜなら、この説話があまりにも次に述べる中国のものと類似しているので、いろいろ考えてみても、本源地は中国だといわざるを得ない。しかも、近世の写本『破睡篇』巻二、及び『青邱野談』巻八の「官庭で吠えて義犬が主に報いる」の条は、両者がほとんど完全に同文なのである。

嶺南（慶尚南道）の河東《ハドン》に、後家暮らしの寡婦が、幼い娘一人と幼い婢と暮らしていた。ある日、隣の男が、垣を乗り越えて寝室に入ってきて、襲いかかった。寡婦はあくまで抵抗したので、男は剣で一突き、殺してしまうと、娘と婢も殺して出ていった。その家には（他に）人が無く、知る人とて無かった。三人の遺体は部屋に横たわり、恨みが暴かれることは無かった。

突然、役所の門の外に犬が現れ、うろうろ行ったり来たりするようになった。門番が追い払っても、しばらくするとまた戻ってきて、そのまま離れようとせず、こんなことを繰り返した。

役人はこれを知るとその様子を怪しんで、犬の行くのに任せることにした。犬はまっすぐ役所の敷地に入ると、東軒（公務を処理する建物）の前に行き、頭を挙げて、何か訴えるように吠えた。役人は一人の下役を、犬の後に附いていかせた。

犬は役所の門を出ると、まっすぐ小さな家に行った。家の戸は閉まっていて、杳《よう》として人の声も聞こえない。犬は下役の服を引っ張って、入口に行く。下役が怪しんで戸をあけてみると、室内には、三人の遺体があり、敷物は一面、血に染まっていた。

下役はびっくりして、帰って事の仔細を報告した。役人は死体を検死しようと、すぐに駆け付けて、隣の家に陣取ったが、それが男の家だった。役人がその家に行くと、あわてて逃げたが、犬がすぐに走って男の前に行き、男に嚙みついた。役人は怪しんで、尋ねた。

「こいつがおまえの仇か」

犬はうなずいた。そこで役人は男を捕まえ、厳しく尋問した。男は棒でたたかれもしないうちに、自白した。役所に報告して、棒打ちで処刑した。遺体を厚く埋葬すると、犬は墓のかたわらに行って、ひとしきり悲しそうに吠えると、倒れて死んだ。村の人はその犬を墓前に埋葬して、その碑に「義犬塚」と記した。

むかし、（慶尚北道）善山《ソンサン》の義犬は、主人について畑に行った。主人は酔って帰り、畑の中で倒れて寝込んでしまった。たまたま野火が起きて、寝ているところに及びそうになった。犬は川の水で尾を濡らし、主人のまわりを濡らして、火は消し止めたが、力尽きて死んだ。主人は目覚めてこのことを知った。この場所には、今なお義犬塚がある。

ああ、善山の犬は主人を救って死に、自分が死ぬことを恐れなかった。誠に主人に報いる義犬だ。一方、河東の犬は、初め、役所の庭で無念を訴え、最後には仇に鬱憤を晴らし、仇に報いて、主人に殉じた。禽獣は知恵がないのではなく、こんなにも義理堅いのだ。両者を比べれば、善山の犬の方が勝るといえるだろう。嶺南は士大夫が多く出る地であるが、また義犬のなんと多いことか。

最初の話は慶尚南道河東に伝わる話で、私のいわゆる第二種の義犬伝説に属する話である。後の話が第一種に属す話で、善山式の民間説話である。『青邱野談』は元来、各種の雑書から民間説話を集めてできた近世の書籍なので、この記録は、『破睡篇』から取ったもののようにみえるが、だからといって『破睡篇』を信頼できる原典記録とはいえない。これもそれを書いた人が、ほかの記録から自分が興味を持った話を選んで作ったものかもしれないからである。朝鮮のたくさんの筆記小説類の中には、様々な雑書から自分が興味を持った面白いものだけを選び取って、別の書名をつけたものが少なくない。このことは、ひとまずおくとして、この慶尚北道善山郡に伝わる義犬塚の伝説は、先年、『東亜日報』で各地の伝説、古跡、その他を紹介した際に詳細に紹介したことがある。その全文は以下の通りである。(6)

義犬塚は桃開面林洞鯉埋閣の上部にある洛東江の東側の丘にある。むかし、延香駅吏だった金成発という者が市場から帰る途中、酒を飲みすぎて、月没亭［洛東江の東岸にあったが、今はなくなった］までたどり着いたところで、気を失って眠りこけた。この時、突然、山火事が起き、金成発のいる場所が次第にあぶなくなってきた。そばにいた犬が、川辺まで走っていって、尻尾に川の水を浸してきて、迫ってくる山火事を防いで主人を救ったが、力尽きて死んでしまった。酔いから覚めた主人は、その義挙に感謝し、特別に葬礼を行った。その墓前の石碑は、当時の善山府使だった安応昌が建てたものだという。

この種の、犬が山火事を消して主人を救ったという義犬伝説は、全州、河東、善山に限らず、他の地域にも当然、広く伝わっている。しかもこのような民間説話のみならず、いわゆる「義犬塚」というものも各地に分布している。たとえば、『東国輿地勝覧』蔚山郡駅院の条には、

犬墳院、郡の西二十四里に在り。

という記録がある。現在の蔚山《ウルサン》に、この犬墳院に関する義犬伝説が伝わるのかどうかはわからないが、犬墳院という駅名は、「犬の墓」があるところという意味で命名されたことは事実であろうし、「犬の墓」のある場所には必ず義犬伝説があったはずである。

朝鮮各地にはこのような義犬塚があり、義犬伝説がほぼ普遍的に存在するだけでなく、この伝説が高麗時代からずっと朝鮮に存在していたこともわかる。しかし、このような種類の義犬伝説は、早くも四世紀頃から既に中国の記録に見られる。すなわち、晋の干宝の『捜神記』巻五（『稗海』本による。二十巻本では巻二十）には、次のような話がある。

むかし呉王孫権の時に、李信純という人が、（湖北省）襄陽の紀南にいた。家に一匹の犬を飼っていて、名を墨龍といった。大変かわいがっていて、犬はどこに行くにもついてきた。食事の時は、すべて分け与えた。ある日、城《まち》の外で飲んで泥酔して、家に帰るのに間に合わず、草むらで寝た。この時、たまたま太守の鄧瑕が狩りに出て、田に草が茂っているのを見て、人が草の中で酔って眠っているとは知らず、人をつかわして火を放って焼かせた。信純が寝ていたところは、ちょうど風の通り道だった。犬は火が迫るのを見て、信純の服をくわえて引っ張ったが、信純は動かなかった。眠っているところから四五十歩のところに谷川があった。犬は走っていって水に飛び込んで身体を湿らせ、寝ているところに戻ってきては、身体で周りを湿らせた。火は湿らせたところに来て止まり、主人は大難を免れることができた。犬は水を運ぶのに疲れ果てて、傍に倒れて死んだ。

急に信純は目を覚まし、犬が全身びしょぬれで、すでに息絶えているのを見て、驚いた。周りを見回して、燃えた跡を見て、慟哭した。太守はこのことを知ると、犬を憐れみ、「犬が恩に報いることは、人よりも篤い。人にして恩を知らぬのは、犬にも劣る」と言って、棺と経帷子を用意させて犬を葬った。今、紀南に高さ十余丈の義犬塚がある。

『捜神記』の記載によると、義犬の事件は孫権（一八二―二五二）の時代のことといい、晋代に至るまで、紀南［今の荊州郡江陵県］には高さ十数丈の義犬塚があったという。事実かどうかは確かめようがないが、これを朝鮮の義犬伝説と比較してみると、いずれも、ある人が酒に酔って山中で寝ていると火事が起こり、命が危険にさらされるのを、その人の愛犬が水をかけて火を防いで主人を救った後に死ぬ、という話と、義犬塚の建立にその村の官員が関わる話型がある。

このように、話型のだいたいが一致しているのは決して偶然ではない。中国の説話は、たとえ荒唐な話であっても、しばしば年代や人物の姓名をはっきり記録している。これは慣用の表現方式である。孫権時代とか、李信純とか、大守鄧瑕などの人物や時代がはっきりと記載されているからといって、この説話にいくばくかの真実性があるとはみなせない。同様に、全州や善山の説話に金蓋仁、金成発、金応昌等の人物が登場するからといって、事実だとは断言できない。

さらに、山火事に関しては、朝鮮の説話では、大概それを「山の火」としているが、中国の説話に出てくるのは、「火畉（野焼き）」の火である。両者の間には、一定の距離がある。朝鮮では、とっくに焼き畑は無くなっていた。義犬伝説が朝鮮に伝わった時、野焼きの火が山火事に変化したのは容易に理解できる。なぜなら山火事はしょっちゅう発生するので、聴く人は容易に同感できるが、もし野焼きの火といえば、聞き手は茫然として、親しみを失うからである。

火田法というのは、ちょうど朝鮮の農村で狐を捕まえる時に、動物が隠れている洞穴をいぶして、獣を隠れている穴から追い出して捕獲する方法に似ている。このような手段で、田や野の草木が茂っている場所に火をつけて、中に隠れている動物を追い出して、猟師たちは槍矢や猟犬で捕獲する。これが中国に古代からあった、いわゆる「火田」法である［もちろんこれは今の朝鮮の火田民（焼き畑農耕民）が農作業として行う火田法ではない］。

また、中国の説話では、犬が全身に水をつけて火を防いだとあるが、朝鮮の説話では、犬が尻尾に水をつけて山火事を防いだとある。これは多少無理がある。しかし、これは伝わる途中で若干の変化がおきたためであろう。すなわち朝鮮民族の話によると、犬が山火事を見つけ、始めは口で主人の服の裾を引っ張ったが〔中国の話と同じ〕、それではだめだということがわかると、山のふもとの川辺に行って、尻尾に水をつけてきて、それを主人の顔にかけて主人を起こそうとした。

主人が目覚めた時には、山火事がもう身近に迫っていたので、主人は命がけで逃げ出した。家に帰ってから、同行した愛犬が見えないことに気づいた。

翌朝、その山に行ってみると、愛犬は全身びしょぬれでこと切れていた。男は、事の顚末《てんまつ》を知って、愛犬のために人を葬るのと同じ葬儀を行った。

物語としてはこの話の方が真実味がある。一匹の犬に猛烈な山火事を防がせるというのは、いささか信じがたく思われる。犬に尻尾で水を掛けさせるというのは、中国の話の犬が火を防いだという点を連想して話す時に、善山の話のように「犬が尻尾を浸した水で山火事を止めた」という不合理な筋を生み出しやすい。このような細部からも、朝鮮の民間では、義犬説話をより真実らしく見せるために努力しながら、同時に中国の話の「犬が山火事を防いだ」という筋をずっと受け継いでいたことがうかがえる。

上述の義犬説話は、たとえ朝鮮で事実に由来して独立に発生したものだとしても、同様のことが朝鮮各地でしばしば起こるとは信じられない。これらの話の中で、中国の話と一致する内容は、我々にこのような推測をさせずにはおかない。

すなわち朝鮮民族の義犬伝説は十中八九『捜神記』の類の中国の記述が伝わったものだと。あるいは以前、確かにある犬がある奇跡を起こしたという話があったのかもしれないが、中国の義犬伝説の影響を受けて、完全に元の姿を失い、変化して中国化したと。

しかしこの種の想像自体、いささか情理に合わない。まして通常、伝説はみな他民族の話を借りたあとで、それをその後変化させて、自民族に発生した事実らしく話すものである。だから我々の義犬伝説に関しては、ただ中国伝来説を認められるだけである。しかも前に述べたように、この伝説は見たところ、早くも高麗時代には朝鮮で流行したのである。

民間説話は往々にして、できるだけ聞く者に事実らしく聞こえるようにしようとするから、説話の出来事は、できるだけ近い時代のこととする。

もし話を最近起こったこととすれば、他人の経験に対する一種の信頼から、話はより豊富な真実味を持つことになる。このような例は、ほかの物語にもたくさんあるが、同じ義犬伝説の一例を挙げてみるなら、近世、清朝の人が義犬伝説を十九世紀中葉に発生したこととして述べたものがある。近年、上海で出版された徐珂の『清稗類鈔』「義侠類　犬が主人を火から救う」の条には、次のような記述がある。

南海（広東省仏山）の陳林は大酒のみだった。かつて従軍して、奥西に行った。愛犬はなついていて、どこに行くにも一緒だった。ある日、陳は痛飲して山に入った。途中で酔いが回って地面に倒れ、林の草むらで寝てしまった。

ちょうど林の草焼きをしていて、火が迫ってきた。犬は泥に身体を投げ出しては、起きて身体で火にはねかけた。火は収まったが犬はすでに疲労で起き上がれなかった。陳が目を覚ました時には、犬はもう死にかけていた。野草は半分灰となって、犬がその横に倒れていた。焦げた毛の間に、まだ泥のあとが残っていた。

陳林はこれを見て、たちまち犬が自分を救って命を落としたことを悟った。涙をためて穴を掘り、犬を埋葬した。墓に再拝して、その場所に印をして去った。家に帰ると、子や孫に「犬がいなければ、私は故郷に帰ってこられなかった。おまえたち、しっかり覚えておきなさい」と言った。これは咸豊年間（一八五一―六一）のことである。

湿った泥で火を防いだことと義犬塚を建てたという点が、先に述べた説話とはやや違いがある。しかし話型のだいたいの構成は明らかに晋代のものと完全に一致している。しかし近年の説話は、却って咸豊年間のこととする。問題はこのようなこと（犬が主人を助けて殉死すること）がしょっちゅう発生するか、という点にある。たとえこのようなことは絶対起きたことが無いとは断言できないにしても、晋代のいくつかの話と朝鮮のたくさんの話、さらには清代の話に至るまで、すべて「主人が酔いつぶれる」という筋は、ほぼ一致しているのである。同じようなことがこんなに頻繁に起きるとは想像しがたい。もしこの「犬が主人にかみついて気づかせた」とか、あるいは「主人が単に疲労困憊して眠りこけた」というように、話の構成要素に顕著な違いがあれば、それぞれの話がまったく関係なしに、独立して発生したとも考えられる。しかし（これほど時代も地域も違う話が）互いにこんなに一致するはずはない［しかも、『清稗類鈔』の記事は結局、出典は何なのか、あるいは徐珂の見聞によるのかすらわかっていない］。

私は先に朝鮮のたくさんの義犬伝説その一について、その起因がすべて「主人を山火事から救い出すため」となっていることに疑問を呈した。すなわち実際には飼い犬が主人を救うためにとれる手段は様々である。ところがこれらの話では、義犬はすべて（同じ方法で）山火事から主人を救う。

しかもこれが、ただ朝鮮各地にのみ、そのような出来事が起こるというのなら、朝鮮の義犬伝説は朝鮮固有の話だと言えるだろう。ところが、そうは言えない。

中国には、義犬が山火事から主人を救う話だけで何種類もあるが、ほかの行動によって主人を救った話はもっと多い。

以下にいくつか紹介する。

晋の陶潜（陶淵明）の『捜神後記』（『学津討原』十六集）巻九には次のような話がある。

晋の太和年間（三六六―三七〇）に、広陵（江蘇省揚州）の人、楊生は一匹の犬を飼っていて、大変かわいがり、どこに行くにも一緒だった。楊生は酒を飲んで酔っ払い、大沢の草むらの中で眠りこけた。時にちょうど冬の野焼きの時期で、風の勢いは大変激しかったので、犬は慌てて吠えまくったが、楊生は目を覚まさない。前方に水たまりがあったので、犬は走っていって水の中に入ると、戻って、身体で楊生の周りの草に水をかけた。このように何回も繰り返して、ぐるぐる歩いて回った。草はすっかり湿って、火が延焼するのは免れた。楊生は目覚めて初めてこれを見た。

その後、楊生は夜道を歩いていて、空井戸に落ちた。犬は夜が明けるまでずっと吠え続けた。通りかかった人が、犬が井戸に向かって吠えるのに気づき、見にきて、楊生を見つけた。楊生は「私を出してくれたら、厚くお礼をします」と言った。その人は「この犬をくれるなら、すぐに出してあげよう」と言った。楊生は「この犬は、かつて私を死から救ってくれたので、あげるわけにはいきません。ほかのものなら、なんでも惜しみません」と言うと、その人は、「それなら、出してやらない」と言った。犬が頭を垂れて井戸を覗くので、楊生はその意味を察して、その人に犬をあげよう、と言った。その人はすぐに楊生を出して、犬をひっぱっていってしまった。しかし五日後、犬は夜、逃げ帰ってきた。

空井戸に落ちた主人を救うため、犬は徹夜で吠え続け、ついに旅人に出会って、主人の命を救った。ここまでは納得できる。しかし、犬をくれるなら助けるが、くれないならやめる、という井戸に落ちて苦しんでいる人への旅人の態度は、たとえ物語の中のことだとしても、無理がある。犬は二人の話を聞いて、主人にこっそり伝えた。これも少し誇張しすぎかもしれない［『芸文類聚』巻九十四「獣部狗」の条にもこの文を引く］。

ほかにも義犬が別の行動で主人を救ったという例が、おなじく『捜神後記』（『学津討原』十六集）巻九にある。

会稽郡句章県（浙江省）の張然という人は、都で奉職して、何年も帰れなかった。家には若妻がいて、子どもは無かった。妻は、ただ一人の奴僕と家を守っていたが、とうとう奴僕と私通するようになった。張然は、都で一匹の犬を飼っていた。とても走るのが速く、烏龍と名付けた犬は、いつもそばに付き従っていた。その後、休暇で帰ると、妻と奴僕は相談して、然を殺そうとした。然が妻とご飯を作って一緒に食べようと座ると、妻が然に「あなたと永《なが》のお別れをしようと思います。せいぜいたくさん召し上がってください」と言った。張然がまだ食べ始めないうちに奴僕はすでに弓に矢をつがえて刀をかまえ戸口を塞ぎ、然が食べ終わるのを待っていた。然は泣いて食べず、鉢の中の肉と飯を犬に投げてやり、犬に向かって祈って言った。「おまえを数年飼ってきたが、私が死のうとしている今、おまえにわたしを救うことができるか」

犬は食べ物をもらっても食べようとせず、舌なめずりをしてじっと奴僕を見つめていた。然もそれに気づいた。奴僕が早く食べろとせかすと、然は決断して、手で膝を思い切りたたき大声で「烏龍、かかれ」と叫んだ。犬はその声にこたえて奴僕に嚙みつき、奴僕は刀を落として倒れた。犬はその陰茎に嚙みついた。然はそこで刀を取って奴僕を殺し、妻は県の役所に送られ、死罪となった。

宋の洪邁『夷堅志』［涵芬楼蔵版］志補巻四「顔氏義犬」に収録の話はおそらく事実だろう。

湖州烏程鎮（浙江省）義車渓の住民顔氏は、機敏でおとなしい一匹の犬を飼っていた。顔氏夫婦は、雇われていて、小さな娘に家で留守をさせていた。家にはため池があったが、娘はその傍で遊んでいて、転んで溺れた。父母は知らなかった。突然、犬が前に走り寄ってきて、吠えたてた。普段と違い、近づいてきては振り返り、引っ張っていこうとしているようだった。

顔はふしぎに思った。また、犬の首と背中には苔や水草がはりついていた。顔は怪しみ心配になって、犬について家に帰った。娘は息も絶え絶えの様子で地面に横たわっていたが、わずかにまだ息をしていた。近所を訪ねても誰もいなかった。連れ帰って薬を飲ませ、しばらくしてようやく気がついた。「どうしたのか」と尋ねると「最初、水に落ちた時に、犬が岸から飛び込んできたけれど、溺れて沈んで死んだようになって、どうやって助かったのかはわからない」と言った。娘の踝《くるぶし》を調べたら、歯型がついていたが、隠れて傷にはなっていなかった。それで犬に救われたことがわかった。紹興十九年（一一四九）六月のことだ。

『夷堅志』〔涵芬楼蔵版〕志補巻四「李大夫庵犬」の条にも義犬が、主人のために敵討ちをする話がある。そのほか、例えば『異記』にも陸機（二六一―三〇三）の家の犬が、主人の家族への手紙を届けるために、食事もとらず休まず行き、届けたところで命を落とした話が見える。しかし話があまりにも長いので、ここでは省略する。最後に清の李調元の『尾蔗叢談』巻一〔『函海』〕「霊犬志」に次のような記述が見える。

楊光遠（？―九四四、五代の将軍）が謀反した。（山東省）青州の孫中舎は、包囲された城中に居て、食糧が尽きたが、内外隔絶していた。すると、その飼い犬が溝を通って外に出て、城西の別宅に行き、米を取ってきた。このようにして数か月間、城門を閉鎖されても、一族全員これにすがって飢えることはなかった。龍図趙師民公（九八八一〇五七）は、石に刻んで、その墓をたたえて「霊犬志」とした。

『太平御覧』巻九〇五「獣部　狗　下」に南朝宋の劉義慶『幽明録』の記載を引く。

『幽明録』にいう、晋の大興二年（三一九）、呉の民、華隆（生）は一頭の快犬（足の速い犬か）を飼っていた。的尾と名付けた犬は、いつも自分からついてきた。

隆が、その後、河辺に荻を伐りにいった時、犬がしばらく水辺に行っている間に、隆は大蛇に全身をぐるぐる巻きにされた。犬は帰ってくるなり蛇に噛みついた。蛇は死んだが、隆は倒れて意識を失ったままだった。犬は啼《な》きながら彷徨《さまよ》って船に戻り、また草の中に帰った。連れの者が怪しんでついてきて、隆が悶絶しているのを見つけ、家に連れ帰った。

二日間、犬は食べようとせず、隆が蘇生したのを知って初めて食べた。隆はますます犬をかわいがり、身内のように扱った。その後、急にいなくなり、二年間探し回っていたところ、顕山に現れた〔『太平広記』巻四三七畜獣類　犬部参照〕。

特に中国には、たくさんこのような話がある。より多くの義犬の話は『太平広記』を参照されたい。

5　義犬伝説（その二）

先に述べた義犬伝説のほかにも朝鮮の民間にはまた別の義犬伝説がある。

むかし、ある人が峠を越えて市に牛を売りにいった。帰る途中、山中で強盗に遭い、殺された。牛を売った金ももちろん奪われてしまった。その時、主人に随《したが》っていた犬は、主人が殺されるのを見て、慌てて家に駆け戻り、主人の妻の服の裾を引っ張って、大声で悲しそうに吠えた、妻は異常を感じて、その犬について見にいった。果たして夫の遺体があり、袋の金も無くなっていた。

妻はすぐに役所に訴え出た。役所は遺体を調べたが、山賊の行方はまったく見出せなかった。この時、その犬がまたついてきて、悲しげに吠えて、官卒（役所の兵士）の服の裾を引っ張った。官卒はすでに妻から話を聞いていたので、犬についていった。犬は主人の隣の家に入っていって、その家の主人に飛び掛かり、服を引き裂き、かみついた。隣の主人も、その犬を見るとまっ青な顔になり、狼狽した。こうして隣人が下手人とわかり、逮捕された。拷問の結果、本当に男が犯人だった。隣人は、被害者がその日、牛を売りにいくという話を聞いて悪心を起こし、途中で凶行におよんだのだ。その後、犬が死ぬと、その家では、犬のために人と同様の葬式を行い、墓も作ったそうだ。

（一九二三年七月、慶尚北道漆谷郡倭館、金致亨氏談）

これは、「義犬が自分の主人を殺害した盗賊を捕まえて復讐した」という話である。もう一つ『青邱野談』の話はすでに引用した。しかし見るところ、この類の話も中国にはたくさんあり、宋の無名氏『異聞総録』〔『稗海』第六套〕巻二には、次のように記されている。

（山東省）青州の老人、朱先生は売薬で暮らしを立てていた。いつも妻一人、妾一人、犬一匹を連れて、贛州および南康県（いずれも江西省）を往来していた。地元の人はたいてい老人を知っていた。紹興丁丑の年（一一五七）

四月、南康からの帰り、贛南黄岡まで来た時、一人の村人が来て、母が病気なので、家に往診してほしいと言った。家の場所を聞くと、数里の距離だというので、朱はそのままついていった。着くと、(その村人は) 朱の財産を入れた袋を奪い、三人を殺して、林に埋めた。犬はついてきて吠えていたが、急に去っていった。その村人は追ったが間に合わなかった。犬は南康県の元の屋敷に着くと、足で地面を掘って悲しそうに足踏みしてやまなかった。

屋敷ではこれを怪しみ、犬を引いて県の役所に連れていくと、犬はまるで訴えることがあるように、庭に臥せた。県の役人は、犬を諭して「おまえの主人が、非業の目に遭って強奪殺害されたのか？ 私が弓兵を派遣して捕まえよう」と言った。

犬はすぐに起きると尾を振って皆を引っ張っていき、埋めたところに着いた。穴を暴くと、屍が見つかった。兵がまた尋ねて、「屍はすでに見つかった。今度は私を賊の家に連れていけ」と言うと、犬はまた案内して悪党をすべて捕まえた。

この話が、どこまで事実に基づいているかはわからないが、疑いなく、先に記した朝鮮の話が、この類の古書から出ていることは間違いない。「隣人は被害者が牛を売りにいくと知って、途中で財を狙って殺害した」というのは、もとより朝鮮で編まれたものである。中国の話の冒頭部分は複雑すぎて、しかも夫婦が犬を連れて旅しているということは別に意味がない。「犬は主人が殺されるのを見た後、元の屋敷に帰り、官卒を案内して賊の住いを示し、そしてまず遺体を見せる」などの点は、話の枠組は中国の話と完全に一致している。朝鮮の話の結末と『義犬塚』の結末は同じで、二種の話が互いに似ているのは、互いに誤って伝わる過程で、まじりあった結果だ。

中国の記録は、『異聞総録』に限らず、明と清の記述にも見られる。清の朱象賢『聞見偶録』〔『昭代叢書』庚集、巻

二十三　義犬の条に、次のような記述がある。

ある友人が京師から帰ってきて話した。雍正三年（一七二五）に、ある旅人が西華門外の荒野で犬殺しが一匹の犬を殺そうとするのに出会った。旅人はその犬がおののく様子を見て哀れに思い、犬殺しから犬を買い取って放してやることにした。犬殺しが承知したので、袋をほどいて代価を払った。犬殺しはその袋に金がたくさんあるのを見て、代価を受け取った後、（その旅人を）謀殺してすべてを奪った。

その日のうちに郷の下役は屍を見つけて県に報告した。県令は調べにいき、一匹の犬が屍の傍で番をしているのを見た。県令が検証を終えると、やってきて尾を振ってぐるぐる回り、何か訴えることがあるようだった。県令は不思議に思い、「おまえは、これの無念を知っているのか」と言った。犬はまた尾を振ってうなずいた。県令は「もし無念を知っているなら、下役を案内していって殺人者を捕えよ」と言った。犬が行き、下役がこれに従い、ある村に行った。犬が藁葺家に入っていくと、中で一人の男が寝ていた。犬はとびかかってかみついた。

下役が捕まえると、その男は犬を見て驚愕し、本当のことをすっかり白状した。県令が上司に報告すると、朝廷にまで達し、法に照らして極刑に処せられた。犬殺しは禁止されることになった。たまたま『湧幢小品』を見ていたら、またこのような話があった。古今で似ていることがわかる。

『聞見偶録』の終わりに引く『湧幢小品』は、明の朱国禎（一五五八―一六三二）の小説［民間説話に相当、今のいわゆる小説ではない］で、巻三「狗七」の条に「永楽初年の事」として、これと類似した忠犬の話を記している。ここではもう原文を引用しないが、このタイプの話は発生当時、ある種の事実に起因した可能性はあるが、記録するときにすでに多くの伝説の色彩に染まっている。屠殺人が金持ちの客（旅人）を殺すところまでは事実かもしれないが、動物が商売の意味を理解するというのは、今の人には信じがたいかもしれない。

犬は最初に見つかった旅人の遺体を見張っていて、県令の話を聞いた後、尾を振り、うなずいて、下役を（屠殺人の家に）案内するというのは、もちろん民間の潤色加工の結果である。例えば徐珂の『清稗類鈔』「盗賊類　牛を盗んだ賊が犬のために捕わる」の条には次のように記されている。

嘉慶年間（一七九六―一八二〇）に、（上海市）南匯に湖のほとりに住む者がいた。牛と犬を一頭ずつ飼っていて、同じ小屋で寝ていた。ある晩、主人が寝てから、賊がその牛を盗みにきた。犬が主人の寝所の戸に向かって吠え、頭で突いた。主人は起きて見たが、賊は隠れて見えなかったので、主人は犬が影に向かって吠えたと思い、犬を鞭打って、また寝てしまった。

賊はとうとう牛を引いていき、大団鎮まで行った。犬はこっそり尾行した。翌朝、主人は起きて初めて牛を失い、犬が逃げたことを嘆いた。間もなく犬が帰ってきて、しきりに吠え、牛を引く恰好をしたので、主人はその意味を察して、牛泥棒の家に行って、牛を取り戻し、牛泥棒を役所に引き渡した。

この記事の出所も、今はわからないが、明らかに、近世中国に、この類のことに関する記録または説話があったのであり、もし事実として確かにこのようなことがあったのであれば、主人殺しの賊を追跡した後、家族に賊の住所を知らせるというのも可能であろう。推測ではあるが、上述の二番目の義犬説話は、これと類似した事実に誇張を加え、説話化してできたものであろう。あるいは想像力がたくましすぎるかもしれないが、このように推理することは荒唐無稽な話ではない。起源問題がどうであろうと、朝鮮の義犬伝説（その二）が中国の説話に由来するという見方は、やはりかなり信憑性があるだろう。

6　美しいタニシ妻

昔、あるところに身寄りのないチョンガー(7)がいた。男はとても真面目に小豆畑を耕して、ようやく暮らしていた。ある日、いつものように小豆畑を耕していたが、ふと自分の前途がいろいろと不安になってきた。中でも、自分はもう三十にもなるのに、まだ妻がなく、いつまで貧しく暮らさなければならないのかわからないことが悲しかった。彼は鍬でぐいっと畑を掘り返しながら、「作物を作っても、一緒に食べる人がいない」と一人ため息をついた。すると、どこからか「私と一緒に食べないで、誰と食べるの?」という声が聞こえてきた。彼はもう一度さっき言ったことを繰り返してみた。不思議な返事がまた聞こえてきた。しかし、四方を見渡してみても、人の気配はなかった。彼は声のしたところに行き、地面を掘ってみた。すると、非常に大きなタニシが一つ見つかった。どうした訳かわからなかったが、何とも不思議なことだと思って、彼はそのタニシを家に持って帰り、衣装箱に入れておいた。

それからというもの、朝起きてご飯を炊きに台所に行ってみると、どこからか炊きたての湯気が立つご飯がおかずと一緒に食卓の上に用意されていた。昼間、畑仕事をして夕方家に帰ってくると、やはり、朝のように一人前の膳が用意されていた。彼はその不思議な出来事のわけが知りたかった。それで、ある日、箕《み》をかぶって台所の隅に隠れていた。

すると一人の美しい娘が外から悠然と入ってくると、ご飯を炊いて、膳を用意して、奥に入っていった。これは、明らかに衣装箱の中に入れておいたタニシだと思った。

次の日、彼は美しい娘がご飯を炊く時に、箕の陰から飛び出して、美しい娘を捕まえた。娘は、あらがって言った。

「私はもともと、天上の仙女でしたが、天上で罪を犯したので、この世に落とされました。あなたと縁があって、このようにあなたの元にやってきました。しかし、あと何か月か我慢すれば、あなたと私は永遠に一緒に暮らすことができます。もし、その期限まで我慢できなければ、再び離れ離れになってしまう運命です」

しかし、彼はそのような将来を考える余裕はなかった。無理やり美しいタニシ娘と夫婦になった。夫婦は幸せに暮らした。

ある日、彼は突然の腹痛に見舞われ、畑に行けなかった。それで、しかたなく妻が代わりに出かけた。妻が田んぼで水を見ていると、ちょうどその時、その土地の県監が通りかかった。妻は急いで近くの林の中に身を隠した。県監は林の前を通りかかった時、林の中で不思議な瑞光が輝くのを見つけた。県監はすぐさま駅卒に林の中に何があるのか探してこいと命じた。駅卒の報告によって、県監は林に美しい女がいるのを見つけた。県監はすぐにその女を連れてこいと命じた。駅卒は一緒についてくるように催促した。女は金のかんざしを差し出して、これを持っていって私の体だけは容赦してほしいと哀願した。しかし、県監は聞き入れてくれなかった。女は、今度は指輪を差し出した。その次はチマを脱いで差し出し、またその次はチョゴリを脱いで差し出した。それでも県監は聞き入れなかった。女は下着しか着ていなかった。しかし、なにがあっても、下着は脱ぐわけにはいかなかった。美しい女はしかたなく、県監の輿に乗っていくことになった。

この話を聞いたチョンガー［もうチョンガーではなかったが］は、呆然として急いで役所に行き、妻を返してほしいと訴えたが、県監はまったく相手にもしなかった。

哀れなチョンガーの魂は青い鳥になって、屍体から飛び立っていった。青い鳥は朝夕、役所の方に向かっては悲しく鳴いた。それを知った妻も青い鳥と共に哭《な》き、食事を絶って幾日もしないうちに貞操を守ったまま、死んだ。それで、彼女は梳き櫛になったという［どうして梳き櫛になったのかはわからない］。

（一九二一年、全州郡完山町、柳春燮君談）

このような説話は朝鮮の民間に多くある。以前、鄭寅燮君が東京で日本語で出版した『温突夜話』（一九二七）の朝鮮説話の中にも「貝の中の乙女」という題で、この説話が採録されている。鄭君の記述によると、若者は最初、両親と暮らしていたが、その後、両親が亡くなって、一人ぼっちになったという。結末は、タニシの美女は若者に捕まった後、結婚して幸せに暮らした、という。

鄭君の調査によると、慶尚南道蔚山地方では、「タニシ」が「カラスガイ」になった同じ話が伝わるという。慶尚南道馬山の明周永君の話では、馬山地域でもこの話が伝わり、タニシが捕まった時に自分の前身は天女で、若者と因縁があるので地上に降りてきたという部分が、柳君の話と一致する以外は、鄭君の話と一致する、という。

ここから見ても、全羅道の話で、若者がタニシ娘と結婚した後に起きる県監のモチーフは、タニシ説話の原型に、つけ加わったものである。恨みを持って死んだ魂が変わった青い鳥は、タニシ説話に限らず、他の説話に似た話が出現するものも多い。柳君が述べた最後の一節はタニシ説話で欠くことのできないモチーフではない。

県監に美女を捕まえられておきた悲劇を合理化するために、タニシ娘が「もし今あなたと私が夫婦になったら、将来離別の運命に遭うでしょう」というモチーフは、容易に理解できる。朝鮮の民族説話のモチーフの中で、そのような情況は珍しくない。また、もし朝鮮の「タニシ娘説話」が以下の中国説話に由来するならば、「県監云々の一節は完全に後から加わった結果だ」と断言できるだろう。

中国では早く梁の時代に次のような話がある。梁の任昉『述異記』［『稗海』］巻上の文は次の通りである。

晋安郡（福建省福州）に謝端という一人の書生がいた。ただ潔くふるまうことだけを考え、遊びや色事には染まらなかった。かつて海岸で波を見ていた時に大きな螺《にし》(巻貝)を一つ拾った。一石の米びつほどの大きさがあり、割ると、中に美女がいて、「天の川の白水素女です、天帝は、あなたが純情で正しい人なのを憐れんで、(私を)あなたの妻にしました」と言った。端は妖しいものと考え、叱って帰らせた。女は嘆息して雲に乗って去った。

この説話で、大きな巻貝から美女が出現したと述べているのは、朝鮮民族説話と同じである。さらに次の記述を見れば、朝鮮のこの説話は完全に中国説話に由来することがわかる。晋の陶潜の著とされる『捜神後記』巻五「白水素女」の条には次のような話がある。

晋の安帝（三九七—四一八）の時に、侯官（福州）に住む謝端は幼くして父母を亡くし、親戚も無かったので、隣人に養われていた。

年のころ十七八になると、慎み深く実直で、法に外れる行いも無かったので、初めて居を構えたが、まだ妻はなかった。隣人は皆あわれんで、嫁をもらってやろうと思ったが、まだいなかった。

端は毎日、朝早くから夜遅くまで、昼夜を惜しまず、耕作に励んだ。その後、村はずれで大きなタニシを見つけた。三升の壺ほどの大きさで不思議な物だと思い、持ち帰って甕の中に入れて飼った。

十数日の間、端は毎朝、野良に行って帰ってくると、家の中には食べ物、飲み物の用意ができていて、誰か作る人がいるようだった。端は隣人がやってくれているのだと思っていた。何日も続くので、端は隣人のところに礼を言いにいった。隣人は「もともと何もしていないのに、どうして礼を言うのか」と言った。端の方では、隣人に感謝の気持ちが通じないのかと思ったが、何度言っても同じだった。そこで、さらに具体的に尋ねると、隣人は笑って言った。

「あんたは自分で嫁をめとって、ひそかに家に隠して食事の用意をさせながら、私が料理したなどというのか」

端は黙って考えてみたが、わけがわからなかった。それで朝早く鶏が鳴くと家を出て、夜が明けるとすぐにこっそり戻って、垣根の外から家の中を覗いた。すると一人の少女が甕から出てきて、かまどの火を燃やした。端はすぐに入っていくと、まっすぐ甕のところに行って覗いて、タニシを探した。ただ娘しか見えないので、かまどのところに行って尋ねた。

「お嫁さんは、どこから来たのですか、どうして料理をしているのですか」

女はたいへん驚いて、甕に帰ろうとしたが、帰れなかった。答えて「私は天の川の白水素女です。天帝は、あなたが幼い時から一人ぼっちでいながら、よく身を慎んでいるのを憐れんだのです。私はしばらく留守番をして食事の世話をして、十年のうちにあなたを金持ちにして、お嫁さんをもらったら、帰るつもりでした。ところがあなたが突然こっそりのぞいて、私の姿を見られてしまいましたので、もう留まることはできません。帰らねばなりません。あなたは今後、貧しく暮らすことになるでしょうが、田畑の耕作と漁労を生業として励みなさい。この殻を残していきますから、お米を入れておけば、いつも無くなることはありません」

端は慰留したが、女はついに承知しなかった。この時、天には突然、風雨が起り、ふわふわと飛んでいってしまった。端は祠を作って節句ごとに祀った。大金持ちにはならなかったが、暮らしはいつもゆったりとしていた。そこで村人は娘を嫁にくれた。その後、県令にまでなった。

今、道端にある素女廟がその祠である。

『述異記』の記述をこの『捜神後記』の話と比較すると、人名の「謝端」と「天の川の白水素女」は一致している。『述異記』の「晋安郡」が、『捜神後記』では、「晋安帝」となっており、この点がことのほか注目される。さらに、前者は海岸で大きな巻貝を見つけ、その殻を壊すと美女が現れるが、後者では村はずれで大きなタニシを見つけ、それを甕に入れると、大きなタニシが美女になって、謝端の留守中に出てきて食事を作る。

しかも後者は非常に複雑で、どの記録が前で、どの記録が後なのか、はっきりさせようがないが、このような異説がある以上、「白水素女説話」も中国で不変だったわけではなく、民間ですでに様々な形態に変化して伝えられたことを示している。だからこの説話が朝鮮に入った後、さらにいくらかの変化を起こしたのも避けがたいことだった。

しかし朝鮮のタニシ妻説話は今に至るまで依然として、だいたいを『捜神後記』の説話の基本の筋の流伝によっていることは疑いようがなく、このことはそれが中国の記録を通じて朝鮮に伝わったことを証明している。

次に我々は『捜神後記』の白水素女説話と朝鮮のタニシ妻説話との比較をしてみよう。

一、ある人が幼くして両親を亡くし、親戚も無かった、これは鄭寅燮君の『温突夜話』の話と一致する。
二、主人公の若者の結婚が問題になる。
三、若者は耕作にはげむ。
四、ある場所で不思議な大きな「タニシ」を手に入れる。家に持ち帰り、衣装箱にしまう。
五、畑から帰って食事の準備ができているのを見つける。
六、若者は不思議に思い、早めに帰ってきて、タニシ娘が料理していることを発見する。
七、タニシ娘は天帝の命でこの世に下りてきた。

この話のいくつかの重要な点はすべて一致する。『捜神後記』の話が「晋の安帝」の時（三九七―四一八）とされ、主人公の名が「謝端」で、後に謝端の官位が「県令」になったこと、中国の素女祠がその時代に生まれたことは、いずれも朝鮮とは関係がないので、朝鮮の話には出てこない。

中国の白水素女は、最後は謝端と夫婦になることができないが、朝鮮のタニシ娘説話では、二人は幸せに暮らす。この話は、ことに慶尚南道地域には広く分布している。他の朝鮮の話同様、結末はいつも幸せに暮らした、となる。このようなロマンチックな展開が朝鮮人の情緒に合うので、このような変化が生まれたのである。

また、謝端が、誰が作ってくれたかわからない食事を親切な隣人が作って届けてくれたのだろうと考えたり、天帝が謝端の孤独と忠実な態度を愛でて、タニシ娘に彼の家の世話をさせたり、十年内に金持ちにするというのは、話の中でとても興味をひく部分だが、朝鮮の話では反映されていない。その原因を答えるのは難しい。

しかし中国では謝端が垣根の外に隠れてタニシ娘をうかがうとしたのに、朝鮮では、若者が唐箕の後ろに隠れて様子をうかがうとしたのは、朝鮮人が巧みに作ったものである。

白水素女は姿が顕わになって、地上に留まることができなくなり、風雨の中を昇天するという筋は、朝鮮の話には現れない。

朝鮮では、鄭君の話の場合は二人は幸せに暮らすのだから、この昇天のエピソードを加える必要はないし、柳君の話の場合は、結末がまったく別の展開になっているからである。

たとえこのような細かい違いがあっても、美しいタニシ妻説話が中国に起源すること、特に『捜神後記』のような記録に依ることは疑いが無い。我々は『説郛』一二三所収の皇甫『原化記』〔唐、宋の作らしい〕「螺婦」の条に次のような文を見つけた。

（江蘇省）義興の呉堪は県の役人だった。家は荊渓に面していた。大きな螺（巻貝）を拾ったら、たちまち娘に変わったので、螺婦と名づけた。県知事がこれを聞いて欲しがったが、堪は従わなかった。

そこで堪を脅して、「虾蟆毛（ガマの毛）と鬼臂（幽鬼の腕）の二つのものを持ってこい。手に入れてこなければ罪に問う」と言った。

堪がこのことを螺婦に尋ねると、すぐに出してくれた。

知事はでたらめに「今度は禍斗が欲しい」といった。呉堪が、また螺婦に相談すると、螺婦は「この獣です」と言って、すぐに引いてきた。犬に似ていて火を食べ、火の糞をする。知事が試しに火を与えると、たちまち糞をして、屋敷が燃えて、知事とその一家は、皆焼け死んだ。

柳君が語った全州のタニシ妻説話で、県監がタニシ妻を強奪し、最後はタニシ妻の夫婦が死んでしまうというのは、この話と関係があるように思われる。

7　雨蛙伝説

雨期になると、蛙の鳴き声を聞く。蛙が鳴く原因について、朝鮮には次のような話がある。

昔、とても親不孝な一匹の雨蛙がいた。母が東に行けといえば決まって西に行き、母が山に行って遊べといえば決まって水辺に行って遊んだ。母の言うことを一度たりとも聞いたことがなかった。

雨蛙の母親は臨終にこのような遺言を残した。

「私が死んだら山に埋めないで、どうか川辺に埋めておくれ」と。この遺言の真意は、山に埋めてほしいということだった。母蛙は親不孝な息子が絶対に遺言とは反対に山に埋めると思ったからだ。

母の生前、ずっと親不孝の限りを尽くした雨蛙は、母が亡くなると非常に悲しんだ。息子は母の生前、すべて母の言うこととは反対のことばかりしてきたことを後悔した。それで、母が最後に言い残した遺言だけには従おうと決心した。雨蛙は母の屍を川辺に運んでいき、穴を掘って涙を流しながら埋葬した。

それから梅雨の時期になるたびに、雨蛙は母親の墓を心配した。川の水が溢れて、母親の墓が流されないかと心配したのである。それで、雨が降るたびに、雨蛙はのどがガラガラになるまで鳴くのだ。今も雨蛙が梅雨になると悲しげに鳴き続けるのは、こういういわれがあるからだという。（一九二三年八月四日、大邱、白基万君談）(8)

白君はまた、この伝説を童謡にして、以前発行されていた『金星』という文芸雑誌に発表したこともある。この伝説も朝鮮の民間に非常に広く語り継がれてきた話である。しかし、次の記述からもわかるように、これは明らかに、中国の説話に起源する。

唐の李石の『続博物志』〔『稗海』〕巻九には、次のような記述がある。

一人の放蕩息子（狼子）がいた。平生、父の言いつけに背いてばかりいた。父は死に際に、言いつけて「必ず川の中州に葬るように」と言った。そんなことを言ったわけは、実は言いつけに背いて、土中に葬られるだろうと思ったのだ。この時になって、放蕩息子は、平生、父の言いつけに背いていたので、今、死に際までその言いつけに背くことはできない、と考えた。墓を壊して、川の中州に砂を固めて墓として葬った。

唐の段成式『酉陽雑俎』続集巻四〔『学津討原』十六集〕にも次のような話がある。

昆明池（長安郊外）の中に塚があり、俗に渾子《こんし》と呼んでいる。

言い伝えによると、昔、住民に渾子という名の息子がいて、いつも父の言うことに逆らい、東と言えば西、水と言えば火と言っていた。その父は、病気で死にそうになって、丘に埋葬してほしいと思い、「私が死んだら、必ず水中に葬るように」と逆さのことを言った。亡くなると、渾は泣きながら「きょうこそは父の命令に背くわけにはいかない」と言って、とうとうここに葬ったのだ。

盛宏之の『荊州記』によると、固城（湖北省鄖西）は洱水に面していて、北岸には五女墩《つか》がある。前漢の時、ある人が洱水の北に葬られたが、その墓は洪水のせいで壊されてしまった。その人には五人の娘があり、一緒にこの墩を造って、その墓を守った。

また一説には、ある娘が陰県の佷子《こんし》に嫁いだ。佷子の家は大変な金持ちだった。幼い時から大人になるまで父の言うことに従わなかった。父は、死に際に山に葬られたいと思い、子が従わないことを恐れて、必ず中洲の川原に埋葬するようにと言った。佷子は言った「自分はこれまで父の教えを聞かなかった。今こそ、この言葉に従うべきだ」と。そこで家の財産をすべて費やして石の塚を造り、土で回りを囲んで、長さ数歩の中州を造った。元康年間（二九一—九）、初めて洪水で壊された。今、残りの石が数百個、ベッド半分ほどになって、水中に集まって残っている。

『荊州記』は晋の盛宏之の著であるが、今は失われて無い。ここに登場するものは、蛙であれ狼子、佷子、渾子であれ、これらがいかに朝鮮の「雨蛙伝説」と一致するかは読者にはすぐにわかるだろう。民間説話として、雨蛙伝説は非常に巧妙で面白い。しかし不孝な蛙の話は、不孝な佷子説話が中国の文献を通して朝鮮に入って変化したものだということは否定しようがない。

狼子説話は、教育意義に富むので、悲しいものを好む朝鮮民族は、これを消化して、もとの教育意義を残すと同時に、雨蛙伝説に変えて、教訓的な説話にして、さらに人の崇高な情緒を引きつけて、いっそう説話の価値を発揮させるようになったのではないだろうか。

8　阿娘型伝説

昔、あるところの庁舎にいつも幽鬼が現れて、新官は赴任すると、決まってその日の夜のうちに亡くなってしまうという不思議な出来事が起こった。そのため、その場所の郡守（郡の長官）の職に就こうとする者が一人もいなくなってしまった。朝廷では一日たりとも長官の職を空けておくわけにはいかないので、やむを得ず志願者を募集した。しかし、誰も命が惜しいので、志願する者はいなかった。

そんな最中、一人の志願者が現れた。彼は豪快な気質と何事をも恐れない勇気の持ち主ではあったものの、容貌が優れていなかったので不遇のままであった。彼はその地の役所にいつも幽鬼が現れて、新官は赴任した当日の夜に決まって死んでしまうという話を聞いても、幽鬼なんてたいしたことではないと、大胆にも志願したのだ。朝廷では何の異議もなく、その人をその地の郡守に任命した。

郡守に赴任した日の夜、彼は一人で庁舎で寝ることにした。駅卒たちは彼の無謀な行動を見て、護衛兵を大めに連れていくように忠告した。しかし、彼はそれを断り、ただ灯し火だけをたくさん用意しておくように命令した。部屋中を灯し火で明るく照らして、彼は夜が更けるのを待っていた。夜が深まると、突然、部屋はぞっとする冷んやりとした気配に包まれ、強い風が吹いて固く閉まっていた扉がガタンと開き、灯し火が消えそうになった。さすが豪胆な彼も気絶しそうになった。しかし、彼は元気を奮い立たせて、急いで『周易』を読み始め、大声で呪文を唱えた。部屋はしばらくの間、静まり返った。

また、しばらくすると、今度は一方の扉が音もなくスーッと開いて、突き刺すような寒気とともに、髪を振り乱して全身血まみれの妖怪が、突然、目の前に現れた。彼はずっと大声で呪文を唱え続けた。すると、その妖怪は消えてしまい、辺りはまた静まり返った。三度目は、戸の外から女の声が聞こえてきて、部屋の中にいる人に呼びかけた。彼は何度も考えた後、逆に、「おまえは誰だ」と尋ねた。女は哀願するような声で、「私は幽鬼でも人でもありません。怨みを訴えたいので、どうか扉を開けてください」と言った。その時初めて、彼はその妖怪が怨霊（冤魂）であることがわかった。それで、震えながらも、大胆に扉を開けた。首に刀が刺さったままの美しい女が白衣姿で部屋の中に入ってくると、彼の前で深々と叩頭した。彼は女の態度にやっと心を落ち着けて、どんな恨みがあって訴えたいのかと訊いた。女の訴えはこうだった。

私はもともとこの地の役所に仕える妓生でしたが、通引(9)の某の要求に従わなかったので、刀で刺し殺されました。某は、私の屍を客舎の裏の古木の中に頭を下に、さかさまに押し込みました。私は、当時の長官に訴えようとしましたが、長官は、私の姿に驚いて死んでしまい、その後、新官が赴任するたびに彼らの度胸を試そうと、先ほどと同じような姿で現れたのですが、彼らは皆、驚きのあまり、魂が飛び散って死んでしまいました。しかし、今のあなたほどの度胸ならば、私の恨みを晴らしてくれると思いましたので、こうやって本の姿で怨みを訴えに現れたのです。通引が刀で私の首を切った後、まだ私の息があるうちに、古木の中に突っ込んだので、私はあの世にも行けず、今もこの世をさまよっています。私を殺した通引は今もここで通引をしているので、あの者を処刑して、私の屍を古木から引っ張り出して、首の刀を抜き、体を平らに埋めてくだされば、恨みも晴らすことができ、黄泉路へ旅立つこともできます。

彼は女の恨みを晴らそうと約束した。女は何度も叩頭して立ち去った。彼はその晩は、一睡もできなかった。翌朝、夜が明けると、駅卒たちは新官の屍を片付けようとむしろを持って客舎の中に入ってきた。部屋の扉を開けて新官がまだ生きているのを見て、駅卒たちはびっくりして慌てた。新官はその日すぐに通引を拷問した。通引は一部始終を自白するしかなかった。それで、女の言ったことが嘘ではないとわかったので、すぐに客舎の裏の古木のところに行って屍を捜した。本当に首に刀が刺さって、さかさまに押し込まれている屍を見つけた。新官はすぐに屍の首から刀を引き抜き、墓地を求めて埋葬した。そして、通引を斬刑に処した。その後、彼は名官として名を上げ、この地の庁舎の妖怪もいなくなった。

（一九二三年七月、慶尚北道漆谷郡倭館、金永奭氏談）

このような説話は朝鮮各地に伝わっている。そして、このようなタイプの説話の中で最も有名なものは、密陽の嶺南楼の「阿娘伝説」である。鄭寅燮君の調査によると〔彼の『温突夜話』二二七〜二三六頁〕、阿娘の姓は尹、名は貞玉で、父親が密陽の太守に赴任した際、父にしたがって密陽に行った。その地の通引と彼女の乳母の陰謀にかかり、阿娘はある晩、嶺南楼で夜景を見ている時に、通引の白哥に辱めを受けた。[10]その時、阿娘は嶺南楼の上で月見をしていると、乳母が突然いなくなり、柱の陰に隠れていた白哥が飛び出して阿娘に言い寄った。

しかし、阿娘が拒絶すると、白哥が阿娘の乳房をつかんだので、阿娘は汚された乳房を小刀で切り落とした。白哥が乱暴しようとして、二人は争った。阿娘は白哥の刀で殺害されて、その屍は洛東江の岸辺の竹林の中に投げ捨てられた。翌日、太守はあちこち調べたが、見つけられなかったので、自分の娘は夜中に私通して逃げたと考えた。

両班の家でこのような不祥事を起こして、謹慎しないわけにはいかないので、辞職して京城の家に帰り隠居した。

(一)それ以後、新官が赴任するたびに、赴任当日の夜、妖怪が現れて、新官は体に傷一つないまま、変死する。

(二)このため密陽の太守になろうとする者がいなくなり、朝廷で志願者を募って、李上舎という者が自ら進んで赴任することになる。

(三)李上舎が赴任当日の夜、官舎で灯火を照らして読書をしていると、突然、怪しい風が吹き付けて、閉まっていた戸が自然と開いて、髪を振り乱し、乳房から血を流した女が、首に刀が刺さったままで現れた。

(四)新任の太守は女の訴えにより、下手人は官庁所属の者であることを知り、三日目、点呼の時に、白哥を捕まえた。

これら筋のだいたいは、前掲の金永奭氏の話と似ている。ただ鄭君が調査した説話には、殺された女が逆さまにされたという点がなく、また息がまだ絶えていないのに、そのまま放置されたという話もない。また、女は官庁の妓生ではなく、密陽太守である尹某の娘となっており、前記の説話と部分的には多くの相異があるが、前述した四条すなわちこの説話の重要な内容は似ているので、私は前記の説話を便宜上、「阿娘型伝説」と称することにする。

まず、密陽の阿娘説話を吟味してみると、尹貞玉という美女が自分の父と共に密陽に来た時に、通引の毒手によって殺されたというところまでは事実であったといえるだろうが、彼女の怨霊がしばしば出現して、新官を変死させたというこの点は、もちろん後の人が付け加えた説話的な要素であろう。

幽霊が出現したというのは人の幻覚によって生じる幻想なので、阿娘と白哥の事件を知らない第三者について言えば、毎回、阿娘の幽霊が現れるわけもなく、また、死者の怨霊(冤魂)が自分の恨みを訴えようとしたのなら、阿娘のような者は権力を持つ自分の父親に訴える方が手っ取り早い方法であり、また、白哥を直接、襲撃してもよいはずである。

ところで、阿娘が決まって新官を変死させたことや、阿娘型の伝説が各地にあることを勘案すると、官舎に怨霊が出現して変死事件が発生することや、勇気のある最後の一人が怨みを持って死んだ女のために復讐したり、恨みを晴らしてやるということは、あくまでも事実ではなく、単なる説話的なものに過ぎないといえよう。

この説話は『青邱野談』巻一「幽鬼の恨みをはらし、夫人は朱旗を見分ける」の条にも見られる。

むかし、密陽（慶尚南道）の太守は中年で妻を亡くし、ただ側室と息子の嫁と未婚の娘がいるだけだった。娘は生まれてわずか数か月で母を失ったので、乳母に育てられ、乳母を母のようにして、乳母と一緒に別棟に住んでいた。

密陽太守は、ことのほか娘をかわいがっていたが、ある日、娘は乳母ともども行方知れずになった。県内の村という村をあまねく探したが、杳《よう》として消えてしまった。

密陽太守は、恐れおののき、精神に異常をきたし、わめき散らし、慟哭して走り回った。やむなく都に送還したが、とうとう死んでしまった。

その後、密陽に任官した者は、皆、赴任の当日死んでしまった。三四年たっても、毎回同じだった。人は皆、不吉な家とみなして、たいてい何とかして逃れようとした。その地に配属されても希望する者は誰も無かった。朝廷では大変困って、朝参令を出し、すなわち世襲の文武百官およびそれに相当する者すべてを宮城内に集め、志願者を募った。

時に一人の武人がいて、禁軍として久しく勤めていたが武臣兼宣伝官となり、六品に昇級したところで喪に遭い、退役して二十余年、歳は六十に近かった。飢えと寒さにさいなまれ、十年同じ衣で三十日を九回分の食事で賄う、艱難辛苦の暮らしだった。このため出かけることもままならず、そのまま久しくなっていた。いわゆる名士や宰相に一人の知合いもなかった。（蜜陽）太守の話を聞いて、妻に話すと、妻は「死なんてなんの恐れるところがありましょう。たとえその日に死んだとしても、なお太守の名を得られます。運良く死ななかったら、大変な幸運じゃないですか。どうかためらうことなく、ぜひ志願してください」と言った。その武人は妻の言葉をなるほどと思い、朝廷に行き、身を挺して出仕し奏上した。

「小人は才もありませんが、どうか行かせてください」帝は喜んで政府を開き、よろしく頼んだ。その日、朝廷を辞去して家に帰り、なお悩んで「君の言葉通り志願したが、必ず死ぬとわかった。私は太守の名を得るので、死んでも恨みはないが、家族にはいったい何の意味があるのか。これで永遠の別れとなるのは、悲しいじゃないか」と言った。妻が言った。

「前の太守が死んだのは、皆その人の運命だったのです。化け物がどうして人を死なせられるでしょう？私は女ですが、請け合います。赴任の道中、私が同行しましょう」そこで妻を伴って出発し、領地に入った。いわゆる属吏が次々挨拶に現れたが、その様子を見ると、「五日京兆[11]」で、どうせすぐにやめる、とまるで敬う気が無く、眉をひそめる様子が顕著だった。事情に通じた下役は夫人を同伴したことに対しても頭が痛く思っていた。役所に入ると、内外の建物はみな荒れ放題で、壁が壊れ煙突は穴が開いている。黄昏になると通引および小輩は、皆、黙って退って、役所の中は、とうとう一人もいなくなった。

今夜の役所は誠に恐ろしい。妻は「あなたは奥に入ってください。私は男の服に着替えて役所にいて、動静を見てみます」と言って蝋燭を灯して一人座っていた。三更のころに突然一陣の怪しい風が吹いてきて、灯りが明滅し、寒さが骨にしみた。しばらくして、扉が自然に開いた。一人の処女が全身から血を流し、髪を振り乱して、裸で、手に朱旗を持って入ってきた。夫人はあわてず騒がず話しかけた。

「おまえは必ずや恨みを晴らせないので、訴えにきたのであろう。私はおまえのために仇を討つから、静かに待って、もう姿を現さないように」と。処女はお辞儀をして去った。夫人はそこで奥に入り、太守に「幽鬼はもう帰りました。今は恐ろしいことはありません。寝所から出ていらっしゃい」と言った。太守は恐ろしかったが、夫人の様子を見て、しかたなく大胆に出てきて役所で休んだが、ゆっくり眠れなかった。

夜明けになると、門外には人の声がざわざわして、騒がしくなった。窓に穴をあけて覗いてみると、校吏、奴令、通引、房子（地方官庁の僕）などの輩が、むしろや袋などを持ち、雑談しながら庭にあふれていた。互いに「おまえが先に行って戸をあけろ」と押し付け合い、顔を見合わすばかりで、上ってくる者がいない。太守は衣冠を正して窓を押し開け、座って言った。

「どういうわけで、そんなに騒いでいるのか。手に持っているのはなんだ」

吏員らは大変驚き、神が下ったと思い、まるで鳥が飛ぶように獣が走り出すように逃げ出した。太守は昨日の当番をさぼった者に罰を与えた。太守を補佐する首郷（座首）や首吏は皆処分された。規律が厳粛で、法の執行は条理が通っていた。官吏は恐れおののき、声もなかった。

その晩、奥に入って夫人に昨晩のことを聞いた。夫人はそのことをありのまま話して、「これは必ず元の太守の娘（処女）の魂です。凶悪犯に殺され、世間に知られず、行方不明になったと思われている人に違いありません。すべからくひそかに探して、もし朱旗という者がいれば、間違いないでしょう。厳しく白状させればいいのです」

太守はうなずいた。翌朝、出仕して、偶然将校の案件を見ていたら、本庁の執事に周旗という名があった。そこで役所に座り、大いに威厳を整えて多くの刑具を用意させ、周旗を連行し、自白を待たず縛り上げて大きな枷をつけて、刑具の上にとどめた。県内の者で驚かない者はなく、そのわけを知る者も無かった。太守はそこで尋ねて言った。

「おまえは元太守の娘の行方を知っているはずだ。刑をくわえられる前に、いちいち白状しろ」

この太守は着任した時に死を免れたので、神のように恐れられていた。それで少しも隠す勇気はなかった。ましてや男は重罪犯で、人には知られていなかったものの心中常にドキドキしていた。そこで逮捕の命令を聞くと、魂も飛び、顔も土気色で、隠す元気も無かった。そこで前後の詳細をいちいち詳述した。

けだし、男は、その娘たちが嶺南楼を見に出かけてきた時に隙間から覗き見て、どうしても手に入れたくなった。またその処女がただ一人の乳母とほかの建物に住んでいて、この乳母を母のように慕い、何でも言うことを聞く、と聞いた。男はたくさんの財物でその嫗を篭絡し、処女をある場所に誘い出せば、千金で厚く報いる、と約束した。その場所というのが、すなわち内衙の後ろの園竹楼で、たいへん辺鄙な場所で、内衙とも隔絶していた。下に竹林十数頃（一頃は約六、七ヘクタール）があり、前からよく知っていて、しばしば休息していた。

この嫗はその財に目がくらみ、処女を連れだして竹楼の上で月見をした。男は竹楼の下に隠れて突然飛び出し、娘の腰を抱えて、竹林の奥深くにさらっていった。処女を犯そうとしたが、哭き叫んで、遂に聞き入れなかった。男はこうなったら死ぬのも同じだ、と刀を抜いて刺殺した。それからまた乳母を殺さないと事がばれると思い、その嫗をも殺した。両脇にそれぞれ一人ずつ遺体を抱えて、垣をこえて外に出て、こっそり役人が行かない山奥に埋めた。今に至るまで幾年も誰も知る者は無かった。

太守はつぶさに報告を作成し、即日、男を打ち殺した。その処女の遺体は、掘りだしてみると、顔色はまるで生きているようで血の跡が生々しかった。その衣服を改めて、棺を用意して収めた。本家に報告すると、祖先の山の傍らにかついでいって埋葬した。竹楼を壊し、竹林を伐採した。これ以後、県に怪しいことは無かった。

太守が神明であるという評判は、世に宣伝された。これよりしばしば僻地防衛の兵使（兵馬節度使）、水使（水軍節度使）を歴任し、平安道統制使にまでなった。いたるところ、評判がいきわたり、民は命令せずとも従い、威嚇せずとも厳格に行い、隠し立てする者もなく、いたるところで善政をしいた。

しかし、このような阿娘型説話は、中国民間説話にはとても多いが、朝鮮では、阿娘故事を除くと少ない。朝鮮にはこのような説話が生まれる可能性が絶対にないとは言えないが、朝鮮説話の多くが中国説話の影響を受けていること、朝鮮の学識のある人は、中国古典中のたくさんの話を民間に伝えていること、これらの事実に基づいて推測すれば、朝鮮の阿娘型説話は、次に引用する中国説話の影響を受けて形成され、朝鮮の説話で「解娘」が「阿娘」とされているのは、中国の女の名が朝鮮に伝わって変化したのではないかと疑わせる。

多くの中国の阿娘型説話の中で、次に引く話が朝鮮の話に一番似ている。宋の洪邁の『夷堅志』〔『十万巻楼叢書』甲志巻十七に見える解三娘の伝説である。

興州（陝西省略陽）の後続部隊の統領の趙豊は紹興二十七年（一一五七）春、総司令官の命を奉じて各郡で軍情を視察した。果州（四川省南充）に駐屯した時、南充の駅舎に泊まった。夜、軍卒に命じて寝椅子を中堂に置かせた。駅の人が進み出て上申して「この堂には妖怪が出て、夜には必ず泣き声が聞こえます。普段、お客様はここにおいでになると大抵ここは避けて近づこうとなさらないで、ただ庁の西の楼閣に泊まられます」と言った。豊は笑って、「私がどうして幽鬼などを恐れようか」と言って、意に介さず、堂で寝た。

夜になると泣き声が外から聞こえてきて、何かがまっすぐに彼が眠っているところに向かってくるようだった。豊は「おまえは恨みがあって、それを言いたいのではないのか。言えば、私がおまえのために無念を晴らしてやろう、さもなくばすぐに立ち去れ」と言った。すると音は帰っていったが、しばらくするとまた来た。従者たちも皆、行ったり来たり、ぞろぞろする足音を聞いた。翌日、豊は太守王中孚（諱《いみな》は弗）に話した。王は妄想だと思って信じなかった。

その晩、豊は郡守の宴会に行き、夜、帰ってきたが、酒に酔って寝付けず、胡床[12]によりかかって休んでいた。一人の女が髪をざんばらにして、その前に立って話した。

「私は解通判の娘の三娘で、名は蓮奴といいます。もと中原の者ですが、兵乱に遭って蜀に逃れた時、秦司茶馬の戸部大人李忞の家の奴婢に身を落としました。李忞の家はちょうどこの館の場所にありました。李には娘がいて、郡守の馬大夫の息子紹京に嫁ぐのに、私を側女にしました。不幸なことに私に容色があったため、馬君に犯されました。李氏は自分の父にそのことを話し、李戸部は私を杖で殴り殺しました。息がまだ絶える前に、大穴を掘らせて私の死体を逆さまに放りこんで埋めました。今、三十年になります。どうか、将軍は私を憐れみ、生まれ変われるようにしてください」

豊は「おまえは死んでから久しく、役人たちは毎日ここを通るのに、どうして早く自分で述べなかったのか」と聞いた。

「遺骸を葬ってほしいということは、いまだかつて片時も忘れたことはありません。ただ、間には、神さまが見はっているので、しばしば現れることは許されません。十年前に、わたしが夜、泣いて訴えたところ、土地神さまが『今後、趙将軍がここに来るので、恨みを晴らすのはその時だ』と言いました。それで日夜、将軍のおいでを待っていました。それで思い切ってお願いしたのです」

豊は「そういうことなら私が何とかしないとだめだな」と言ったので、女は礼を述べて帰っていった。人をやって後をつけさせると、堂の外の塀のところで消えて見えなくなった。

翌日、僧を招いて読経をし、法事をして、そのまま出発した。夜、潼川〔四川省三台〕の東関県に至り、県の駅に泊まった。女がまた前に現れたが、既に束髪し高髻を結っていた。豊が言った。

「私はおまえのために法事をしたのに、なぜ追ってくるのか」

女は答えて言った。

「将軍から賜ったものは、もとより、すでに大変大きいです。しかし白骨はまだ堂の外の垣の下にあります。将軍以外には誰が力を尽くしてくれるでしょう」

豊が言った。

「私は巡察して客として外地にいる。すでにかの地を去った。どうしておまえのために力になれようか。どうして郡守の王郎中に訴えないのか」

「王郎中を訪ねるべきことはわかっています。が、お役所の門は戟門(13)で、神が宿っていて、よそ者の侵入を防いでいます。けれどわたしの恨みは王郎中でなければ処理できません。将軍が動いてくださらなければ、どうして王郎中に伝わるでしょうか。骨が掘り出されなければ、私は生まれ変わることができません。私の骨を取り出して、転生できるかどうかは、将軍の一言で、たちまちかなうのです」

豊はこれも承知した。またそのことを具《つぶ》さに記して伝令を通して、王郡守に伝えさせた。王はそこで昔、李戸部が使っていた従卒を探すと、譚咏という者が一人だけ生きていたので、咏にその骨を探させた。咏は十数名の兵を引き連れ、垣の下に来て土を掘って探した。二日探したがその場所がわからなかった。咏はある巫女を訪ねて聞いた。

巫女は自ら聖婆と名乗り、「幽鬼」の声で咏を呼んで責めた。

「おまえは当時、自ら私を埋めた。本当に在るところを忘れたわけではあるまいな。今、土を掘り起こしているところがその場所だ。まだ浅いのだ。当時、私を逆さに入れて、木のベッドで蓋をした。板は今もあるから、板にぶつかれば骨は続いて出る。頭蓋骨が一番下になっているので、必ず私のために取り出してくれ。もし頭蓋骨がないと転生できないのだ」

咏は恐怖で顔を伏せていた。その翌日、果たして死体は見つかった。高原に遷して埋葬した。当時、馬紹京は、渠州（四川省広安）臨水尉になっており、まもなく普州（四川省安岳）推官[14]に移動になった。解氏が現れて、昔のことを話してまもなく、馬紹京も続いて亡くなった。

関寿卿（諱《いみな》＝）耆孫は初めて教官として赴任するとき、たまたまここに泊まったので、記録しておいた。虞并甫が渠州太守だった時、馬紹京はちょうど臨水の県尉だった。

話はいささか複雑で、部分的には朝鮮の阿娘型説話と異なるところが多い。しかし例えばある土地の客室に怪物が現れて住むことができない、怖いもの知らずの人が駅人の忠告を拒否してその部屋に泊まり、怨霊（冤魂）となった美女に出会い、その訴えを聞いてその恨みを晴らす、仇はまだ生きているなど、重要な箇所で朝鮮の説話に似ている。

より注目に値するのは、女の美貌が事件発生の原因となったこと、女がまだ死なないうちに頭を下に埋葬されたなどの細部が一致することで、これにより、朝鮮の阿娘型説話は中国説話の影響をどれほど多く受けているか推測できる。蜜陽嶺南楼の阿娘伝説の前の部分も解娘の話が転訛《てんか》したものかもしれない。

宋の解娘伝説は、宋の他の記録にも見られる。李昌齢の『楽善録』〔『稗海』第三套〕巻上には、『夷堅志』よりいっそう簡略に記されている。

右武大夫の趙公豊は、紹興丁丑（一一五七）の年、召集されて蜀（四川省）中諸郡の兵を制して、果州（南充）を通り、駅舎に泊まった。夜半、一人の婦人がざんばら髪で現れ、進み出て訴えた。

「私は、姓は解、名は蓮奴と申し、李戸部の家の妾です。李戸部の旧宅はここにあり、その娘が郡守の馬大夫の息子に嫁ぐとき、私を側女としたのです。私に容色がありましたため、馬の若さまに親しくされて妊娠しました。戸部は怒り、杖で私を何度も殴りつけ、まだ息の絶えぬうちに、戸部は地面を掘らせて私を逆さに埋め、木の寝台を上に置きました。ところが李家も馬家も、これより次第に衰え、今は皆死に絶えました。どうか将軍さま、私の骨を掘り出してください」

趙は翌日、ただ斎《とき》を設けてお祀りして去った。

潼州（四川省）に至り、東関県駅に泊まった。また解氏が前で哭《な》くのを見たが、すでに束髪していた。趙は怒って「昨日すでにおまえのために法事を行ったのに、なぜまたついてくるのか」と言うと、解氏は「わたしは将軍の恩に感謝しています、ただ私の頭蓋骨は逆さまに下に埋まっています。掘り出して正しい位置にしないと生まれ変われません。どうかもう一言、郡守と県令に命じてください。出られたら、私は活路を得られます。どうして将軍のことを忘れましょうか」

趙は承知して夜が明けると一人の使臣を遣わし、果州の郡守、王郎中にそのことを処理させた。王は書類を見て不思議に思い、李戸部の昔の婢僕を探すように命じた。先の卒の譚咏という者だけが生きていた。

王郎中は十数名の卒を咏に付けて解氏の骨を掘り出させた。咏は騒動になるのを怖れて、すぐにはその場所に掘りにいこうとしなかった。するとたちまち空中から「だめだ」という声がして、咏を責めて「おまえは当時その手で私を埋めた。どうしてその場所を忘れることがあろうか。ただ、あと数尺前に進んで土を掘り起こせば木のベッドがある。骨はそこにあるのだ」と言った。咏は恐れおののいてすぐに掘り出した。頭骸骨は確かに下にあった。見た者で悲しまない者は無かった。郡守は別の野に葬った。

時に馬郎は東晋の軍幕となっていたが、たちまちある夕べ、解氏が前に現れ、つぶさに当時のことを述べた。馬郎はたちまち地面に倒れて死んだ。果州教授関若遜記す。


明らかにこの一段は『夷堅志』の結末に出てきた関耆孫という名前の教官が、果州駅館で記録した全文あるいは略文である。さらに関教授なり洪邁なりが記録したのは、当然その時代の話であり、その伝説は民間で李戸部の婢妾が殺された事件を大きく取り上げて説話化した産物である。彼らはすなわち話が尋常ではないと考えて記録したのだ。ただ『楽善録』には、駅館に常に幽鬼が現れるという言い方はしていない。『夷堅志』中にもこのような色彩ははっきりしない。ただ、この種の「枕〔導入〕」は、中国の他の話には、しばしば見られ、珍しくない。試しにいくつか例を挙げると、北斉の顔之推の『還冤記』〔説郛〕七十二には次のような話が見える。


漢の時、王忳《じゅん》、字《あざな》は小林は、〔陝西省〕郿県令となり、県に赴任し、斄亭に着いた。亭には常に幽鬼が現れ、人を殺した。

忳が楼上に泊まると、夜、女が現れ、恨みを訴えたいと言った。衣も着ていなかったので、忳が衣を与えると、女は入ってきて言った。

「わたしはもと〔四川省〕涪県令の妻でした。任官しようとここを通り、泊ったところ、亭長がわたしたち一行十余名を殺し、建物の下に埋めて、衣装と財物を奪いました。亭長は今、県門の見回りとなっています」

忳は「おまえのために復讐してやるから、善良な人をこれ以上、殺すのはやめよ」と言った。幽鬼は衣をつかんで去った。忳は翌朝、見回りを捕まえて詰問したところ、認めたので、仲間十余名を捕え、皆殺しにした。

亡くなった人びとを掘り出して、その家族に返し、葬儀を行わせた。亭は長く安寧になった。

民謡に「ああ、少林（王忳）は世に二人といない方だ、被（布）を飛ばし馬を走らせ、幽鬼と語らう」という。「被飛走馬」(15)は、また別の話なので、今、ここには記録しない。

この話は、だいたい阿娘説話に属す。特にこの説話の最初は、朝鮮の説話の最初と一致している。唐の李綽の『尚書故実』［河東の張尚書が語った伝記及び民間説話を記録する］に次のような話がある。

公、自ら述べる、大叔父の高嘉祐は開元年間（七一三―四一）に（河北省）相州から河南省都督になった。官舎に異変があり、郡守で亡くなる者が続出した。将軍［嘉祐は金吾将軍で終わる］たる者として、到着するや、正殿に衣冠を整えて、夜通し座っていた。夜分、急に衝立《ついたて》の陰から恭しく嘆く声が聞こえて、突然、西の回廊から現れた。衣も頭巾もボロボロで憔悴した様子で階段にそって登って、前まで来た。将軍は声を励まして聞いた。

「なんの神がここに来たのか」

答えて言うには「余は後周の将、尉遅回である。ここで死んだが遺骸はまだそのまま残っている。心意気のある人に頼んで、葬儀を行ってほしいのだが、これまでの地方官は皆肝っ玉が小さくて、恐怖のあまり死んでしまったのだ。わたしが殺したのではない。……」

この話のテーマと、初めの官員が肝っ玉が小さくて驚いて死んだという点は、朝鮮の話と完全に一致する。さらにまた晋の干宝『捜神記』［『学津討原』十六集］巻十六に次のような書き出しがある。

後漢の時、〔河南省〕汝南郡汝陽県の西門亭に化け物が出た。この宿に客が泊まると、必ず死者が出た。ひどいものは皆、髪の毛を失くし、精気を失くす……

同書巻十八には、次のような内容が見える。

〔河南省〕安陽の城南に宿があるが、夜、泊まることはできない。泊まると必ず人が殺された。書生は術数〔占い〕に詳しかったので、ここに泊まった。宿の人は「ここに泊まることはできません。ここに泊まった人で、無事だった人はいません」と言った。書生は「心配いりません。私は自分で適当にやれます」と言って、そのままそこに泊まった。正座して音読していた。……ややしばらくして休んだ……夜が明けて、宿の人が見にきて驚き、「どうしてあなた独り生きているのだろう」と言った……

また、巻十八には次のように始まる話がある。

呉の時、〔江西省〕盧陵郡の町の中の宿舎の二階にはいつも化け物が出て、泊まった者は皆死んだ。後には、お上の使者や役人はこの宿に泊まろうとする者は無くなった。

時に、〔江蘇省〕丹陽の人、湯応という者は大変肝っ玉が大きく武術の腕もあったが、使者として盧陵に至ると、この宿に泊まろうとした。役人はだめだと言ったが、応は聞かなかった。従者を外に留めて、ただ一人大太刀を構えて宿舎にいた。三更になると、急に門をたたく音がして……

このような例は、中国説話の中に枚挙にいとまがない。しかしこれらの例の中に必ず恨みを持って死んだ女の情節を含むわけでなくても、駅の宿でしばしば幽霊騒ぎが起きて、泊った者がその場で死ぬという始まりは、朝鮮の阿娘型説話の誕生に影響を与えたのではないだろうか。

最後に、阿娘説話［あるいは解三娘説話］に関して、我々はまた原始宗教心理学から少し言わねばならない。その中には、このような信仰観念が含まれている。

もし人が、まだ息があるうちに打ち捨てられたり埋葬されたりすると、永遠に幽鬼になれず、人として転生することもできない。首に刀を刺されて死んだり乳房を斬られたりして死んだ者、および衣服をはぎ取られて亡くなった者の幽霊は、出現する時、死んだ時の姿で現れる。

もし原始人が嫌悪の気持ちから、瀕死の病人を放置したり、埋めてしまったりすると、彼らの記憶に、病人の半死半生の苦痛の姿が深刻な印象を残す。このようにして、彼らが夢を見る時、あるいは当時の光景を回顧する時に、病人が彼らの記憶に残した最も深刻な印象の半死半生の幻影が出現する。そこで幻影を実在とみなしてしまう原始人は「もしまだ死んでいない人を埋葬したら、その人はその状態をずっと保ち続ける」と推理をする。そうなると生きている人はあの世に行きようがないから、来世の人になれない。一方、死んだ人はこの世にとどまることもできないので、この世の人でもいられない。

同様の推理に基づけば、乳房を斬られて死んだ人や首に刀が刺さって死んだ人、あるいは死んだときに服を奪われた人は、目にした人びとの記憶に、それらの惨状が深刻な印象を残す。それで死者が夢や幻覚に現れる時、目にするのはいつも流血の乳房や刀の刺さった首、および着衣のない身体となる。

このように、夢の世界を現実の世界として捉える原始人は、死者の霊魂は死亡当時の形態で出現すると推理する。民間説話は、今日に至るまでこのように流伝しているのである。

そして、原始人の認識では、遺体を逆さまに埋葬するのは好ましくない埋葬法で、その霊魂も来世に行きようがないとされる。

現世の生活が来世でも続くと信じる原始人は、来世の人が逆立ちで生きていけるとは考えられなかった。死者の霊魂は、たとえば客死したり、溺死したり、遺体が行方不明になって、正しく葬られないと、永遠に自分の落ち着き先をもてないと、彼らは考えたのである。このように幻覚を実在とするのは、夢境を現実とみなす原始信仰で、人類学では夢理論（dream theory）と呼ぶ。

9 孫順が児《こ》を埋めた伝説

『三国遺事』巻五の「孫順、児《こ》を埋める」には、次のような記述がみえる。

孫順〔古本では孫舜とする〕は牟梁里の人で、父は鶴山といった。父が亡くなると、妻と共によその家に行って賃仕事をして、米穀を得て、老母を養った。母の名は運鳥。順には幼い息子がいたが、いつも母の食事を奪っていた。順はこれに困って、妻に言った。

「息子はまた得ることができるが、母はまた求めることはできない。（息子が）母の食べ物を奪っていて、母はひどく飢えているだろう。いっそのこと、この子を埋めて母の腹を満たすようにしたい」

そこで息子を負ぶって〔牟梁の西北にある〕酔山の北郊に行った。

地面を掘るとたちまち石の鐘が出てきた。とても立派なので、夫婦はびっくりして、林の木に掛けて試しに叩いてみたら春のような柔らかいいい音色だった。妻は「不思議なものを得たのは、息子に福があるのでしょう。この子を埋めてはいけません」と言った。

夫もその通りだと思ったので、息子と鐘を背負って家に帰り、鐘を梁《はり》に掛けた。鐘を叩くと、音は宮中にまで聞こえた。興徳王(16)はこれを聞いて、左右の者に「西の方から不思議な鐘の音がする。清らかで類《たぐい》まれな音だ。急いで行って調べよ」と言った。王の家来がその家に来て調べて、王につぶさに報告した。王は「むかし郭巨が子を埋めると、天が金の釜を賜った。今、孫順が子を埋めると地から石の鐘が現れた。前者の孝も後者の孝も同じく鑑《かがみ》だ」と言って、家を一軒と毎年粳米五十石を与え、純孝を尊んだ。

順は古い家を喜捨して寺とし、弘孝寺と名づけ、石の鐘を安置した。真聖王(17)の時に、百済がこの里を略奪し、鐘は失くなったが、寺は残っている。鐘を見つけた場所は完乎坪（가잿벌）というが、今、訛って枝良坪（가재ㅅ벌）という(18)。

そして今、慶州孫氏の族譜には、この文がそのまま採録されていて、孫順を彼らの祖先とする。孫氏のあいだでは、依然としてこの伝説が語り継がれているのである。孫順伝説の梗概は次の通りである。

孫順の幼い息子がいつも祖母から食べ物を奪うので、孫順は、子どもは失くしてもまた生めるが、母を失ったら取り返しがつかない、と思った。孫順が息子を埋めようとした時に、不思議な石の鐘を手に入れた。

このように簡単な理由で愛する息子を生き埋めにしようとしたことが本当にあったかどうかは非常に疑わしい。しかし同時に、極度の困窮から、このような出来事が絶対に起きないとは断言できないし、どうやっても、息子が祖母の食べ物を奪うという欠点を改められない父母が、思い余って子を埋めるという決心をしないとも限らない。

石の鐘が偶然地下から掘り出されるというのも絶対に起こりえないことではない。

興徳王が、郭巨が子を埋めて金を得た話を絶対知らなかったというわけでもないが、四世紀初めに中国で、すでに孫順の伝説にきわめてよく似た郭巨の伝説が現れており、新羅末か高麗時代の学者がこの伝説を民間に伝えたと思われる。このように考えると、孫順伝説が絶対に郭巨伝説の影響を受けていないとは断言しがたい。郭巨伝説は晋の干宝の『捜神記』巻十一〔『学津討原』十六集〕にある。


郭巨は隆慮（河南省林州）の人、一説には河内の温（河南省温県）の人という。兄弟は三人で、早くに父を亡くした。喪が明けると二人の弟が財産分与を求め、銭二千万を弟二人がそれぞれ千万ずつとった。巨は一人で、母と小屋に住み、夫婦で雇われて、老人を養った。しばらくして妻が男児を生んだ。巨は、一つには、息子にかまうことは親孝行の妨げになること、二つには、老人は食べ物があると、喜んで子や孫に分けるので、その食事量が減ることを心配した。

そこで野原に穴を掘って息子を埋めようとしたら、石の蓋があり、その下に黄金一釜[19]があり、中には朱書きで「孝子郭巨に黄金一釜を与える」とあった。そこで郭巨の名は天下に知れ渡った。


二つの民間説話はあまりにも似ているので、新羅の孝子孫順の何かの行いが、高麗時代に郭巨伝説の影響を受けて、『三国遺事』に記録されたような話型を生み出したのではないだろうか。しかし、それを補う材料がないので、ここでは疑問を呈するだけで、今後のさらなる研究を待ちたい。

中国には、郭巨の子埋め伝説だけでなく、ほかに郭道（あるいは郭世道）の伝説もあり、朝鮮忠清北道にもそのような伝説がある。

中国の例を見てみよう。唐の徐堅『初学記』巻十七、「孝弟、郭道瘞子」の条に言う。

裴子野『志略』に言う、散騎常侍（皇帝の顧問役）の袁瑜が、会稽（浙江省）の郭道は継母に仕えてたいへん孝行だ、と推薦した。（郭は）家が貧しかったので、息子が生まれると、孝行できなくなることを心配して、妻に「（子への）慈愛を損なっても孝を全うすれば、恨みはない」と言って、子を埋めた。

『太平御覧』巻四一三「人事部　孝中」にも次の記載がある。

蕭広済の『孝子伝』にまた言う、郭世道は会稽永興の人。十四歳で父を失う。後、継母に仕えて、身を慎んで孝養を尽くした。妻が息子を生んだが夫婦で協議して「この子を養育すると失うものが大きい」と言って埋めてしまった。母が亡くなると喪服を着て追慕し、衣を解いたことはなかった。

これは『初学記』の郭道の話と同じである。郭道と郭世道は、同一人物と思われる。

中国の子埋め伝説は、郭巨であろうと郭道であろうと、子どもが生まれた直後に埋めたり、あるいは埋めようとしたものの最終的に中止したりしている。これは事実かもしれないが、朝鮮の子埋め伝説では、孫順の話であれ、あるいは次に紹介する忠清道の伝説であれ、埋めようとするのは、ある程度成長した幼児である。感情から考えて、事実とは一定の距離がありそうである。だから朝鮮の伝説は、郭巨伝説の影響を受けて形成された可能性があるのだ。忠清道の子埋め伝説は次の通りである。

忠清北道沃川郡と忠清南道太田郡界の堺に一つの高い山がそびえている。むかし、その山の麓に親孝行な夫婦がいて、老母と子どもと一緒に暮らしていた。この夫婦の親孝行は実に驚くほどで、夫婦は老母のためにおいしいものを手に入れることを毎日の日課としていた。おいしいものがあれば必ずそれを手に入れてきて、老母に食べさせた。それでも夫婦はいつも親孝行が足りないと思って、心配して落ち着かなかった。

親孝行な夫婦はとても憂慮すべき出来事に遭遇した。それは、苦労して手に入れてきたものを老母に差しあげると、老母がそれを幼い孫に与えてしまうことだった。親孝行しようと思って手に入れてきたものなのに、結局は幼い子の胃袋を充たすものになってしまう。親孝行な夫婦は恐れ、話し合った末、老母に親孝行するために子を生き埋めにすることにした。

孝行息子は鍬を背負って山へ登り、ある場所に決めて掘り始めた。二尺ほど掘ると、おかしな皿が一つ出てきた。それを取り出して、また掘り続けたが、ちょうどその時、妻が息子を背負ってやってきた。妻は、夫が土を掘っている姿をみると、突然、咽喉を詰まらせ泣いて夫を呼んだ。夫が振り返ると、妻はヒキガエルみたいにかわいい息子[20]を背負って涙をポロポロこぼして見つめていた。

「埋めるのはやめましょう。お母様が食事をなさる時は我々がこの子を連れて出かけましょう。そうすれば、お母様にも親孝行ができますし、子の命も守ることができます」

と妻は言った。孝行息子は妻の言う通りだと思い、掘り出した器を持って家に帰った。

その器を丁寧に磨いてから、中に何かを入れておいた。翌日、その器を開けてみると、不思議なことに、少しだけ入れておいたものが器いっぱいになっていた。とても不思議に思ったので、他のものを入れてみても、結果は同じだった。今度は銭を少し入れてみた。しばらくして開けて見ると、銭でいっぱいになっていた。この器の不思議を知った夫婦は約束した。

「これは、天が我々に親孝行をするように賜ったものだから、この器から出たものは全て母に孝行するためにだけ使い、母が亡くなったら、元あった場所に埋めよう」と。

その後、孝行な夫婦は、苦労せずに良い食べ物を手に入れて、老母に孝行ができるようになった。老母の死後は、最初の約束通りに不思議な器を元の場所に埋めた。

しばらくした後、世の人がこの事を知り、もう一度その器を見つけようとしたが、見つからなかった。そのため、この山の名は食蔵山と呼ばれた。（一九二七年旧暦九月二十二日　沃川郡北面增若里、閔丙友氏の来信）

10　妻と妾が白と黒のひげを競って抜く話

李晬光（一五六三―一六二八）の『芝峰類説』巻十六、諧謔の条には、次のような話がある。

ある士人には、妻一人妾一人がいた。白いひげを取るのは妾で、白いのだけを丁寧に抜いた。ところが妻は夫が妾に媚びようとするのを憎み、夫の黒いひげを抜いた。とうとう、白いのも黒いのもすっかりなくなり、老婆のようになって、一年の間、出かけることができなかった。

出典を明らかにしていないところから見ると、李晬光は民間からこの話を採録したと思われる。今も民間でこのような話が広く伝わっている。次は私が子どもの時に親戚の婦人から聞いた話である。

昔、ある人がこっそり若い妾を囲っていたが、いつもばれるのではないかとびくびくしていた。その人は若い妾に自分の白髪を見られたくなかったので、妾に白髪を抜かせた。妾は男の頭の白髪を一本残さず全部抜いた。夫の頭に白髪が一本も無くなったのを見て、妻はたちまちあやしんで、妾を囲っているにちがいないと、しきりに夫を責めた。

妾はいないと証明するために、夫は妻に自分の黒髪を抜かせた。妻は夫の態度が気に入らなかったし、妾に気に入られないようにと、夫の黒髪を全部抜いてしまった。そこで、たちまち夫は、つるっ禿の坊主になってしまった。(21)

ひげか髪の毛かという違いを論じるまでもなく、次の宋の彭乗『墨客揮犀』〔『稗海』第六套〕巻六の記載を見れば、この話が、もとは中国の話であることがわかる。(22)

一人の長者がいた。年は六十余で側女《そばめ》を数人置いていた。髪はすでに斑白だったので、妻と側女に交互に（白髪を）とらせた。妻は白髪が少ないと側女たちに好かれるのではと恐れて、黒い髪を抜いた。側女は白髪が少なくなるように、白髪を抜いた。ひと月もたたないうちにあごひげもすっかり無くなった。

中国の話の方がより事実に近そうだが、民間説話としては朝鮮の民間に伝わる話の方が味わいがある。

11　尚州五福洞伝説

「尚州五福洞伝説」は、慶尚道地方に広く伝わる。ここでいう五福洞は、実在する村ではない。深い山奥にあるといわれるが、誰も行ったことのない一種の理想郷である。そこには金持ちもいなければ、貧乏人もおらず、生存競争もなく、静かな理想の村で、人びとは皆、農業にいそしんでいるといわれている。

昔、ある人が山で柴刈りをしていて、一頭の鹿を見かけたので追いかけた。こっちの山から向こうの山へと追いかけて、ずっと山奥まで入っていき、鹿がある洞穴に入っていくのを見た。彼も続いて入っていき、そのまま中を進んでいくと、目の前に人が住む村が現れた。村民の話によると、むかし彼らは戦乱を逃れて山中に入り、この村を作ったということだった。

彼らはもう世間との往来を望まず、代々、そこで幸せに暮らしてきたという。この世で五福洞を見つけようと思っても、決して見つからないのだ。

（一九二三年、倭館、金永奭氏談）

崔滋（一一八八―一二六〇）と並んで朝鮮小説の鼻祖とされる高麗の高宗王の時の李仁老（一一五二―一二二〇）の『破閑集』（一二六〇）巻上には、次のような話が見える。

智異山は、あるいは頭留ともいう。始め北から白頭山に向かって隆起し、峰が花に、谷が萼《がく》となって連綿と続き、帯方郡に至るまでくねくねと数千里、囲むのは十余州、満一か月でその果てを究める。古老曰く「その間に青鶴洞がある。道は甚《はなは》だ狭く、一人がかろうじて通れるほどだ。うつ伏せになって数里ばかり行くと、ようやく果てしなく開けた場所に着く。四方はすべて良田肥沃な土地で、作物を作るのに適している。ただ青鶴だけがそこに生息するので、この名がある。けだし、昔の世捨て人が暮らしたところである。崩れた垣と堀、なお茨の廃墟がある」

以前、僕と堂兄の崔相国は、袖を振り払って旅に出、すなわち約束してこの洞を訪ねてみた。正に竹の籠に持ち物と共に仔牛を二三頭入れておいた。すなわち世俗と往来しないということだ。ついに華厳寺より花開県に至り、神興寺に宿る。通ってきたところはすべて仙境で、たくさんの岩がそびえ、谷間を競って流れ、竹垣茅葺の家、桃や杏が咲き誇る。ほとんどこの世とも思えない。けれどいわゆる青鶴洞は、ついにみつけられなかった。そこで岩に詩を次のように書き記した。

頭留山、暮に廻り、雲低く
万の谷、千の岩は会稽に似たり
杖を頼りに青鶴洞を訪ねんと欲するも
林を隔て、空しく聴く、白猿の啼くを
「楼台」は渺茫として「三山」は遠し
四字の題は、苔蘚で微茫たり
試しに問う、仙境はいずくにありや、と
落花流水、人を迷わす

昨日は、楼で、たまたま『五柳先生集』（陶潜文集）を開いたら、「桃源記」があったので、繰り返し読む。けだし秦の人、戦乱を厭い、妻子を携えて、ついに幽玄僻遠の地に至る。山をめぐり川を行き、樵も草刈も至ることができぬところに到り、居を定める。晋の太元年間（三七六―三九六）に、漁師が幸いに一度訪れたが、常にその道を忘れ、二度と尋ねることはかなわなかった。後世、絵に描き歌に詠んで伝える。桃源を以て仙境としないものはない。神仙の乗る車が漂泊し、長生者が都とする。けだしその記を読んで、いまだ耳になじまないが、実に青鶴洞と違わない。（「桃花源記」に出てくる晋の）劉子驥のような高尚な人がいたら、行って探せるだろうに［花開県は今、慶尚南道河東郡の花開面である］。

これは高麗時代からずっと今に至るまで朝鮮に伝わる桃花源の伝説である。この智異山青鶴洞伝説は、李仁老が書いているように「洞天」が確かにあったのかはわからない。しかし一群の避難民が山中に肥沃な土地を見つけて、臨時に居住する村落のようなものを建てたことはあり得ないわけではない。ともかく、李仁老がそれを中国の桃源と比べたのは、興味深いことだった。

この記述から見て、朝鮮小説の鼻祖たる彼自身も青鶴洞を探しにいった後で、陶潜の「桃源記」を読んだのだ。これは、当時、中国の桃源伝説がまだ高麗に入っていなかったことを表す。もし桃源伝説が民間で広く知られていて、そこから青鶴洞伝説が生まれたのなら、博学多識の李仁老が、行った後で初めて桃源伝説を知るようなことはあり得ない。この点から見ても、青鶴洞伝説は朝鮮独特のものと思われる。

後に、この固有伝説と桃源伝説に基づき、様々な一種の理想郷を語る民間説話を生み出した。尚州五福洞伝説がそうであり、また『破睡篇』と『青邱野談』で見つけた話もこの類型に属す。またそれをいっそう小説化、具体化したものが、作者不詳の『海東野書』[23]の「桃源を訪ねた権生」の条の次の話だ。

白門（西大門）外に住む権進士は、若いころ学校に行ったが、大科[24]を受ける気は無かったので、もっぱら遊覧して過ごしていた。道楽を知り、八道一帯で行かないところはなく、名山大河、霊境名区、深く訪ねないところはなかった。あるいは二度三度と行った。

たまたま江原道春川基獜倉[25]に行ったところ、その日はちょうど市の日だった。一人の人が葦の笠をかぶり、牛に」ってきて、店の小者としゃべって尋ねた。

「あの部屋に泊まっている客はどこの両班ですか」

小者は「都にお住いの権進士様です。国中を周遊なさって、どんな小さな通りまでも見学されないところはありません。私どものところも三回目で、すっかりなじみです」

「ではあの両班は、どの方面に詳しいですか」

「堪輿《かんよ》の術（風水）に大変詳しいです」

「呼んでもらえませんか」

「お安い御用です」

しばらくして店の小者が進士のもとにやってきて言った。

「ある村の老人が進士さまが才能を持っていらっしゃると知って、今、来てほしいそうです。進士さま、あやしまず、ちょっと人のために手助けするのも悪くないでしょう。しばらく何日か余計にここにお泊りになれば」

ちょうど進士は退屈していたので答えて「ここから遠くないならば、一度行ってみても構わないだろう」と言った。

そこで老人に会いに行った。

「進士様の名声は久しく伺っております。今、牛にのってきました、しばらく田舎に泊まっていただくのはいかがでしょうか」

権は言った。

「老人のお住まいはここから何里ですか」

「ここから三十里です」

その日のうちに牛に騎って出発した。老人は轡《くつわ》をとって後ろに続いた。ちょうど昼だった。牛は早くも遅くもなく、歩んでいった。およそ三四十里行ったところで、権進士は老人に尋ねた。

「あなたのお住まいは、もう遠くないですか」

「私のところはまだ遠いです」

「ではいま何里来たのですか」

「八十里です」

権はそこで大いに怪しんで言った。

「今だいたい百里近く来て、なお村がはるかに遠いというなら、最初に三十里ほどと言ったのはあまりにもいいかげんじゃないですか。あなたが私を騙してこさせたのは、何のためですか」

「これには実は理由があります。宿の主人は、ただ私が三十里ほどの村に住んでいるとだけ知っていて、私の住んでいるところを知らないのです」

権は心の中ではおかしいと思ったが、既にここまで来てしまったので轡を返すわけにもいかず、とうとうそのままひたすら道を急いだ。確かに三十里の先はすべて深山峡谷で岩石が層を成し、落ち葉はくるぶしまでもない。ただ一本の細い道だけだ。食事時になると、老人は牛を止めて、

「ちょっと飢えをしのいで行きましょう」と言った。

権はそこで牛を降りて谷のそばで用意した弁当を食べ、水を掬《すく》って飲んだ。また牛に騎っていくと、日はすでに沈み黄昏時《たそがれ》であった。しばらくするとはるか遠くから、呼ぶ声がする。老人が答えて「来たぞ」と言った。権は牛の背からこれを見たら、数十の松明が峠を越えてやってくる。皆、村の若者だった。人事を尽くして松明で先導して峠を越えて下った。かすかに大きな村が谷間全体をおおっていた。犬や鶏の声、砧や杵の音が四

方から聞こえる。

ある家の前で牛から下りて部屋に入った。窓の格子も瀟洒《しょうしゃ》で、家屋は大きく、山中の炭焼きの住いのようではなかった。翌日、戸を開けてあたりをみると、村中の家は二百余戸あるようで、前面は一望平坦で、すべて肥沃な良田だった。その広さを聞くと、二十余里になるという。隠然と世俗を離れた桃源の地であった。

壁を隔てる数室の部屋からは毎晩読書の声が聞こえた。尋ねると、村の少年たちで、ぶらぶらしていることは許されないという。秋と冬は、昼は耕作し夜は学ぶ。必ずこれは課業である。権は国内を周覧し、桃源を一度は見てみたいと願い、ずっと心で願っていた。今、ここで巡り合うことができて、思わず大喜びした。たちまち老人に尊敬の態度をとり、跪《ひざまず》いてたずねて言った。

「ご主人は仙人ですか、幽鬼ですか。この村は何という村ですか」

老人は怪訝《けげん》そうに言った。

「進士さまはどうして急にこんなに恭しくなさるのですか。私はただ、先祖がもともと京畿道高陽にいて、曾祖がたまたまこの地を得て、引っ越してきたのです。時に父方の一族、母方の親戚に、妻の一族、あるいは姻戚関係の希望者、合わせて三十余家族一緒に移住したのです。相談をして、いったん入植したら、世間とは往来しないと決めました。ただ若干の経書と塩などを持ってきただけで、開墾して水田を作って食べてきました。結婚についても、この中の諸族の間で、代々結婚してきた村です。その後、子孫がだんだん盛んになりました。同鼎之室、(26)ほとんど二百余家になりました」

「衣食はすなわちこの中での耕作と機織りを仕事として不足することは無いでしょう。さて、塩を手に入れるのは難しくありませんか」

「進士さまが騎られた牛は、一日に二百余里行けます。曽祖がここに入植した時、連れてきた牛の生んだものです。このようによく歩くものは、いつも一頭は生まれます。近隣との往来には、必ずこの牛を使い、塩を購入して運んできます。ゆえに村の塩の取引は、専らこの牛に頼っています。山中での肉に至っては、獐鹿《のろじか》、猪、羊の類があり、蜂蜜の壺は三百個をかぞえ、並べて山のふもとの村に置いてあります。別に主人がいるわけではなく互いに柴刈りをして融通します。

ある日、老人は少年に「今日は天候が穏やかだから、権進士様と釣りをして遊んできなさい」と言った。その少年たちは、糠《ぬか》や粃《もみがら》を持ち、あるいは棒と呼子を持ってそろって川辺に行った。糠を水中にまいて、沈むのを待って、少年は杖を持ち、泳いで波を起こした。しばらくすると一尺もある魚たちが水上に浮いてきた。尋ねると、「木覔魚（スズキ科ギンポ?）、厨魚（どんな魚か不明）に似ています。白鯵（ケンヒー、鯉科の淡水魚）もいます。もしひと月あまりいらっしゃったら、この洞中の先の山をすべてご覧になれます」

帰る時になると、老人は頼んで言った「この土地は春川（江原道）に非ず、また狼川（江原道華川郡、新羅時代の名）にも非ず。この草原の前は数里になり、前人未到の場所で、世に知る者もありません。進士さまはこちらにお出でになって、ご縁がありました。山を出られた後は、どうか人にお話にならないでください」権は答えた。「私も家に帰ったら、家族を伴ってきたいと思います」老人は「それは難しいです」と言った。権は帰ってきた後は、ずっと家にいた。いつも私に、本物の桃源郷に入ることができたのに、世俗の務めから逃れる決意ができず、家族を連れていくことができない、と嘆いた。

これは、朝鮮の祖先が描き出した一種の理想郷である。これは興味深い記録で、ここから我々は彼らの平和を愛し、遁世の気持ちをうかがうことができる。

このようなタイプの五福洞伝説が描く理想郷の話は、明らかに朝鮮の民族性と民族の感情を表している。しかるに、このような民間説話が中国桃源伝説の影響を受けて豊かに発展したということは、否定しがたい。このため我々はこの話に関係の深い中国の話を紹介したい。

干宝『捜神記』の続編として編まれた晋の陶潜の『捜神後記』〔『学津討原』十六集〕巻一には、次のような話がある。

栄陽（河南省）の人、姓は何《か》、その名は忘れたが、名望のある人だった。荊州（湖北省）に招かれて刺史の補佐官に任ぜられたが、就かなかった。

隠遁して志操を養い高めた。田舎で人々が穫り入れするところによく行ったが、そこに急に一人の一丈余もある人が、薄い単衣をまとい、頭には角巾をかぶって現れた。軽やかに両手を挙げて舞いながらやってきた。何に語って「君はかつて韶舞《しょうぶ》（舜の時代の楽舞）を見たことがあるか。これが韶舞だ」と言って、舞いながら去っていった。

何がその後を追うと、道はまっすぐ、ある山に続いていた。山に洞窟があり、ようやく人一人、入れる大きさだった。その人が穴に入るように命じ、何もまた従って入った。初めはたいへん急だったが、前方はつねに広々していて、その人は見えなくなった。数千畝の良田が広がっていた。何はそこで耕作して、代々跡を継ぎ、その子孫は今に至るまで耕作して暮らす。

一人の韶舞を踊る仙人のような人に導かれて、山中に入り、新しい村を建てたというのは、五福洞説話や桃源説話と同じタイプの話といえる。しかし『捜神後記』巻一に現れる次の話こそ、五福洞説話の元の話だろう。

晋の太元年間（三七六―三九六）に、武陵（湖南省）に漁で暮らしを立てている人がいた。渓流に沿って歩くうち、どれほど歩いたかわからなくなった。突然、桃花が岸を挟んで数百歩続く場所に出た。ほかの木は混ざっていず、目をみはる美しさで、開いたばかりの花は色鮮やかだった。

漁夫は〔漁夫の姓は黄、名は道真〕たいへん不思議に思い、さらに進んでいって、その林の果てを確かめようと思った。林が尽きたところが水源で、山があった。山には小さな入口があり、光が漏れているようだった。そこで船を棄てて、その入口から入った。初めはとても狭くて、人一人やっと通れるほどだった。さらに数十歩行くと、突然パッと開けた。土地は広々として、家々もきちんとそろっていて、良田に美しい池、桑や竹の林があった。あぜ道が交差し、鶏や犬が鳴いていた。男女の衣服は、皆、外の人と同じだった。年寄りも子どもも満ち足りて楽しそうだった。

漁夫を見てたいへん驚き、どこから来たのかと尋ねたので、漁夫はつぶさに答えた。皆は漁夫を迎えて家に帰り、酒を用意し、鶏を殺して料理した。村中の人が皆、漁夫のことを聞いてやってきて質問した。村人は、先祖が秦の乱を避けて、妻子を引き連れ、皆で語らってこの辺境の土地に来た。それ以後、ここを出たことはなく、とうとう外の世界と隔絶したのだ、と話した。今は何の世か、と尋ねたが、漢のあったことを知らず、もちろん魏晋も知らなかった。漁夫がいちいち詳しく答えると、人びとは聞いて感嘆した。

ほかの人びともそれぞれ家に招いて、酒と料理でもてなした。数日滞在して、辞去した。村の人は、外の人に言うには及ばない、と言った。

出ると、船があったので、もとの道をたよりに、あちこちに印をつけた。郡に帰ると、太守を訪ねてこのことを話した。太守の劉歆は、すぐに人を派遣してついていかせたが、印をつけたところを探しても、再び見つけることはできなかった。

（「桃花源記」）

この文から見ると、中国の「五福洞」は武陵桃源があるところをさらにかなり奥まで行った場所に違いない。それは人びとのいるところから遠く離れた深山で、入口は人一人がかろうじて通れるだけであった。さらにやや奥に行くと、開けた原野に出る。その村の人びとは幸せに暮らしていて、戦乱を避けてこの秘境に来て、理想の村を作ったのである。子々孫々、外界との往来を断ち、誰もその村を発見できない。このような特徴は、五福洞伝説と比較して、少しの違いもない。

ある人が偶然の出会いからこの村を発見するのも、このような人物を登場させるのが目的で、これで初めて聞く人にこの話が真実らしく感じられる。すなわち、もし誰も行ったことがなければ、そのような村の存在及び彼らの生活を人びとはどうやって知ったのか、と人に疑いを生じさせる。だからこの世に一人かつて自分でその村に行った人がいた、というプロットが考えられた。その人が漁夫かどうか、どうして村を発見したのかは別に重要ではない。だから、いろいろな民間説話では、この点に多少の違いがある。これを除けば、たとえほかに少し違うところがあっても、五福洞伝説が『捜神後記』のような中国民間説話に起源することは否定できない［民間では、五福洞は「ウブク」洞ともいう。五福洞の名は、おそらく「우복ㄱウブク」という名に発音が似ている「五福（オボク）」に当て字して理想の村という意味で命名されたと思われる］。

12　烈女であって烈女でない女の伝説

慶尚南道昌原郡鎮東に次のような有名な烈女伝説がある。

今から約百年前、鎮東に一人の美しい妻がいた。彼女の夫は山に行って薪を刈り、それで生活する木こりだった。その村には、もう一人木こりがいて、二人はいつも一緒に山へ行った。隣人は、仲間の美人の妻を狙って、ずっと何とかしたいと機会をうかがっていた。ある日、いつものように二人で山へ出かけた際、隣人は力づくで仲間の首を斬り、その屍を絶壁の下に落として捨ててしまった。死者は口から泡を吹きながら死んだ。

隣人は平然と村に帰り、夕食を済ませると、仲間の家に行き、「おい、いるか?」と呼んだ。その家の妻はもちろん少し驚いて、「毎日、時間通りに帰ってくる人が、今日に限って遅くなっても帰ってこないのは、いったいどうしたのでしょう」と尋ねた。隣人は落ち着いて、「今日はちょっと用があったので、自分は少し早く帰ってきたが、……どうしてこんなに遅いんだろう」と言って、一緒に心配した。

その後、夫の消息を失くした美人の妻は、隣人に疑いの目を向けた。しかし、隣人が自分の夫を殺したという証拠を見つけられなかったので、どうすることもできなかった。一方で、夫を失くした後の女の暮らしは実に悲惨で、毎日の食事にも事欠く有様だった。この様子を見て、隣人は毎日、食べるものを分けてやり、あの手この手で女を慰めた。その親切ぶりはただ事ではなかった。その後まもなくして、隣人は、ついに美しい女に求婚した。

「一人で生きていけない女の身で、おそらく夫はもう亡くなったのだろうし、幸い、自分も独り身だから、一緒に暮らさないか」と隣人が言うと、女はひそかに、何かを決心したように、承知した。

ちょっとの間に、二人の間には、息子三人と娘二人が生まれた。この間、隣人が美しい妻を得ておおいに満足したのはもちろんのこと、女の方も決して前夫のことは口に出さなかった。それで、隣人はすでに女をかなり信頼していた。

ある年のこと、梅雨に入り、軒先から落ちる雨水が滴になったりはじけたりするのを軒下に座ってじっと見つめていた隣人は、何を思い出したか「へへへ」と笑い出した。それを聞いて美しい女は、夫に笑ったわけを尋ねた。

「そんなことを聞いて、どうするんだ」と隣人は答えたが、女はその笑いがどうしても不気味に思えたので、そのわけを何度も問い詰めた。

「子どももいるのに、夫婦の間で、言えないことなどがあるでしょうか」と顔色を変えて尋ねた。隣人はしまいに答えた。

「実は、お前の前夫は俺の手にかかって死んだのだ。今日、軒から落ちる水が泡になるのを見ていて、俺はお前を手に入れようとして、お前の前夫の首を斬って殺した時、あいつが口から吐き出した泡を思わず思い出したのだ。それで人の命は、水の泡のようだと思い、それがおかしくて笑ったのだ」

女はそれを聞いても、別に衝撃を受けた様子も見せず、静かに言った。

「そんなことがどうしておかしいのでしょう」

しかし、心の中では、燃えるような怒りで、恐ろしい決心をした。

夫が出かけると、女はすぐに役所に走っていき、夫を告発した。それで、隣人は法によって死刑になった。そして、女も、「私の美貌のせいで、二人の夫が死ぬ羽目になったのに、どうして私一人だけが生きていられるでしょうか」と決意して、自決した。

この出来事が起きた何年か後に、昌原に赴任した新しい郡守が、その烈女の墓前を通りかかると、郡守の馬は、歩みを止めて動かなくなった。郡守は村人の話から、それが烈女の墓だということを知った。郡守が墓に向かって烈女碑を建てると誓うと、馬の蹄は動くようになった。郡守は、烈女のことを石碑に刻んで、烈女碑を建てたそうだ。しかし今、その石碑はなくなってしまった。（一九二七年七月、馬山、李殷相君及び明周永君談）

李殷相君の話では、「隣人は、ただ木こりを絶壁から突き落として殺した後、美人のその妻と結婚する。その後、軒の雨だれが、あぶくになって、また消えるのを見て、ひとり思わず微笑して、人生はそのあぶくのようだと言った」という。

しかしこの民間説話は、中国民間説話の影響を多く受けていることが、次の文からわかる。

すなわち宋の高文虎の『蓼花州間録』〔『古今説海』「説纂戌集」所収〕には次の文があり、唐の蘇鶚の『杜陽雑編』の文だという〔『杜陽雑編』は『学津討原』『津逮秘書』『稗海』『説郛』『歴代小説』などに入っているが、それらにはこの文は見えない〕。

余の家の古い書物に「呂晋卿夏叔文集」があり、（安徽省）淮の節婦伝を載せて言う。「妻は、年若く美人だった。姑に仕えて大変慎み深かった。夫は商いをしていて、ある里人（村の人）と共同出資して商売に出かけた。大変仲が良く、家族ぐるみで付き合っていた。里人はその妻がきれいなのに魅かれていたので、船で旅していて、そばに人がいない時を狙って、その夫を川に突き落とした。夫は水の泡を指さして「いずれ、これが証拠となる」と言った。

夫が溺れてしまった後で、里人は大声で助けを呼んで、引き上げたが、すでに死んでいた。そこで号泣して、喪服を着て兄弟のように手厚く納棺し、葬儀の礼は大変立派だった。その荷物を記録して、少しもごまかさなかった。商売で出たもうけは、均分して、記録に残した。帰ると、彼の母にすべて渡して、よい土地を占って葬った。毎日その家に行き、その母に身内のように仕えた。こうして何年か経った。

妻は姑の老いを考えると、家を出ていくのは忍びなかった。皆、里人の恩を感じ、人びとも彼の義を好ましく思った。姑は嫁がまだ若いし、里人が未婚なのでこれを息子のように思って、嫁を彼に嫁がせた。夫婦は仲がよさそうで、その後、息子と娘も何人か生まれた。ある大雨の日、里人は一人軒下に座っていたが、庭の水たまりを見て、こっそり笑った。妻がそのわけを聞いたが、答えようとしなかったら、妻はますます疑い、いつまでも質問した。里人は妻とは仲よくやっているし、子も何人もいることだし、自分を尊重しているだろうと思い、とうとう本当のことを言った。

「おまえを愛したが故に、おまえの前夫を殺した。おまえの夫は死ぬときに、水の泡を指さして、これを証拠にする、と言った。今、水の泡を見たが、いったい何ができるというのか、それで笑ったのだ」と。妻は笑っただけだった。その後、里人が出かけたすきに、官に訴え、その罪を告発して法が執行された。妻は慟哭して「私の容色のせいで二人の夫を殺してしまい、どうして生きていられましょうか」と言って、淮河に行って死んだ。

たとえ現存の『杜陽雑編』にこの文が見えなくても、『蓼花洲間録』を信じるなら、明らかに『杜陽雑編』の完本には、かつてこの文があり、そうならば『杜陽雑編』は『呂夏叔文集』から採ったのだ。上述の事実ないしは伝説が、唐以前にすでに中国に存在したことは、疑うには及ばない。二つの話の梗概がそっくりなのは、誰の目にも明らかである。以下にその中の類似点について簡単にまとめておく。

①加害者は同じ村の人で、加害の目的はその美人妻を娶ること
②被害者が死ぬ時、口から泡を吹く、あるいはあぶくを指して責めたこと
③加害者は殺された者の家庭の面倒をよく見て、最終的に美人妻を娶《めと》る
④したたるあぶくを見て笑い、妻に厳しく追及され、すでに子もいると思って安心し、しかたなく事実を話す
⑤妻はあわてず、夫の留守に役所に訴える。「後夫」が処刑された後、二人の夫を死なせたので、自分も自殺す

る

これらの内容はだいたい一致している。このような事件は、中国ばかりでなく朝鮮でも完全に独自に起こりうる。だから朝鮮の先述の話はすべて中国の記事によって生まれたとは、断言はできない。しかし、話すときは朝鮮で起きたことのように見えるとしても、少なくとも朝鮮の話の「あぶく」云々のくだりは、中国の影響を受けていることは疑いないと思われる。

鎮東の話は「あぶく」から付会して人生観が出てくる。隣人は軒下のあぶくを見て、殺された前夫のことを思い出し、人生はあぶくのようだ、と感嘆して笑う。あるいは殺された人が死ぬ時に吐いた泡を思い出して笑いだす。このようなモチーフは、そう簡単に各地で別々に発生したとは思えない。

中国の古い記録にすでに鎮東の話と似た話が出現して、その話のなかで最も焦点を当てられるのが水のあぶくに関する一言である。とすれば誰も鎮東の話は中国の影響を受けていないとは断言できないだろう。

中国と朝鮮の違いはただ、中国の話の加害者はしたたる水のあぶくを見て、平凡だけれどより説話らしく「死ぬときにあぶくを指して証拠としたが、今、あぶくを見てもどうすることができるというのか」と言うのに対し、朝鮮の話では哲学的な風味をそこに交えただけなのだ。そればかりか、やや乱暴に言うと、鎮東のこの伝説に事実の部分があるか否かはともかく、話の梗概だけから見ても、中国の話の影響を受けたものだと言えそうだ。

二つの国の話の違いは、川（を往来する）商人が樵になり、烈婦が川に投身自殺するのが、ただ自殺となっているだけである。このような違いは当然、何の問題にもならない。また、朝鮮の鎮東の烈婦が最初からある種の決心をして隣人に嫁いだというのと、中国の烈婦が、無意識に騙されて隣人と結婚したという違いは、両民族の女性気質の違いを示しているだけだ。

このような女性の気質の違いは、李朝の李睟光が著した『芝峰類説』巻十六「雑説」の条の「我が国の人に中国が及ばないものに四つあり、婦女が貞操を守ること、賤人が葬儀を執り行うこと、盲人が占いを能くすること、武士が片箭（朝鮮式の小さい矢）の腕が優れていること」という句を連想させる。

13　沐浴は見るなの話

むかしあるところに貧しい漁師がいた。ある日、大きな鯉を釣り上げたが、食べるに忍びないので、甕に放して飼うことにした。夜、家に帰ると食卓においしそうなご飯がひと椀おいてあった。少し不思議には思ったものの、そのまま食べることにした。このご飯は大変おいしかったので、食欲をそそられ、急に魚の刺身が食べたくなった。ちらっと甕の鯉を見たが、やはり食べるに忍びなかった。

翌朝、男は早起きして、こっそり台所をうかがっていると、甕の鯉が一人の美少女になって、台所でご飯の用意を始めた。男は急いで後をつけ、少女の手首をつかんだ。

「私は水界の龍王の娘です。あなたと夫婦の縁があったので来ましたが、あと三日待たなければ人になれません。どうかあと三日待ってください」と女は哀願した。三日後、鯉は美しい女になった。

鯉女の魔法で、二人は大きな屋敷を出した。食べるものも着るものも、欲しいものは何でもすぐ手に入った。鯉女は家を建てる時に大きな浴室を造り、毎月、一二回は、必ず水浴した。

「私が浴室に入っている間は、絶対に覗かないでください。もし覗いたら不幸に見舞われます」　鯉女はくり返し頼んだ。その後、二人には三人の息子と娘が生まれ、とても幸せに暮らしていた。

ある日、漁師は我慢できなくなって、妻が浴室に入った後、外からこっそり覗き見た。妻は大きな鯉になって、のんびり浴槽を泳いでいたが、夫が外から覗き見たと知ると、すぐに浴室から出てきて、悲しげに言った。

「あと一年、約束を守ってくれたら、私は永遠に人でいられたのに。今、我々の今生の夫婦の縁は切れました。でも三年後に新たに天界で一緒に暮らせるでしょう」

妻は再び鯉の姿になると、夫の制止もかえりみず、海の龍王の国に行ってしまった。鯉が海に消えた後、屋敷も無くなり、子どもたちもいなくなり、漁師はまたもとの貧しい漁師に戻った。

三年後、部屋に妻の声が響き、鯉女が天から降りてきて、夫を連れて天に昇っていった。三人の子どもたちも天にいて、皆で、おいしいものを食べて愉快に暮らした。　（一九二三年七月、忠清北道槐山邑　安柱祥氏談）

宣祖朝（一五六七―一六〇八）の時の柳夢寅の『於于野談』に、似た伝説が見える。


進士の柳克新の友人が、克新に「あなたはガンギエイの子孫だと聞きましたが、そうですか」と尋ねた。克新は笑って言った。

「私の母の実家には、昔からそういう話があります。本当のことです。むかし、高祖（祖父母の祖父母）の前の、先祖のおばあさんが、八十歳を過ぎて病気になり、寝込んでひと月経ったある日、子や孫、侍婢に、「私は長患いで、大変鬱々としている。湯浴みをしたいので、静かな部屋に湯浴み用の湯を用意せよ。一家の者は慎んで覗き見はするな。覗き見したら、よくないことが起こる」と言った。家の者は湯浴み用のたらいに香湯を用意して別室に置き、しっかり戸を閉めて、言いつけ通りに、ほかの部屋に控えて待っていた。波が起り水を打つ音がして、しばらくしてもやまなかった。一家中の者はみな心配で、入って見たかったが、止められているので控えた。しばらくしてからようやく入って見たら、全身がエイになっていた。家族は集まって相談した。「異類になってしまったが、まだ生きているから、葬式をするわけにもいかない。しばらくそのままにしておこう」
すっかりエイとなるのを待って、海に放した。

このような民間説話は朝鮮にはたいへん珍しい。しかし話の中の魚女が、いつも浴室内ではもとの姿で沐浴し、そのもとの姿を見てはいけないというタブーと魚女をもとの場所に帰らせてしまうというこの二点は、朝鮮固有のある種のタブー思想に由来するのか、それとも完全に中国民間説話のモチーフを借用したのかは、判断がしがたい。しかし晋の干宝の『捜神記』〔『学津討原』十六集〕巻十四には次のような三種の類似した話がある。

漢の霊帝（一六八―一八九）の時、（湖北省）江夏の黄氏の母が、たらいで行水をしたまま、長いこと立ち上がらず、スッポンに変わってしまった。女中がびっくりして走って知らせにきたので、家族が行ってみると、スッポンは深い淵に沈んでしまっていた。その後、時々姿を見せた。最初、行水をした時の、笄《こうがい》と銀の簪《かんざし》はまだ頭にあった。そういうわけで、黄氏は代々スッポンの肉は食べないのだ。

これは、劉克新の母方の祖先をエイとする伝説と同じで、一種の動物始祖思想（animal totemism）の話で、朝鮮と中国古代にはそのような動物始祖思想が存在したか否かは別の問題である。続いて次の例を見てみよう。

魏の黄初（二二〇―二二六）年間に、（河北省）清河の宋士宗の母が、夏に浴室で行水をする時、家中の者たちを皆追い出して、ひとり浴室にこもっていた。だいぶたって、家人はその意図がわからないので壁に穴をあけてのぞいて見たら、人の姿は見えず、盥の中に一匹の大きなスッポンがいた。そこで戸をあけて皆で中に入ったが、ついに人に応えようとしなかった。前に挿していた銀の簪《かんざし》は、まだ頭のところにあった。お互いに見つめあって、声をあげて泣いたが、どうしようもなかった。

行きたそうにするので、ずっととどめておくことはできなかった。見張っていたが、日がたつうちに、うっかりしたすきに自分で戸の外に出た。とても速く去っていき、ついに追いつかず、水の中に消えた。

その後数日して急に戻ってきて、屋敷のなかを以前のように歩き回ったが、結局、何も言わずに去っていった。

当時の人は士宗に、葬式を出して喪に服すべきだといったが、士宗は、母は姿は変わったが、生きていると言って、葬式は出さなかった。これは（湖北省）江夏の黄の母の場合と似ている。

『捜神記』には、さらに続いて次の話が見える。

呉の孫皓の宝鼎元年（二六六）六月晦日に、（江蘇省）丹陽の宣騫の八十歳の母が、やはり行水をしていて黿（大スッポン）になってしまった。その様子は、黄氏の場合と同様で、騫の兄弟四人は戸を閉めきって保護し、堂の下に大きな穴を掘り、水を満たした。黿はその穴に入って一日二日は泳いでいたが、常に首をめぐらして、外を眺めていた。戸がわずかにあいているのを見つけると、すぐにくるくる回って跳びだして、深い淵に入ってしまい、それきり帰ってこなかった。

ウミガメであったりスッポンであったり、また水に入ったと言ったり、深い淵に入ったと言ったり、というのは、まったくありえないことである。しかしこれは明らかに当時の民族説話である。しかもいずれの話も「女の人が、密室内で水浴中に、水生動物になっている。家族がこのタブーに触れたため、元の場所に帰ってしまった」という話型である。女性の入浴中の肉体を見るタブーの考え方が、どのように形成されたかは難題である。しかもこのような民間説話の両民族間の伝播関係を明らかにすることは容易ではない。しかしこのようなタイプの話は、動物始祖思想を考える上でたいへん興味深い資料であるので、ここに列挙した。

14　仙境に遊んで斧の柄が朽ちる

博奕に熱中して、本業、あるいは世間のことを忘れてしまう人を非難して、俗語では「神仙の遊びに夢中になり、斧の柄が腐るのも気づかない」と言う。この言葉はよく使われている。その由来の民間説話は必ずしも一致しないが、主な梗概は次の通りである。

昔、ある木こりが山で神仙が碁を打つのに出くわし、一緒に遊んだが、帰る時に見たら、持ってきた斧の柄がすっかり朽ちていた。家に帰ってみると、孫、ひ孫の代の人びとの世になっていた。

このような話は中国の記述が伝播して入ったのだということが、次の文からわかる。晋の虞喜『志林』［『説郛』五十九］には、次のように記されている。

（四川省武陵の）信安山に石室がある。王質がその石室に入ったら、童子二人が将棋をさしているのが見えた。見ていて、まだ一局が終わらないうちに、気づいたら薪を刈るのに持っていた斧の柄がすでに朽ちていた。郷里に帰ったらすでにすっかり変わっていた。

15　左七右七、横山倒出

「籍」という字を、「二十一日（昔）、竹やぶに来い」というのと同様に、我々が子どもの時、通っていた漢文の塾では、いつも「婦」の字を「左七右七、横山倒出は何の字」と言って、友だちを試した。これが中国の字の謎から来ていることは、次の明の王文禄『龍興慈記』〔『記録匯編』巻十三〕の文からわかる。

聖祖（明の洪武帝）が、たまたま戦に負けて、夜、妓楼に泊まった。翌朝、発つ時に姓名を述べ、壁に詩を書いた。

「二之十、古之一、左七右七、横山倒出、得了一是為之土之一（一を得れば土の一と為さん）」と。皆、解くことができなかった。（女は）後に男児を産んだ。（聖祖が）皇帝になったと聞いたので、壁の詩を記録して、子を連れて奏聞した。さっそく工部造府に命じて、子を封じて王とした。その婦は召見されることはなかった。詩は「王吉婦、子を得れば王と為さん」ということだった。

『龍興慈記』は、序文から見るに、王文禄が嘉靖辛亥の年（一五五一）に、小さい時に父方のおばから聞いた民間説話を編集したものである。すなわち明の建国（一三六八）から二百年近くたっており、この話にどれほど信憑性があるかはわからない。明の太祖に関するこの種の話はとても多いが、これはまた別の問題である。妓楼の壁に題して描いたいわゆる明の太祖の詩の意味は、次の通りである。すなわち「二之十」が指すのは「王」の字、「古之一」は「吉」の字、「得了一」が指すのは、「得子」で、「得子為之土之一」が指すのは、「為王」で、「左七右七横山倒出」

は「婦」の字を指す。「婦」の字の女偏は、左から見ても右から見ても「七」の字で、つくりの上の部分は「山」を横にした形なので横山で、下の部分は「出」をひっくり返した形である。こうしてすべての詩の句をつなげると「吉婦得子為王（吉婦、子を得れば王と為さん）」となるのだ。

16　子どもの知恵に関する話

幼いころの記憶によると、朝鮮の民間では、一般に子どもたちの知恵を試すために、いつもこのような問題を出していた。

①何人かの子どもが一緒に遊んでいる時、その中の一人が水甕に落ちたらどうするか。
②子どもたちが一緒にボール遊びをしている時、ボールがからの深い甕の中あるいは古い木のうろの中に落ちた、さてどうやって取り出すか。

しかし子どもの知恵で即答するのは、容易ではない。このような設問は、次のような中国の文から生まれた可能性がある。便宜上、明の趙瑜の『児世説』〔『説郛続』巻二十三〕から次のような二段の文を引用する。司馬光（一〇一九—一〇八六）の条には、

公が幼い時、子どもたちで遊んでいたら、一人の子が水甕の中に落ちた。子どもたちはびっくりして逃げ出したが、公は石を取って、その甕を壊したので、子どもは出ることができた。

文彦博（一〇〇六―一〇九七　山西省介休の人、北宋の政治家、書家）の条には、

潞公（文彦博）は幼い時、子どもたちでボールをぶつけあって遊んでいたら、ボールが柱（木）の穴に入ってしまった。公が水を穴に注ぐと、ボールは浮き上がって出てきた。

あるいはこんな風に考えることもできる。中国の記述を読んだ朝鮮の学者が、児童の知力を試そうとして、または教育の目的で、子どもたちに質問した謎々が、今日まで前述したように伝わっているのかもしれない。しかし別の角度から見ると、それは必ずしも中国の話から編まれた話とは限らない。朝鮮にもこれと似た話がある。

昔、ある十二歳の子どもが、いつも小鳥と遊んでいた。ある日その子の友だちが、最初は仲良くしていたのに、何かの拍子で喧嘩になり、意地悪をするつもりで小鳥を奪って、岩穴に投げ捨ててしまった。子どもが手を伸ばしたが届かなかった。その子はしばらく考えてから、砂をわずかずつ岩穴にまいて入れた。小鳥は次第に積みあがる砂の上に一歩ずつ上がってきて、ついには子どもの手の中に戻った。

（一九二七年八月、京城府館洞、金泰卿氏の寄稿）

このようにこれといったモチーフを持たず、ただ知識に由来する話は、必ずしも相互の影響がなくても、それぞれ独自に生まれることができるだろう。しかし、むかしの朝鮮の学者の多くが中国の古典に親しんでおり、そのなかの面白い話がたくさん朝鮮の民間に伝わっている事実があるので、ここに述べた民間説話も中国から来たのでは

ないかという疑問が生じるのである。

17　李太祖墓地の伝説

李朝の太祖李成桂の父が、明の太祖朱元璋の父と一緒に白頭山で墓地を探したという話が、朝鮮の民間にはたくさんある。李成桂と朱元璋が、ある酒屋で一緒に酒を飲んだという話も朝鮮の民間に広く伝わっている。朱元璋は中国の南の出身で、李成桂は咸鏡道の出身なので、二人の父親が一緒に墓地を探すはずもなく、二人が同じ酒屋で酒を飲むはずもない。しかしこのような話が生まれる機縁はあった。我々はだいたいこんな風に推測する。朱元璋を朝鮮出身というわけは、金の太祖の祖先が高麗、黄海道平山郡の出身であり、清の太祖は咸鏡北道会寧郡の出身で、当時は会寧郡が女真族の領地だったところなので、歴史の事実を無視する民族説話では、金、明、清の王朝の変遷も無視して、単純に中国の王朝の始祖は朝鮮出身であるという従来の観念を継承して、明の太祖も朝鮮出身であるかのように考えたことがある。また李成桂と朱元璋がともに貧しい出身で、しかもほとんど同時に国家の大権を握ったので、それが後世の人びとの大いなる関心を引き起こして、両雄の比較論が盛んにおこなわれたのではないだろうか。筆者は、こうした理由によって、このような民間説話が生まれたと考える。

両者の比較論は盛んで、その影響は民族説話にも及んでいる。弱小者の一般心理のせいで、明の太祖朱元璋に関する伝説に自国の色彩をくわえて、李太祖に関する模倣説話が形成されたのだろう。朝鮮の人々が、朱元璋と同じく李太祖の身にもそのようなことが起こったと考えて、誇りに思ったこともあっただろう。

同様の弱小者の心理から、明の太祖の墓地伝説を模倣して生まれた話が、車天輅の『五山説林草藁』の中に見える。

太祖は永興の外祖の屋敷で生まれた。すなわち今の濬源殿《しゅんげんでん》がそれである。桓祖の葬儀の時、太祖は咸興にいて、福地を得て埋葬したいと思ったが、占える人に出会わなかった。ある日、柴刈りの少年が山に行ったら、二人の僧の格好をした人が先に山にいて、その山を登ったり下りたり、また立ったり座ったりしていた。年長の方が言った。

「下の方は地法にかなうが、将相に過ぎない。やや上なら正に王侯に当たる」 二人は言葉を交わして計画した。柴刈りは、林に隠れてその言葉を聞いていて、帰って太祖に知らせた。太祖は大慌てに、裸馬に乗って、その後を追った。十余里ほど行ったところで、二人の僧が錫杖を道端にとどめていたので、太祖は馬を下り、再拝して「弊屋にお運びいただけないでしょうか」と頼んだが、二人は遠くまで行かねばならないと言って断った。太祖は叩頭再拝して跪き、誠を尽くした。二人は「人が誠を以て尽くすなら、辱を空しくすることはできない」と言って一緒に帰ることを承知した。

太祖は（二僧を）静かなところに泊まらせて、礼でもてなした。一日留まって帰ろうとすると、太祖がもう一日留まるように言い、太祖は席を立ち、再拝して言った。「某は今、父を失くしましたので、どうか良い土地を占ってくださいい。尊師にご教示いただきますようお願いします」

二人は衣を払って立ち上がり「私はただ行脚しているだけで、霊妙な青鳥錦嚢の術（神仙の術）などは、いまだかつて聞いたこともありません」と言った。

太祖は地面に跪いて無理に引き留め、涙を流して謝った。二人はそこでまたとどまった。その翌日、太祖がまた再拝して願うと、年長の者は黙っていたが、若い方が「人の厚意は背くに忍びない」と言った。年長の方が「ではどうするか」と言うと、「その場所を指示するまでです」と言った。

二人はそこで太祖とその山に行き、杖を突きさして言った。

「一番目の穴は王侯の兆、二番目は将相の宅、二者から選びなさい」

太祖は言った。「一番目のを願います」

年長の方が「高望み過ぎないか」と言うと、太祖は言った。

「およそこの世のことは上を望んでようやく下を得られます。だからこう言いました」二人は笑って「うまくいくようにな」と言って振り返らず行ってしまった、

年取った方が頼翁長老で若い方が無学上人だった。

これが基づいたのが、明の太祖の家の墓地に関する明の王文禄の『龍興慈記』にある次の記述ではないだろうか。

（安徽省）泗州に楊家墩があり、その下に穴があった。熙祖（朱元璋の祖父）は曾て、そのなかで寝ていたら、二人の道士が来て、その寝ている場所を指さして「もしここに葬れば天子が出る」と言った。弟子が「なぜですか」と聞くと、「ここは気が温暖だ、試しに枯れ枝を植えてみれば十日で必ず葉が出る」と言った。熙祖を呼んで、「おまえは私の話を聞いたか」と聞いた。熙祖は耳が聞こえないふりをした。そこで枯れ枝を挿して去っていった。

熙祖が十日待ったら、果たして葉が生えていた。熙祖はこれを抜いて、別に枯れ枝を挿しておいた。二人の道士がまたやってきた。弟子が「どうして葉が出ていないのですか」と聞くと、「間違いなく、これは、人が抜いたのだ」と言った。熙祖は隠れていることができなくなった。道士が言った。

「ただ気を漏らしたのは、長く伝えろということではない」と言って「おまえには福がある、死んでここに葬られれば、天子が生まれる」と言った。

熙祖は、これを（子の）仁祖に語り、その結果、ここに葬られた。埋葬した後、土が自然にかぶさって墳墓となった。半年後、陳后は太祖を妊娠した。皆、この（楊家）墩には天子の気がある、と言った……

『五山説林』は『龍興慈記』より半世紀遅い記録なので、朝鮮の話は、この期間に生まれた可能性はある。しかし一見、二つの話のあいだには似た点は認められないので、李太祖の話が絶対に『龍興慈記』のような中国の記録から出たとは言い切れない。李太祖が苦心して桓祖の墓地を探し求めたというのは、あるいは事実かもしれないが、二人の道士が、王侯を出すことのできる墓地を指示したという話を作り出した動機や機縁は、断言はできないものの、明の太祖に関する先述の話から出ていると疑われる。

李成桂が国を得ることに関する話には、墓地云々の伝説のほかに、さらに七星神の徳の話があり、これもやはり『五山説林』に見える。ここから、後世の人が李太祖の幸運について、極力、風水説と宗教的宿命論で説明しようとしたことがうかがえる。

18　王祥が鯉を得た伝説

王祥（晋の人）が氷の中から鯉を得た伝説は、司馬光（一〇一九―八六）が甕を割って子を救った伝説と同様に、どちらも中国では非常に有名な話である。しかし知識人をのぞけば、一般の朝鮮民間の人びとは、王祥の伝説を、ほぼ朝鮮固有の話とみなしている。

むかし一人の親孝行な息子がいた。病気の母が鯉を食べたいと言ったが、ちょうど厳寒の最中で、氷の下から魚を獲るのは困難だった。息子は氷を割って鯉を釣ろうと思った。何日も試みたが、一匹の鯉も釣れなかった。とうとうある日、氷の河に向かって泣き出した。彼の孝行な気持ちが天に通じたのか、氷の穴から一匹の鯉が飛び出した。孝子はこの鯉を取って、病気の母に差し上げた。

これが一般的に伝わる話である。しかしこれを、ほかの孝子説話の一部とする場合もあり、また、その母を継母とするものもある。以前、東亜日報社で募集、掲載した朝鮮伝説の中の、咸安の某氏が寄稿した「咸安の韓孝子の独雨畓」伝説[27]の中に、次のような話がある。

咸安の韓孝子は、洲谷里の農夫の息子だった。……ある時、冬の日に病気の母が鯉が食べたいと言った。街に鯉を買いにいこうと渡し船に乗ったところ、突然、一匹の鯉が水から飛び出して船に落ちた。孝子は大変喜んで、船頭にその鯉を売ってくれるように頼んだ。しかし船頭は「雪中の鯉は、昔から珍重するので、きっと役に立つ時があるからだめだ」と言って承知しなかった。

孝子はしかたなく、町に行って鯉を探したが手に入らず、手ぶらで帰るしかなかった。また船に乗った時、また一匹の鯉が船に飛び込んできた。船頭は、ようやく、これは尋常ではないと気づいて、韓孝子に尋ねた。

「さっき、鯉を買いたいと言ったのは、何に使うつもりだったのですか」

「両親に差し上げようと思ったのです」と韓孝子は答えた。船頭はびっくりして、「では、あなたが韓孝子なのですね。これは、天があなたに賜ったものです」と言って、二匹とも韓孝子にくれた。

咸安は慶尚南道にあり、気候温暖で冬に河が凍ることはめずらしい。たぶんそういう理由で、この話には、孝子が凍った河で苦労して鯉を探し求める場面がなく、語り手は「町に行って鯉を探し求めた」と述べるにとどめたのだろう。しかし韓孝子が鯉を求めるというこの話は、全体の話のわずか一段の挿話にすぎない。韓孝子の孝行を強調するために、語り手は無意識のうちに王祥が鯉を得るという伝説の一段を使ったのである。

この話は、朝鮮の民間ではたいへん広く行われていて、「孝子」と言えば、みな氷の中から鯉を得た話を思い出す。しかし、この話は中国の「王祥が鯉を得る伝説」に由来する。最も早く記録に見えるのは、南北朝の南斉の蔵栄緒撰の『晋書』である。しかし蔵栄緒撰の『晋書』はすでに失われたので、ここでは隋、唐の書物に引用された資料を紹介する。隋の虞世南の『北堂書鈔』巻一五八、穴篇には、次の文がある。

蔵栄緒『晋書』に言う、王祥の継母朱氏は慈愛の心が無かったが、祥はなおさら恭しくした。（母は）真冬で川も海も凍っているときに魚を食べたいと思った。（祥は）毎朝、激しい風をついて、崖のところで魚をうかがっていた。ある朝、突然氷が解けて小さな穴ができ、二匹の鯉が跳び出した。祥は獲って帰り、母にさしあげた。

唐の徐堅の『初学記』巻七「地部氷」の条にも似た内容がある。

蔵栄緒『晋書』に言う、王祥、字《あざな》は休徴、継母の朱氏は生の魚を食べたいと思った。この時、川も海も硬い氷に閉ざされていたが、王祥は毎朝、激しい風をついて崖まで魚を探しにいった。ある朝、突然、氷に小さな穴ができ、二匹の鯉が跳び出した。

中国の古典を通じて入ってきて、それが今では朝鮮固有の話であるかのようにみなされる例については、これまでもたびたび考察してきたが、それが朝鮮民族説話の普遍的特性であることは、すでに何度も述べた通りである。

19　潮の話

朝鮮の固有の神話と説話の中に、潮の満ち引きを説明する話があるのを、私は知らない。しかし朝鮮の民間には、この内容にかかわる中国の説話が流通しており、これらの話はほとんどすべて朝鮮固有のものとみなされている。

大海原のまん中に一匹の大ナマズがいて、海底の大穴に住んでいた。ナマズが大穴から出てくると、海水が穴の中に入るので、引き潮になり、ナマズが大穴に入ると、満ち潮になる。もし体をゆすると津波になる。

（一九二四年十月二十日、慶尚北道達城郡月背面上仁洞、鄭常和君談）

同様の話は、晋代から中国の民間に広く伝わっていた。このことは次の記録から確認できる。『太平御覧』巻六十八、地部、潮条に引く晋の周処『風土記』にこのような記録がある。

俗説では、鯢（サンショウウオ）、一名海鰍（セミクジラ）は、長さ数千里、海底の穴に住む。（鯢が）穴に入れば水があふれて（満ち）潮となり、穴から出れば水が穴に入って潮が引く。出入りに決まりがあるので、それで潮にも時期があるのだ。

中国の大鰍がどれほど大きいかは、次の伝説からうかがえる。『太平広記』巻四六四、水族類、海鰍に引く唐の劉恂『嶺表録異』の一段は次の通りである。

海鰍魚（セミクジラ）は、すなわち海で最も大きなもので、小さいものでも千余尺ある。船を呑むという説も、もとより間違いではない。

毎年、広州では常に銅張船が出て南安（安南、ベトナムか）に交易に行く。北方の人がたまたまこの船旅に加わったが、往復で一年かかり、髪も白髪交じりとなってしまった。

その話によれば、調黎（海南島か）の深くて広い場所を通る時、十いくつの山が見えた。現れたり沈んで見えなくなったりするので、最初はとても不思議だったが、漕ぎ手の話では、それは山ではなく、海鰍（セミクジラ）の背中だそうだ。なるほど両目がきらきら光り、鰍魚の背びれはまるで唐箕のようだ。

危険を感じた時には、日中、にわかに小雨が降り出す。船頭が言うには、「これは鰍魚が潮を吹いたので、水しぶきが空中に飛び散り、風に乗って飛ばされて雨のように降り注ぐのだ」という。鰍魚の傍に近寄ってしまったら、人びとは船端を叩いて大声で叫べば、鰍魚はすぐに海の底に潜る［魚は鼓の類を畏れ、耳を伏せるのと同様である］。交趾（ベトナム北部）からの帰りには、舟を棄てて（広東省）雷州の海岸沿いを通って広州まで戻った。苦労と疲れを厭わずにこうしたのは、海鰍の難を避けるためだ。

そして心を静めてちょっと考えて言った、「もし海鰍が目を開け、口を開けようものなら、我々の船など枯れ井戸に落ちた一枚の木の葉同然だ。（恐ろしさのあまり）白髪にならずにいられようか」

本当にそんなに大きいセミクジラがいるのか。また本当に人はその魚に驚いて、白髪になることがあるだろうか。この点は信じがたいが、早くも晋の時に海水がセミクジラのために膨張したり引いたりするという話がすでに中国の民間に伝わっていた。ここから、晋代以前には、南海にはそんな動物がいるという話があり、すでに中国に紹介されていたことがわかる。

『耽羅志』〔李太湖編著、一六五三年、癸巳版〕五十六章「題詠」の条に崔溥(28)の済州に関する三十五絶を採録した最初の一節に「渤海之南、天は水と接し　鰍の潮(29)、黽《ミン》（海亀か）の浪、涯無し　耽羅国は渺茫の中に在り　一点弾丸、六百里」という詩句がある。思うに、李朝初期の知識人の間では、中国の海鰍の潮説は、すでに広くみなに知られていたのだ。

20　山の三人の遺体と銭の話

私の記憶では、慶尚道には次のような設問型の話が広く行われていた。

山に三人の死体があり、傍に数千両の金と酒の空き瓶があった。これは結局どういうことか、どのようにこの事件を処理すればよいのか。

私はかつてこのような知能テストを試されたことがあり、人にも試したことがある。この問題の答えは次の通りである。

三人はみな泥棒で、一緒に数千両の金を盗んで山に登った。盗品を山分けする前に、三人のうちの一人が村に酒を買いにいったが、彼は道中、山に残った二人を殺してすべての金を独り占めしようと考えた。そこで、酒に毒を盛った。この時、山の二人は、出かけた一人を殺して、盗んだ金を二人で山分けしようと相談した。そこで、出かけた一人が山に戻ってくると、すぐに殺された。残った二人は、毒が盛られているとは知らず、酒を飲んだので、毒にあたって死んだ。

これは朝鮮固有の話と思われるが、実は宋の張知甫の『張氏可書』〔『函海』〕にその原話が記されている。

（山東省）天宝山で三人の道士が薬草を採っていて、突然、銭が埋まっているのを見つけたが、もう遅かったので、三人は相談して、まず二千ほど取って酒や干し肉を買い、朝になってから掘り出すことにした。そこで一人の道士を買い出しに行かせることにした。（残った）二人はこっそり相談して、酒を買って帰ってきたら殺して、二人で山分けしようと考えた。酒を買いにいった者もまた毒を酒食に盛って、二人の道士を殺して、金を独り占めしようという気になった。酒食を持ってきて二人に見せると、二人は突然、斧を振り上げてその男を殺し、絶壁から投げ捨てた。二人は喜んで酒を飲み、食べたら、毒薬に当たって二人とも死んだ。これは張道士から聞いた。

中国では、あるいは本当にこのようなことがあったのかもしれないが、朝鮮のこの話は、ただこの『張氏可書』の話を設問形式に改めたのに過ぎないだろう[30]。

21　姜郜贇、蛙が鳴くのを禁じる

姜郜贇[31]が慶州の都護使［または府尹[32]］であった時に、慶州城内の蛙が大変うるさく鳴いた。姜郜贇が、石に書いた命令書を、蛙の王に送ると、それから今日まで慶州の城内にいる蛙は鳴けなくなった。

周知の通り、この伝説は慶州だけではなく、各地に広く伝わっている。『高麗史』の「姜郜贇伝」やその他の文書にもこの類の話が見えないことから、これが事実でないことはもちろんのこと、明らかに近世人が作りだしたものである。しかし中国の記録にはやはり類似の伝説が見られるので、この点から見ると、姜郜贇説話も、あるいはこのような記録に由来するのかもしれない。唐の李淵寿の『南史』巻三十七「沈僧昭［梁の人］伝」には次のように記されている。

僧昭、別名法朗は、若い時、天師道士に仕えた。甲子および甲午の日には一日中、黄巾をかぶり褐色の衣を着て、私室で祈禱を行い、人の吉凶を記して、大変霊験あらたかだった。自ら「泰山（冥府があると考えられた）の書記をしている」と言っていた。幽司では、収容された者に必ず「僧昭」の署名があった。中年のときは（浙江省）山陰県にいて、梁の武陵王紀が会稽太守だった。池の亭での宴に参加していたら、カエルの鳴き声がうるさかった。王が「音楽が聞こえない」と言うと、僧昭が十語ほどの咒文《じゅもん》を唱えた。するとすぐに（鳴き声は）やんだ。夜になって、王がまた「またカエルを鳴かせよ」と言った。僧昭が「王の楽はすでに尽きた、また汝らはほしいままに鳴け」と言うと、たちまちまたかまびすしくなった。

この話は、この世にいながら、あの世の録事（書記）を勤める道士が、呪文で蛙が鳴くのを禁じたことを述べている。明の陶宗儀の『南村輟耕録』巻二の「懐孟の蛙」の条にも次のような話が見える。

（元の）大徳年間（一二九七―一三〇七）、まだ即位前だった仁宗は、答吉太后（仁宗の母）を奉じて懐孟（河南省黄河以北に相当）にお召の車を止めた。蛙の鳴き声がことのほかうるさくて、夜通し眠れなかった。翌朝、太后は近侍の者に命じて、勅諭を伝えた。

「我々母子はまさに憤っている。蛙よ、辛抱して人を困らせるな。今後、二度と鳴くな」と。それで今に至るまで、ここには蛙はいるが、鳴かないのである。

後に仁宗が入京し、安西王阿難答らを誅殺し、武宗を迎えて即位させた。時に大徳十一年（一三〇七）であった。それから四年後、仁宗が後を継いで天子の位についた。すなわち天子というものは、天命の帰するところであり、たとえ行在所で、まだ践祚前であっても、山川鬼神があの世から見守っているのだ。さもなければ、虫や魚のようなちっぽけなものが、どうして命令を聴くだろうか。しかし今に至るまで鳴かないというのは、もっとも不思議なことである。

ここでは、未来の皇帝の母の命令だったので、蛙たちが鳴くのをやめた、と言っているのである。さらにまた姜郜賛の場合と同様に、物の上に命令書を書いた例も見られる。同じく『南村輟耕録』巻十「南池蛙」の条には、次のような文がある。

宋末、信州〔江西省上饒〕を築くのに、土を掘ったところが百畝ほどの堀になっていた。郡の南にあるので南池とよんだ。池の傍は住宅地になっていて、昔は里人の家だったが、帰順後は、ダルカチ(33)が滅ぼして、この地に拠った。

毎年春から夏にかけての時期、蛙の群れがうるさく、眠るにも食事をするにも落ち着かない。たまたま三十八代天師張広微輿材が都から帰ってきていたので、知らせた。天師は新しい瓦に朱書きで篆書して、池に放り込ませて、「汝、蛙ら、またうるさくするな」と言った。それ以来、今まで静かである。

姜邯贊のような将軍ではないが、天師〔道士〕あるいは太后のような大人物が蛙の鳴き声を禁止するという点では似ている。姜邯贊に関するこの類の話の伝わるものはとても多い。もとより彼の偉大さが、民間で尊敬された証拠とすることもできる。しかし偉人が蛙が鳴くのを禁じたという伝説は、朝鮮に限らず、日本にもたくさんあり〔『郷土研究』三巻十一号参照(34)〕、欧米にも古くからある。これについて日本の南方熊楠は『郷土研究』三巻十二号〔「鳴かぬ蛙」〕ですでに論証している。南方は、プリニウスの『博物誌』の「キュレネ島その他」で、一世紀頃に啞の蛙がいたと書いているのを見ると、以前、確かに一種の啞の蛙がいたのか、あるいはある種の蛙は、人を恐れて鳴くのを止めたので、啞蛙の話が生まれたのではないかと述べている。

日本の啞蛙伝説の大部分も、ある偉人の命令で蛙の群れは鳴くことができなくなる。しかし日本のこのタイプの話は、漢文の典籍によって形成されたものなのか、それとも朝鮮の話を通じて生まれたのか、あるいは日本で独立に生まれたのかは、確かめようがない。

22　山が高いのは、岩が支えるから

私は若い時、ソウルの中東学校〔樋口「解題にかえて」三六四頁参照〕に通っていた。その時、この学校の先生たちが集まる場所で、次のような笑い話を聞いたことを、今も鮮明に覚えている。

ある男に二人の婿《むこ》がいた。二番目の婿は聡明で気が利いたので、いつも義父母から大切にされていた。しかし一番目の婿は大変愚鈍で寡黙だった。ある日、二人の婿が共に舅《しゅうと》の家に泊まることになった。上の婿は、自分が歓待されないとわかっていた。舅は二人の婿を呼びつけ座らせて、二人に文を作れといった。舅は山を指して尋ねた。

「あの山はどうしてあんなに高いのか」

次女の婿はすぐに答えて「山が高いのは、岩が支えているからです」と言った。ところが長女の婿は黙って何も言わなかった。

舅はまた松の木を指して尋ねた。

「松の木はどうしてあんなに青々としているのか」

次女の婿はすぐに「松が青々しているのは、中身が詰まっているからです」と応じた。長女の婿はやはり黙っていた。舅はまた路上の柳を指して「どうして街路樹の柳は背が高くならないのか」と聞いた。次女の婿は「路の柳が高くならないのは、人に見られるからです」と答えた。最後に舅は自分の禿げ頭を触りながら、「私の頭はどうしてこんなに禿げているのか」と聞いた。次女の婿は「お舅さんの頭が禿げたのは、年季が満ちたか

らです」と答えた。

舅はたいへん満足し、次女の婿の背中をたたいた。入ってきた姑《しゅうとめ》も長女の婿にはほとんど目もくれなかった。舅は長女の婿に「あんたはいつになったら、こういう文章が作れるのかね」と馬鹿にした。長女の婿は腹が立って「ハハハ、それも文章でしょうか」と言って次女の婿の文章をあざ笑って応えた。

すると舅は「では、おまえも作ってみろ」と言った。長女の婿は、反駁して言った。

「山が高いのは、岩が支えているからというなら、天が高いのも、岩が支えているのですか」舅はうなずいた。長女の婿は言った。

「松が青々しているのは、中身が詰まっているからというなら、竹が青々しているのも中身が詰まっているからですか」

舅はうなずいた。長女の婿は更に舅と姑に文句を言おうと、続けて言った。

「路の柳が高くならないのは、人に見られるから、というなら、お姑さんの背が低いのも、人に見られるからですか〔姑は小柄だったのだろう〕」舅と姑は顔色を変え、恥ずかしさのあまり怒った。長女の婿は最後に言った。

「お舅さんの禿げ頭は、年季が満ちたため、というなら、僧侶の禿げ頭も年季が満ちたからですか」と言って、平素、抑えてきた怒りを爆発させた。

この話の出典も、やはり中国である。宋の李昉の『太平広記』巻二四八、詼諧類の「山東人」の条に引用された『啓顔録』や明の謝肇淛の『五雑組』巻十六、事部四に見られる次の話に、ただ、若干の冗談の潤色を施したのである。

山東の人が（山西省）蒲州の女を娶った。女には癭《こぶ》（甲状腺腫）がたくさんあった。その母親の項《うなじ》の癭は格別大きかった。結婚数か月後に、嫁の家では、婿が賢くないのではと疑って、舅が酒を用意して宴会を開き、親戚を呼び集めて婿を試そうと思った。

そこで質問した。

「婿殿は山東で学ばれたから道理に通じているでしょう。鴻鶴が鳴けるのは、どういうわけですか」

「天がそうさせるのです」と答えた。

また尋ねた。

「松柏が冬、青々としているのはどういう意味ですか」

「天がそうさせるのです」

また尋ねた。

「道端の樹にこぶがあるのはどういうわけですか」

「天がそうさせるのです」と答えた。嫁の父親は言った。

「婿殿は全く道理がわかっていない。山東でぶらぶらしていただけじゃないのか。鴻鶴がよく鳴くのは首が長いからだ。松柏が冬も青々しているのは芯が強いからだ。道端の樹にこぶがあるのは、車が傷つけるからだ。天がさせるのではないわ」

婿は言った。

「見聞したところでお答えしてよいでしょうか。ガマが鳴けるのは首が長いからでしょうか。竹が冬も青々しているのは、芯が強いからでしょうか。お姑さまの項の下のこぶがこんなに大きいのは、車に傷つけられたのでしょうか」

舅は恥じ入って、答えようが無かった。

この二つの話を比較すると、民間で、このような中国の話を笑話化しようとどれほど努力をしているかがわかる。五六十年前の、禽獣と倉神を題材にした裁判文学の手抄本『稗言』の裏面に、さまざまな詩や戯詩、笑句などを列挙した中に、「三婿、同に和《とも》す」と題して、次のような内容が書かれている。

山が高いのは、石が多い故〔前山の高いは、石、多いから〕（長女の婿）
天が高いのも石多き故か〔上天の高いのも石多き故か〕（三女の婿）
鶴が善く鳴くのは頸が長いから（次女の婿）
蟬が善く鳴くのも頸が長い故か（三女の婿）
松の樹がいつも青いのは中が堅いから（長女の婿）
竹の枝がいつも青いのも中が堅いからか（三女の婿）
路の柳が高くないのは、人が見るから（次女の婿）
姑の背が高くないのは人が見るからか（三女の婿）
舅が禿げているのは海風のせい〔舅が禿げているのは年のせい〕（長女の婿）
私が禿げているのも海風のせいか〔私が禿げているのも年のせいか〕（三女の婿）

その後に「昔、三人の婿がいた。上の二人の婿を舅は偏愛し、末の婿は劣っていたので、かわいがられなかった。舅は禿げ頭で、姑はとても背が低かった」という文が書き加えられている。すなわち三人の婿が舅姑の前で文を作ることになった時、三番目の婿は、いつも上の二人の婿と反対のことを唱え、しまいには舅姑も恥をかかされるのを免れなかったというのである。

これは私の記憶と全く同じである。ただ私の記憶には、「鶴がよく鳴くのは首が長いから、蟬がよく鳴くのも首が長いからか」という句は無い。この一句は『啓顔録』と『五雑俎』の「鴻鶴がよく鳴くのは首が長いから、蟬がよく鳴くのも首が長いからか」という文に似ており、この話が中国の記述を通して伝わったことをよりはっきりと示している。

23　米袋がしゃべる話

『五雑俎』巻十六に次のような話が見える。


燕（河北省）の里季の妻は美人だが、ふしだらで、隣の若者とひそかに通じていた。季はこのことを聞いて、襲おうと思い、ある朝隠れて覗いて見ていた。若者が入ってくるのを見て、戸に閂をかけ、そのまま起きて戸をたたいた。妻が驚いて「夫だわ、どうしよう」と言うと、若者は狼狽して、「窓はあるか」と聞いた。妻は「無い」と答えた。

「穴はあるか」

「穴は無い」

「では、どうやって出ようか」

妻は壁の布袋を見て「入れるわ」と言った。若者は袋に入った。妻は袋をベッドの横にかけて、「追及されたら、米だ、と答えるわ」と言った。

季は戸をあけて入ってきたが、部屋中を探しても見つからない。おもむろにベッドの傍に行くと、その袋が重なっているように見えた。触ってみると、ひどく重い。妻を責めて「何だ?」と詰問すると、妻は怖くて、どぎまぎして、答えられなかった。季は声を荒げて質問をやめなかった。若者は事が露見するのを恐れて、思わず袋の中から「私は米です」と答えた。

季はそこで若者を撲殺し、その妻も殺した。艾子[35]が聞いて笑って言った。

「昔、晋（山西省）では石がしゃべったが、今は燕で米がしゃべるのか」と。

この話は朝鮮に伝わった後、広く流行したが、よく似ているので、朝鮮の話は略す。朝鮮の話にはもちろん「艾子云々」以後の文は無い。米袋は朝鮮の話では、「サルジャル（米袋）」または「ポリサルジャル（精麦袋）」というのは、（この方が）、人びとによく知られているからである。[36]

24　甕売りの九九の話

今、朝鮮の俗語では「捕らぬ狸の皮算用」を「甕売りの九九」という。その出典は中国の唐代の小説と思われるが、中国のその記録[37]をいまだ確認できないので、次の『於于野談』「籌利破瓮」（利を諮り瓮を破る）の条に見える朝鮮側の記録をまず引用しておく。

およそ天地の万物に、決まった定めのないものは無い。貧富得失も、もとより計画したり妄《みだ》りに求めたりすることはできない。唐の『小説』に言う。

甕作りしかできない貧しい人がいた、夜、甕の中で寝ながら、心の中で計算した。「この甕を売ったら、二つ甕を作ろう。それで利息は倍になる。毎度に利息が倍になれば、その利は限りが無い」そこで喜びのあまり、舞い踊って、うっかり甕を壊して死んでしまった、と。

南中に、甕を売る一人の貧しい商人がいた。ある日、甕を背負って歩いていて、疲れたので木の下で休み、杖で甕を支えた。杖の傍に座って黙って考えた。

「この甕を売ったら二つ作ろう。二が四になり、数えて、四が八、八が十六、十六が三十二、三十二が六十四、六十四が百二十八になる。もしこのままいけば、千万も可能で、利益は限りないものになる。これによって、家には千金が貯まる。良い畑と水田を買って、大きな屋敷を構え、金持ちになる。賢妻に美しい妾も手に入れ、妻を左に妾を右に侍らせて、しとやかで慎ましく、振り返れば、かわいい二人に囲まれて戯れるのも楽しいだろう」と。とうとう嬉しくなって踊り出し、急にまた心配して「妻と妾が一緒にいたら、必ず家庭騒動になるだろう。そういう時には、声を励まし、妬《ねた》むことを禁じ、従わないなら」と、そこで手を挙げ、たたく格好をして、両腕を伸ばして防ごうとした。たちまち支えていた杖に当たって、倒れた。甕はたちまちガチャンと割れた。商人はびっくりして長嘆息して言った。

「なるほど妻と妾を持つのは有害だ」

それを聴いた者は腹を抱えて笑った。ため息をついた後で甕を準備するのと、同じ類ではないか。朝鮮は中国の東に位置し、山川人物、事件の発生などほぼ似ている。愚かさ加減もまた偶然のように一致しているとは、不思議なことだ。

柳夢寅は偶然の一致と考えたが、実は、朝鮮人が独特で巧みな構想で、中国説話を腹を抱えて笑わせる話に作り上げたのだろう。

訳注

(1)『稗海』所収の八巻本による(『学津討原』所収の二十巻本では巻三にこの話があるが、文章は異なる)。
(2)三国の魏の術師。周易に通じ、観相、卜卦の祖師とされる。
(3)和県　安徽省東部馬鞍山市、長江下流の北岸に位置する。
(4)明府は、県令、県知事。明府魚は、知事が変じた魚。
(5)子夏曰「商聞之矣、死生有命、富貴在天」(『論語』顔淵篇)。
(6)「東亞日報記者地方巡廻 正面側面からみた善山の表裡」『東亜日報』一九二五年二月一六日付け、八面。
(7)総角。未婚の男子。結婚前は、髪を結わず、後ろに垂らしていたので、その恰好からこう呼ばれた。結婚して一人前、という朝鮮社会では、軽んじるニュアンスがあった。
(8)一九〇二―六九、詩人。
(9)地方官庁で手回りの雑用に使われた下働き。
(10)韓国で「哥」は「氏」と同じ意味で使われている。
(11)官職の在任期間が短いことのたとえ。
(12)折り畳み式の簡易坐具。交椅。
(13)貴顕の門には、鋒がかざしてある。
(14)中央から派遣される節度使、観察使などの下役として、地方で訴訟案件を扱う官員。
(15)『蒙求』にも見える話で、王忳は、瀕死の旅人に「持っている金で埋葬してくれ」と頼まれたので、棺に納め、余った金は棺の下に残した。後に布と馬が飛んできて、その馬に案内されて、親を訪ねて息子の死を伝えた、という。
(16)新羅四十二代君主、在位八二六―八三六。
(17)新羅国君主、女王、在位八八七―八九五。
(18)完乎坪は가잿벌、枝良坪は가재ㅅ벌で、「辺村」という意味(金思燁訳『三国遺事』一九七六、四三四頁)。
(19)量の単位、六斗四升。
(20)「ヒキガエルのような息子」とは可愛い子の譬え。

(21)『朝鮮民譚集』二三一頁には、一九二〇年九月、慶尚南道東萊郡沙下面下端里、張氏夫人談として載録。
(22)この話は、もとは、『譬喩経』に見える（金関丈夫『木馬と石牛』「ごましお頭」）。
(23)筆写本『海東野書』（蔵書閣所蔵本一八六四年筆写）は『青邱野談』（朝鮮後期の漢文野談集）の抜粋本となっている。
(24)皇帝の前で行われる科挙の最終試験。
(25)朝鮮王朝時代に江原道春川の麒麟県にあった麒麟（基獜）倉庫。
(26)鼎は、本来、煮炊きのためのものであり、かまどを同じくすると同様の意味だろう。
(27)東亜日報一九二七年九月三日付の三面に掲載された「伝説の朝鮮　十四」。
(28)一四五四―一五〇四年　朝鮮王朝の官吏。暴風の海で遭難し、中国の浙江沿岸に漂着した後、京杭大運河で北京に行き、無事朝鮮に帰る。『漂海録』は、漢文日記体で記したこの時の中国見聞録である。
(29)鰍はドジョウだが、「鰍潮」と言っているので、クジラの類を指すのだろう。
(30)インドの仏教説話にある。Buddhistische Märchen aus dem alten Indien, 一四〇―一四一頁（エーバーハルト中国タイプ一九八）
(31)姜邯賛（九四八―一〇三一年）は高麗朝の名将で、高句麗朝の乙支文徳、朝鮮朝の李舜臣（一五四五―一五九八）と共に、朝鮮三大名将とも呼ばれており、多くの伝説が伝わる。
(32)府の長官。
(33)監督官。元では漢人は官職につけなかったので、モンゴル人が府、州、県を治めた。
(34)「蛙の居らぬ池」（川村杏樹［柳田國男］）六六八頁。
(35)春秋時代の人。宋、蘇東坡作と言われる寓言集『艾子雑説』の主人公。
(36)『百喩経』第九十四「摩尼水竇喩」は、間男していた女が、男に摩尼（水を流す穴）から逃げて、と言ったが、男は摩尼の意味が解らず、殺された、という話（『中韓民間故事比較研究』三七一―三七三頁）。
(37)梁、殷芸『小説』巻五「瓮中舞」。

第三篇　北方民族の影響を受けた民族説話

1　大戦争伝説

周知の通り、大洪水伝説は世界の各民族に広く存在する。その大洪水伝説では、世界の人種がすべて溺死して、わずかに数名の男女だけが生き残り、結婚をして、世界の人類または種族を再び繁栄させたというのが一般的である。しかし大洪水伝説に対し、アジア北方の遊牧民族の間には、大戦争伝説が広く伝わっている。

大戦争伝説は、戦争のためにすべての種族がやはり絶滅し、ただ数名の男女あるいはただ一人の男子が生き残り、それが後にその種族の祖先となって、その種族を繁栄させることになった、というもので、大洪水伝説と興味深い対照をなしている。このような伝説は、殺伐とした生活を送っていた北方アジアの遊牧民族の生活の産物にちがいないが、これが本当に何かの事実を暗示しているのか、それとも彼らの生活環境、すなわち周囲には大洪水を引き起こす海や川が無いという環境によって、彼らが持っていた大洪水伝説を大戦争伝説に変化させたのかは、我々には知る由がない。いずれにしても、伝説に洪水と戦争という対照が見られることは、興味深いことである。

このような大戦争伝説は、トルコ族とモンゴル族に見られ、また他の地方に比べて特殊な形式で、慶尚北道高霊にまで伝わっている。

この伝説の最も早い記録は、魏徴（五八〇―六四三）の『隋書』巻八十四、突厥《とっけつ》伝に見られる。

突厥の先祖は、平涼（遼寧）の雑胡（胡人）である。……あるいはいう、その祖先の国は西海（青海湖）のほとりにあったが、隣国に滅ぼされた。男女、老若を問わずことごとく殺された。一人の男児に至り、殺すに忍びなくて、足と腕を断って沢に捨てた。一匹の雌狼が、いつも肉をくわえて、その場所にやってきたので、この子はその肉を食べて、死を免れた。その後、遂に狼と交わり、狼は孕んだ。

かの隣国の者は、またこの子を殺すよう命じた。しかし狼が傍にいて、武将が来ると殺した。その狼は神が寄りついたもののようで、突然、海東（青海）に至り、そこの山上にとどまった。その山は高昌国（新疆）の西北にあり、下には洞窟があった。狼がその中に入っていくと、草の茂った方二百余里の平地があった。その後、狼は十人の男児を生み、その一つの姓が阿史那氏（突厥の氏族で大帝国を築いた）で、最も賢かったので、君長（可汗・首長）となった。そこで牙門（軍営の門）に狼の頭の旗を掲げ、出自を忘れていないことを示した。

簡略に述べると、突厥族はかつて隣国と大戦争をして種族が滅亡したが、幸い、一人の男児が生き残り、雌狼と結婚して、突厥族を再び繁栄させた。隋の時、突厥はだいたい中央アジアから中国の長城以北の地域に居住した。そのうち、特に長城以北のいわゆる突厥に居住した人には、モンゴル族が混ざっていたが、この伝説の最後に「そこで牙門に狼の頭の旗を掲げ、出自を忘れていないことを示した」とあるところから考えると、これは明らかにトルコの伝説である。なぜならトルコ族は今に至るまで、狼の頭のデザインの軍旗をつかっているからだ。

しかしこの伝説の大部分は事実ではなく完全な伝説であることは一目瞭然だ。たとえ隣国との間に大戦争が起きたとしても、狼が四肢をすべて斬られた子に肉を与えて育て、その子がのちに狼と結婚して十人の息子を生むなどという話を事実だという人はいないだろう。

しかも狼が山のふもとの洞窟を見つけ、中に入ったら二百里の青草が茂る平原を発見したというのも、まったくの伝説である。狼が草原を発見したというのは、彼らの遊牧生活と野獣の生活を混同した結果、生まれた話であろう。狼を人格化した伝説なので、狼も彼らと一緒に牧草を探し求めたと語り継がれていたにちがいない。伝説は伝説として命を獲得するので、事実かどうかはそれほど重要ではない。

このような伝説はモンゴル族の間でも見られる。ドーソンの著名な『モンゴル史』第一巻第二章の冒頭には、次のように記されている。

> モンゴル人は文字を知らなかったので、祖先の名前と部族の歴史はいずれも口頭で語り伝えた。その伝説によると、チンギスハン誕生（一一五五）の二千年前、モンゴル人は韃靼《だったん》のほかの民族に征服され滅ぼされたことがあった。当時二人の男と二人の女だけが殺戮を免れた。彼らはエルゲネ・クン山脈〔明の洪鈞の『元史訳文証補』巻一上では「阿児格乃袞」と訳す〕で囲まれた地方に避難した。エルゲネ・クン（Erguiene coun）とは、険しい岩壁という意味で、その土地は肥沃だった。（この地で）テグズ[1]（Tegouz）とキヤン（Kiyan）〔激流〕という二組の避難者〔洪鈞は「脳古」と「乞顔」と訳す〕の後裔は、急速に増えて繁栄し、たくさんの部族にわかれた。

ドーソン（一七七九—一八五一）はアルメニア人の子孫で、イスタンブールで生まれた。『モンゴル史』はアラビア人、チベット人、ロシア人などの著作に基づいて編まれたので、先述した伝説はモンゴル人の伝説であり、モンゴル人も大戦争伝説を持つことを示すと思われる。

このほかにも、「狼と鹿が交わってモンゴルの祖先を生んだ」〔『元朝秘史』巻一の初め〕という話や、「匈奴単于の二人の美しい娘が狼と成婚して、高車族始祖を産んだ」〔唐の杜佑『通典』巻一九七北狄高車〕という話があるが、この種の伝説は本論の趣旨とは関係がないので、ここでは詳しくは引用しない。

しかし一つ明確なのは、トルコ族とモンゴル族には、狼は自分たちの始祖と関係があると語る伝説が、先に引用した伝説のほかにも多く存在することだ。

大戦争伝説が、もともとトルコ族の伝説で、彼らがモンゴル族に伝えたのか、それともモンゴル族がもとからその伝説を持っていたかは別として、この伝説がなぜ朝鮮にもあるのかは、注目に値する。

朝鮮の大戦争伝説の話型は、ほとんど朝鮮の洪水伝説の焼き直しで、最初に人びとは洪水のせいではなく戦争のせいで死ぬ。

問題は、この伝説が慶尚北道のいくつかの地域にのみ伝えられていることである。たとえば慶尚北道高霊郡午谷の羅氏一族にも洪水伝説と同型の伝説があるが、洪水ではなく戦争の伝説になっている。

慶尚北道漆谷郡の倭館の金到亭老人の話は次の通りである〔一九二三年七月談〕。

むかし、壬申倭乱〔一五九二―九七〕の時、すべての人が死にたえた。一組の兄妹だけが何とか山中に隠れて災難を免れた。乱が収まった後、兄妹二人が山を下って見ると、世間には人の影も無かった。そこで彼らは相談して「もし我々が兄妹だからといって結婚しないなら、人類は絶えてしまう。しかしだからといって兄妹で結婚するという人倫を乱すことはできない。我々二人は前方の山の二つの峰に登り、互いに青松の枝を燃やし、煙を出そう。そして、もし二筋の煙が空中で合わされば、すなわち天が我々の結婚を許したということで、そうでなければ拒否したということだ」

二人はそう決めてそれぞれ峰に登って松の枝を燃やした。そよとの風も無かったが、二つの峰から登った煙は空中で一つになった。

兄妹二人は天の意によって結婚した。それで人はずっと続くことになった。彼ら兄妹がすなわち今、開寧〔高霊〕午谷〔오실골〕羅氏の始祖である。李朝の時に、この一族に官職を与えなかったのは、彼らが乱倫の兄妹結婚をしたからである。

この伝説が朝鮮洪水伝説と類似していることは、第二篇の第一節を見ればわかるだろう。それでは、開寧羅氏はなぜこの伝説を戦争と結びつけて、大戦争が人類の絶滅をもたらしたという伝説を持つようになったのだろう。こう考えれば、朝鮮にこのタイプの伝説が生まれた理由が、明らかになるだろう。

朝鮮人が壬申倭乱で絶滅するはずはないし、たとえ羅氏一族が滅亡したとしても、生き残った兄妹が世間に出れば、結婚相手を見つけられないはずはない。しかし羅氏の伝説が、このように不自然な形で伝わっているのには、それ相応の理由があるのではないだろうか。

おそらくこの話はもともとモンゴルの大戦争伝説であり、後になって朝鮮の大洪水伝説の影響を受けて変化したものかもしれないし、高霊羅氏の祖先が実はモンゴル族の家系で、この伝説を携えてモンゴルから移住してきたのかもしれない。

大戦争が人類の絶滅をもたらしたという伝説が、高麗中期に高霊羅氏によってモンゴルから朝鮮に伝えられたとすれば、この伝説が朝鮮域内に普遍的でなく、高霊氏のみに伝えられることが理解できるのではないだろうか。

人種学の角度から朝鮮史をみると、高麗時代は民族大融合の時代である。

高句麗が滅ぼされると、その後に渤海が高句麗の後を継いで建国した。彼らは朝鮮北部と満洲の大部分の地域を占拠した。建国から約二世紀後の九二六年、渤海はモンゴル族の契丹《きったん》に滅ぼされた。それは高麗の建国の初めであった。それで渤海の難民が盛んに高麗の域内に移住して帰化した。渤海民族にはもともとたくさんの高句麗族の人々が混ざっていたが、大部分は靺鞨《まっかつ》族であった。その後、一一二六年に契丹が金に滅ぼされた時、契丹人の多くが、高麗の域内に帰化移住してきた。契丹滅亡以前の契丹がまだ相当、力を持っていた時代にも、契丹のモンゴル族は気候温暖で物産豊富な高麗の地理に魅かれて、絶えず高麗に帰化し続けていた。

このような北方民族の帰化事情は、高麗史のみが多くの記録を残している。高麗国がこれらの移民に採った対応としては、彼らに高麗の官職を与えたり、あるいは彼らに田畑と住まいを与えたり、あるいは彼らを北部地域に定住させたり、あるいは彼らを南部地方に居住させた。最後のこのような状況に関する事例は、『高麗史』巻五顕宗二一年（一〇三〇）の条に次のような記載がある。

十月、契丹、奚哥の渤海民五百余人が来て投降する　江南州郡に処らせる。

また、同書巻五徳宗即位の年（一〇三一）の記載に、

十月、契丹、王守男等十九人来たり投降、南地に処らしむ。

同二年の記には次のように記されている。

十二月、渤海奇叱火など十一人投降す、南地に処らしむ。

ここでいうところの南地とは、南部地方を指し、あまりにもおおざっぱだが、江南とは『高麗史』巻五十七「地理志」によると、すなわち今日の全羅道を指す。ただ『高麗史』巻六靖宗六年（一〇四〇）には、次のように記されている。

四月、契丹の東京の民間の巫儀老呉知桀等二十余人が来りて投じる。物及び田宅を賜い、嶺南に処らしむ。

当時の嶺南は、『高麗史』巻五十七「地理志」によると、すなわち今の慶尚北道である。モンゴル人が慶州地域に居住していたのは疑う余地がない。これはわずかに一例に過ぎないが、モンゴル人が慶尚北道に移住したのが事実なら、大戦争伝説の存在は彼らを通して慶尚北道に伝わった可能性がある。もしその時に何人かのモンゴル人家族が今日の高霊地域に居住したとすれば、彼らが大戦争伝説をもたらした可能性があり、もし彼らがこの伝説をもたらしたなら、彼らもそれを祖先に関わる伝説とみなして、代々伝えたにちがいない。

李朝時代には、彼らも周囲の民衆と同じく中国式の姓を名乗っていただろうし、その姓が羅氏であれば、周囲の人々はその一族の祖先伝説に好奇心を抱く。しかしその伝説は朝鮮族の祖先伝説とは異なるので、周囲の人々はそれが朝鮮人一般あるいは自分たちの一族の伝説とは信じられないだろう。

そこで「午谷［오싯골］羅氏の祖先は大戦争中に一族全員が死に絶え、生き残ったのは一組の兄妹のみで、この兄妹が結婚して今日の羅氏一族を形成した」という伝説が、すなわち高霊羅氏の伝説としてのみ残されたのではないだろうか。

さらに、伝説の大戦争が壬申倭乱と語られるのは、壬申倭乱が朝鮮人の間に、いかにおそろしい記憶を残したかを語っている。

高霊羅氏の伝説は、時とともに完全にモンゴルの原型を失い、朝鮮に古くから伝わる洪水伝説と一体化して、ただ伝説の導入部だけを大戦争に変え、それを人類絶滅の災難としたのである。大戦争と大洪水の伝説の展開が似ていたので、民間の語り手は二つの伝説を混合して一つの話として語り伝えることができたのである。

ただし、私は高霊の羅氏が本当に李朝時代に官職につけなかったのかを調査するには至っていない。また羅氏一族が今もそのような伝説を伝えているかどうかも知らない。

私の以上の考察は、羅氏一族の祖先が高麗時代に北方から帰化したモンゴル人だという仮説に基づいたもので、羅氏一族が必ずモンゴル人の後裔だという確証はない。

もしも大戦争伝説が朝鮮固有のものではなく、しかも高麗時代の慶北地方にモンゴル人が帰化居住したことが歴史的な事実であるとすれば、大戦争の伝説は帰化人によってもたらされた話であるとする仮説には大きな問題はない。しかし羅氏帰化人説は、後世の人の噂話にすぎず、羅氏一族がモンゴル人の子孫だと断定するのは難しい。「大戦争伝説が朝鮮国内に伝わったのは、おそらく高麗中期以降のことで、帰化したモンゴル人が伝えたのだ」というのは仮定にすぎないが、この伝説の文化移動の軌跡を推測するには、このような態度を取るしかないのも事実である。

2　犬と猫が宝珠を取り戻す話

むかし、海辺の小屋でお爺さんとお婆さんが貧しく暮らしていた。お爺さんは朝から晩まで、海辺で魚を釣って、なんとか暮らしを立てていた。

ある日のこと、いつものようにお爺さんは朝から釣竿を持って海辺に出かけたが、その日は不思議なことに一匹も釣れなかった。お爺さんは魚が全く釣れないので、家に帰ろうとして、最後にもう一度だけ釣竿を海に投げてみた。すると、何かとても重いものが引っかかった。釣り上げてみると、それは非常に大きな鯉だった。その鯉は涙をぼろぼろ流し、まるで命乞いをしているようだった。お爺さんはこの鯉は何か神聖なものに思えたので、海に返してやった。鯉は、しきりにお爺さんの方を振り返りながら、大海原に泳ぎ去った。

次の日、お爺さんがいつものように海辺に出かけると、突然、お爺さんの目の前に編み笠をかぶった一人の童(2)が現れて、丁寧にお辞儀をして言った。

「私は龍王の使いです。昨日、お爺さんが、わが龍王の若様の命を救ってくださったので、龍王は私を迎えに遣わしました」

お爺さんは鯉のことを思い出し、その使いについて龍宮に行った。海辺で使いが何か呪文を唱えると、海の水が二つに割れて広く平らな道が現れた。お爺さんが龍王殿に入っていくと、龍王は履物を履く間も惜しんで飛び出して、お爺さんを出迎えた。

龍王は毎日、盛大な宴会を開き、お爺さんは時が経つのも忘れて楽しんだ。数日後、お爺さんはふと家に残してきたお婆さんのことを思い出し、享楽にも飽きて、ひたすら家に帰りたくなった。そのことを伝えると、龍王も引き止められないと思い、帰るのを承知した。

お爺さんが旅立とうとすると、助けてやった龍王の王子がやってきて、こっそり言った。「お帰りの時に、私の父が必ず何かお礼をすると言うでしょう。何が欲しいかと聞かれたら、他のものはいらないから、ただ龍王の傍の玉の箱の中の宝珠がほしいとおっしゃいなさい。それは、龍王国でも最も貴重な宝物で、それに向かってご飯を出せといえばご飯が出て、金を出せといえば金が出てきて、ほしいものは何でも手に入ります」

別れ際に、やはり龍王が願い事を言えと言ったので、お爺さんはその宝珠がほしいと言った。龍王は驚いて、

「これだけはだめだ」と言った。

龍王の隣にいた龍王の王子が進み出て言った。

「お父様、何をおっしゃいますか。あの方は私の命の恩人ではありませんか。息子の命が大事ですか、それとも宝物が大事ですか。宝珠をご老人にどうぞ差し上げてください」

龍王はしかたなく宝珠を老人に与えた。お爺さんが宝珠をもらって家に帰ると、お婆さんは首を長くして待っていた。お爺さんの話を聞いて、お婆さんは大喜びした。

「それなら、お爺さん、もうぼろ家で暮らすのも飽き飽きしたから、まず家を出して、少しゆったりと暮らしましょう」と言うと、お婆さんは宝珠に向かって、「家を出しておくれ」と言った。すると、たちまちぼろ家は跡形もなく消え失せ、立派な瓦屋根の家の中でお爺さんとお婆さんは向き合って座っていた。お金も食べものも穀物倉も出てきて、お爺さんとお婆さんはたちまち億万長者になった。

ある日、川向こうに住む心根の悪い老婆が、行商人のふりをしてお婆さんの家にやってきた。朝鮮の諺で「昼の噂話は鳥が聞き、夜の噂話は鼠が聞く」というが、川向こうに住む老婆はお婆さんの家に宝珠があるという噂を聞きつけて、それを盗もうとやってきた。ちょうどその日お爺さんは出かけて留守で、お婆さん一人だけだった。お婆さんは、「買うものはない」と断ったが、老婆はいろいろと品物を取り出して、「これを見てください。この宝珠は天下に二つとない宝です。お宅には龍王国の宝珠があると聞きましたが、きっとこれにはかないません。お宅の宝珠を持ってきて、これと比べてみてください」と、お婆さんの家の宝珠を見ようとした。お婆さんは何度も断ったが、老婆は、「ちょっと見せてください。見るだけなら構わないでしょう」と強引に迫った。結局お婆さんは宝珠を出して見せた。老婆は宝珠を持って撫でさすり、しきりに感心していたが、隙を見てその宝珠と自分が持ってきた宝珠をこっそりすり替えて、「では、帰ります。宝珠はここです」と言って、拡げた品物を片付けると、帰っていった。

老婆が去ってしばらくすると、瓦葺きの家は消え、お婆さんは再びぼろ家に座っていた。お婆さんはびっくりして老婆の後を追ったが、影も形もなかった。お爺さんも帰ってきて、このありさまを見て、がっかりした。お爺さんとお婆さんは一匹の犬と一匹の猫を我が子のように可愛がっていた。ご飯を食べる時も、寝る時も一緒だった。その犬と猫は、飼い主のお爺さんとお婆さんが嘆息するのを見て相談して、失くした宝珠を取り戻しに出かけた。犬と猫は川まで来ると、渡し舟に乗って川を渡った。そこであちこち見渡してみると、変わった一軒の瓦屋根の家があった。その家の主人は老婆で、その家は最近、突然、億万長者になったということだった。犬と猫はその家の主人の老婆が宝珠を盗んだ犯人だと確信した。しかし、二匹には、宝珠を盗み出す術がなかった。あれこれ考えた末、犬が家の外を見張り、猫は老婆のいる部屋に入っていった。あちこち部屋の中を見渡したが、宝珠の隠し場所は見つからなかった。

「おそらく、あの押入れの中だ」と思い、飛びかかって押入れの扉を開けようとしたら、老婆が驚いて、猫を捕まえようとした。

「やっぱり、そうだ。これでわかったぞ」と言って、猫は犬のところへ走っていった。

宝珠は押入れにしまってあるに違いないが、どうしたらいいか、二匹で考えても、よい手段は見つからなかった。猫は何かよい方法はないかと、その日の夜、ひとりで老婆の穀物倉に忍び込んだ。そこではたくさんの鼠たちが穀物をくわえてきて、盛大な宴会を開いていた。中央には鼠の王らしき一匹の大鼠が威張って座っていた。猫は不意をついて飛びかかり、鼠の王の咽喉にがぶりと噛みついた。たくさんの鼠たちは、驚き慌てふためいた。

「もし、俺の言うことを聞かなければ、お前たちの王を噛み殺してやる。しかし、言うことさえ聞けば、助けてやろう」と猫は言った。

「お言いつけは何でしょうか」と鼠たちが聞いた。

「お前らの主人の家の押入れの中に宝珠があるから、急いで取ってこい」

何か難しいことだと思って緊張していた鼠たちは、この言葉を聞くと、「それしきのことなら、天下で一番簡単です」と言い、「おい鋸鼠」、「おい錐鼠」と仲間を呼び合って、何匹かの鼠たちが出かけていった。鋸鼠は鋸で壁を切り、錐鼠は壁に穴をあけ、あっという間に押入れの中に侵入して宝珠を盗んできて、猫に渡した。猫はそれをもらって鼠たちに礼を言うと、犬と落ち合って、家路を急いだ。

川辺までたどりつくと、夜が白みかけていたが、犬と猫だけでどうやって川を渡ればいいか、わからなかった。しかたなく猫が宝珠を口にくわえ、犬が猫を背負って泳いで渡ることにした。川を渡りきろうとした時、犬はふと、不安になって、背負っていた猫に「宝珠はまだ口にくわえているか」と訊いた。猫は何も答えなかった。犬が何度訊いても、猫は答えなかった。犬はかっとして、泳ぐのを止めて、「宝珠を持っているのか」と怒鳴って訊いた。猫が我慢できずに「ある」と答えると、口を開けたので、宝珠は川底に落ちてしまった。

川は渡ったが、犬は面目なく、また腹ペコだったのでそのまま急いで家に駆けて帰った。しかし、猫は飼い主のお爺さんとお婆さんに顔を合わせる勇気もなく、何か食べられるものはないかと川辺を見渡した。あまり遠くないところで漁師たちが、「死んだ魚は食べられない」とぶつぶつ言って、大きな魚を投げ捨てた。猫がその魚を食べると、腸《はらわた》を食べている時に、何かとても硬いものにあたった。紛れもない、あの宝珠だった。猫が宝珠を落とした時、魚が食べものと思ってのみ込んで死に、漁師の網にかかって引き上げられたのである。猫は食べるのを止めて、宝珠を持って家に帰ると、事の次第を飼い主に話した。老夫婦は再び億万長者になった。

飼い主は猫にこう言った。

「お前は最後まで努力をして宝珠を見つけてきたから、これからは家の中で暮らして、おいしいものを食べるがいい」

しかし、犬には「お前の功は猫に劣るから、これからは家の中には入らず、庭や縁の下で寝て、食べ物も骨などをかじるがいい」と言った。

これは当然、犬に不満をいだかせ、猫をいつも恨むようになり、今でも犬と猫は顔を合わせると、すぐにいがみ合うのだ。（一九二三年八月、京城、方定煥君談）

朝鮮の南の地域では、このような話を聞いたことがなかったが、開城の馬海松君の話では、開城にもこのような話があるという、ただ宝珠ではなく硯の水差しだそうだ。

多くの龍宮故事と共通する最初の部分を除くと、この話の重要な部分は、次のモンゴルの話に通じることがわかる。ジェレミー・カーティンの『南シベリアの旅　モンゴル族の宗教と神話（A Journey in Southern Siberia:The Mongols,Their Religion And Their Myths）』（二〇一―二〇五頁）に、つぎのようなブリヤート族［バイカル湖東部のモンゴル族］の話がある。

むかし、シャラウ（Sharau）という名前の若者がいた。彼はぶらぶらしているのにも飽きて、ある日、母親にお金を少しくれるなら、世の中に出て大儲けをしてきますと告げた。母親は望み通りにお金を与えた。若者は旅に出かけた。途中、彼は腕に猫を抱えている老人に出会った。

「猫を連れてどこへ行くのですか」と若者は尋ねた。

「猫を殺しにいく。私の犬と闘って、犬を爪で引っかいたから」と老人は答えた。

「殺さないで、私に売ってください」とシャラウは言った。

「よし、わかった。だが、いくらくれるのかね」

「百ルーブル(3)なら、いかがですか」

老人は喜びを隠しきれなかった。しかし、売りたくないような顔をして、「じゃあ売ってやるか」と言って、しぶしぶ猫をおろかな若者に渡した。

シャラウはそのようにお金を使い果たしてしまったので、また家に向かった。ところが、しばらく行くと、猫はシャラウの腕から飛びおりて逃げてしまった。

家に帰ると、母親は、「お金で一体、なにをしたの」と尋ねた。

「穀物がいっぱい詰まった立派な倉庫を一つ買っておきました。もう一度、百ルーブルくれたら、そのような倉をもう一つ買えるのですが」と若者は答えた。

母親はもう一度、百ルーブルを与えた。今度は決して愚かなことはしないと誓って、若者は旅立った。しかし、家を出てしばらく行くと、彼は犬を連れている男に出会った。

「犬をどこへ連れていくのですか」と若者は尋ねた。

「こいつを殺しにいくところだ。こいつは私の猫と喧嘩をして、猫のえさを奪って、うるさくてたまらないから」と答えた。

若者は「犬を殺さないで私に売ってください。持っているお金をすべてあなたに差し上げますから」と言ったが、彼は百ルーブルでは犬の代金に足りないかもしれないと心配していた。以前、猫一匹にその額を支払ったからである。

「百ルーブル差し上げますから、売ってください」

男は役にも立たない犬にお金をたくさん払ってくれるというので、すぐに快諾した。

若者はまた家に向かった。しかし、犬は噛んだり跳ねたり、首のヒモを強く引っぱるので、シャラウは耐えきれなくなってヒモを放した。犬はすぐに逃げていった。

若者が家に帰ってくると、母親はお金で何をしたのかと尋ねた。

「今度は、もっとたくさん穀物を買いました。そろそろ結婚をしようと思います。ここからさほど離れていない国にサズライ・ハーン［Sazrai khan—鵲王］が暮らしていますが、その王にはサロン・ゴホン［Sarung gohung—鳥の名］（何鳥かは不明）という娘がいます。私はその娘と結婚したいと思います」と言った。

母親はサズライ・ハーンのところに行って、「私にはまじめな息子がいます。そして、あなたには美しいお嬢さんがいます。我々は姻戚関係を結びましょう」と言った。

「それは、だめだ。おまえの息子の父親は商人だ。しかし、私は王だ。おまえの息子がおまえの家から私の家まで銀の橋をかけることができたら、私の娘をやろう。しかし、もしできなければ、おまえの息子の首をもらう」とサズライ・ハーンは言った。

母親が泣きながら家に帰ってきたので、「どうして泣いているのですか」とシャラウは尋ねた。

「お前は別の花嫁を探しなさい。サズライ・ハーンは、お前は商人の息子だから、王の家から我が家まで銀の橋をかけるまでは娘を嫁にやることはできない、と言っているよ。それでもし、その橋をかけることができなければ、お前の首を切るとも言った」と母親は泣きながら言った。

「それならば、逃げて命を守る方が上策だ」と言って、若者はすぐに出発した。遠く、深い森までやってくると、そこで、助けてやった犬に出会った。

「おお、犬じゃないか、俺がお前の命を助けてやったから、今度はお前が俺の命を救う番だ。俺はサズライ・ハーンのために銀の橋をかけなければならないのだが、貧乏だから、どうすればいいかわからないんだ」とシャラウは言った。

「この指輪を持って家に帰り、お日様に向かって、手で三度、円を描きながら体を回す時に『今晩の間に私の家からサズライ・ハーンの家まで銀の橋をかけたまえ』と言いなさい」と犬は言った。

言われた通りにして、若者が翌朝起きてみると、本当に銀の橋がかかっていた。彼は橋のところへ行って、斧で橋を造る仕草をして、あたかも自分がたった今、橋を完成させたように見せかけた。

王は、やってきて橋を見て大いに驚いたが、ただ「どうして、こんなに時間がかかったのだ？　一晩で充分ではなかったのか」と言った。

「私はまる一日で橋をかけました。もし、私よりもっと早く橋をかけられる人がいれば、あなたのお嬢さんはその人に譲ってもかまいません」とシャラウは言った。

「それなら、七日以内に婚礼を挙げよう」と王は言った。

結婚後、ハーンの娘は夫の家で一緒に暮らすことになったが、彼女は次第に不平不満を言うようになった。そして「これは、一体どういうことですか。銀の橋をかけた人が、いまだにこんな汚い粗末な家で暮らしているとは」と言った。

若者は指輪のことは何も話していなかった。夜は口の中に入れて寝たが、ある晩、咳をした拍子に指輪が口の中から飛び出して、床に落ちた。すぐに彼は指輪をしっかり手で握ったが、妻は「それは何ですか。何を口の中に入れていたのですか」と尋ねた。彼は答えるのを拒んだが、妻は一日中、彼につきまとって訊いたので、しまいに、指輪は魔力を持っていて、それを持ってお日様に向かって手で三回円を描きながら回る時に願い事を唱えると、何でも叶うということを話した。

サロン・ゴホンは「それなら、私に預からせてください。あなたはなくしてしまうかもしれないから」と頼み、夫が指輪を渡してくれるまで、一週間、夫につきまとった。

ところで、サロン・ゴホンには海の向こうの国に恋人がいた。その晩、夫が寝た隙をねらって、彼女はお日様が昇ったらすぐに指輪の魔力を試してみようと決心した。それで、お日様が昇ると、彼女は円を描きながら願い事を唱えた。一瞬にして彼女は恋人の家で恋人と一緒にいた。

シャラウは起きて妻がいなくなったことに気づくと、王のもとに行き、「一体こんな妻がいるでしょうか。彼女は私を捨てて、出ていってしまいました」と言った。

「私はお前に娘をやった。もし娘がいなくなったと言うなら、お前が娘を殺したのだろう」とハーンは言った。

ハーンはすぐにシャラウを捕まえて縛って、牢獄にぶち込んだ。そして言った。

「七日待ってやる。もし、そのあいだに娘が帰ってこなければ、娘は死んだのだ。その時はお前の首を切ってやる」

若者は一日と一晩、その牢獄のなかで座っていた。なにも喉を通らず、ひたすらどうすれば助かるかと考えていた。二日目に、自分のところへ近づいてくる音がして、猫が来た。

「あなたは本当に間抜けです」と猫は言った。

「どうしてあなたは指輪のことを妻に話したのですか。あなたの妻は、今はほかの国で恋人と結婚して暮らしています。犬と私は話し合いましたが、あなたを救える策が見つかりません。いつまで牢獄の中にいられるのですか」と猫は尋ねた。

「七日だ。八日目に殺される」と若者は答えた。

「もし、犬と私が七日以内にその指輪を探し出せなければ、あなたは死ぬのですね。しかし、気を落とさないでください。我々の命を助けてくださったのはあなたですから、あなたの命は我々が救います」と猫は言った。

猫は犬のところへ行って、もう一度話し合った。最後に犬が言った。「お前は俺の背中に乗れ。海の向こうの国へ行こう」

猫と犬が海の向こうの国へ行くと、猫はシャラウの妻が今いる家に住む一匹の鼠を捕まえた。それで、「お前が俺の言うことを聞けば、助けてやる。さもなければ、かみ殺してやる」と鼠に言った。

「なにも悪いことはしてないのに、どうして私を殺すのですか。なんでも聞きますから、どうか助けてください」と鼠は答えた。

「お前がすることは、こういうことだ。お前が住む家の女の口の中に金の指輪があるから、それを持ってこい」

鼠は一晩中かかって、女が寝ている部屋に穴を開けた。穴をあけた時は、もう夜が明けかけていた。鼠はすぐにベッドに飛びのると、女の顔に這い上がり、鼻の穴をくすぐった。女は一度くしゃみをし、またもう一度くしゃみをすると、口のなかから指輪が飛びだした。鼠は指輪をつかむや、すぐに穴に飛び込んだ。

猫は犬のところへ行って、犬の背中に乗り、自分たちの国に向けて出発した。犬は自分が指輪を持っていくと言った。しかし、猫は言った。

「いや、お前の口は大きすぎる。しかも、いつも口を開けている。口を閉じて走っている犬を見たことがない。俺は口が小さいから、俺が指輪を持っていく」

海辺には船があった。猫と犬が半分ほど海を渡った時、猫がくしゃみをして、指輪を水の中に落としてしまった。

「指輪を海の底から見つけるなんて不可能だから、あの人は死んだも同然だな」と犬は言った。

猫と犬は岸にたどり着くと、魚を捕って食べた。猫が一匹の魚を食べていると、その腹の中から指輪が出てきた。

「さあ、急ごう！　今度は、しっかりと口にくわえていろ」と犬は言って、全速力で走った。夜が明けるや、犬はお日様に向かって願いを唱えると、なんと猫と犬は牢獄の中にいた。猫は若者のところへ行った。それは七日目の午後で、シャラウは絶望していた。

「指輪を持って、西の方を向いて円を描いてください。たとえ、お日様が牢獄の中に差し込まなくても、必ず願い事はかなうでしょう」と猫は言った。

シャラウは牢獄から出て、王のいる宮殿に行きたいと願った。言い終わらないうちに、彼はそこにいた。舅である王に言った。

「私の妻は今、海の向こうにある国の人と一緒に暮らしています。妻を連れてきてください」

「お前が自分の妻を殺したのだろう。殺してないと言うなら、自分で妻を連れてこい。そうすれば、お前の命は助けてやろう」とハーンは言った。

若者はお日様に向かって手で円を三度描きながら、妻とその恋人を目の前に出してほしいと祈った。たちまち二人が現れた。

「さぁ、どうしますか」と若者は舅に言った。

「それなら、今日、お前にしようと思っていたことをこいつらにしてやる」と言って、ハーンは男女二人の首を切りおとした。

二つの説話の導入と結末は違いが顕著だが、猫と犬が巧妙な手口で恩人［または主人］の如意宝珠を敵のもとから取りもどすというこの話の要点は、二つともまったく一致している。

モンゴル説話では、鼠が［おそらく尻尾で］主人の鼻をくすぐって、口のなかの指輪を飛びださせたり、犬はいつも口を開けているので指輪は猫が持っていくことにするなど、説話としても面白いうえに、説話のなかの重要なかぎとなっているが、朝鮮説話には鼻でくすぐったという話はなく、犬と猫が互いに自分が持っていくと言い争ったという話もなく、単純に猫が指輪を口にいれて、犬の上に乗っていくことにしたとだけ語られている。しかし、朝鮮の説話では、「猫が鼠の王を鼠たちの宴会の席で捕まえた」といい、「犬が海を渡る最中に何度も珠を持っているかと猫に尋ねるので、猫がそれに答えた拍子に珠を再び海に落としてしまった」といい、「珠をのみ込んで死んだ魚が網にかかり、その魚を漁師が投げ捨てたので、猫がそれを食べて、腹の中から珠を見つけた」といって、いっそう話を面白くしている。

そして、朝鮮説話の最後が犬猫間でいつも喧嘩をする理由を説明しているのも絶妙である。しかし、説話としての両者の価値はしばらくおいておき、まず簡単に二つの説話が全く一致する重要な点を挙げてみると、次のようである。

一、焦点が如意宝珠〔指輪、硯滴〕の奪還にあること
二、恩人〔主人〕を救うために、犬と猫が活動すること
三、猫が敵の家の鼠を捕まえて、如意宝珠を盗みだせと命令すること
四、猫が海の上で如意宝珠を落としてしまうこと
五、猫が魚を食べていると、魚の腹の中から再び如意宝珠を見つけること

このように両説話が一致しているのは、決して偶然とはいえない。そしてこの説話が、もともと朝鮮のものだとも断言できない。それはこの説話が朝鮮では決して普遍的ではなく、「このように絶妙な説話であるにも関わらず」西北

地方にしか伝わらないからである。

それならば、この説話は地理的に見ても、歴史的に見ても、高麗中期以降に契丹族、またはモンゴル人が大挙して半島内に移住、帰化した時に携えてきたものだとするのが最も妥当な推論ではなかろうか。

3　地下国大盗賊退治説話

むかし、一人の閑良《はんりゃん》(4)が科挙受験のためにソウルへ向かった。途中、彼は、ある金持ちが娘を大盗賊にとらわれて、悲しんでいるという話を耳にした。

金持ちは、娘を取りもどしてきた人に自分の財産の半分と娘をやるという公示文を朝鮮八道中に張りだした。閑良はその娘を救いだす決心をした。しかし、その盗賊がどこにいるのかもわからなかった。あてもなく探していると、ある日、道中で三人の草笠童(5)の閑良に出会い、彼らと義兄弟の契りを結んだ。

四人の閑良は盗賊の巣窟を探しに出発した。途中、彼らは足が一本折れたカササギに出あった。彼らはカササギの足を布で巻いてやった。そのカササギは、ハゲワシに巣と卵を奪われて［ハゲワシがカササギの巣と卵を襲うことはよくあった］足も折られたのだった。カササギは閑良に向かって言った。

「あなた方は大盗賊の家を探しているのでしょう。向こうに見える山を越えると、そこには大きな岩があり、その岩の下には白い貝殻があります。それを持ち上げると、貝殻の下には針の穴ほどの穴があるでしょう。そこが大盗賊の住むところです」と言った。

彼らはカササギと別れて、山を越えて岩を見つけると、その下の白い貝殻を持ち上げてみた。そこには本当に小さな穴があった。その穴は掘れば掘るほど大きくなり、その底には広い別世界が広がっていた。しかし、その穴は非常に深かったので、容易に下りていくことができなかった。彼らは草と葛の蔓を見つけてきて、長い長い縄を綯《な》った。そして、一番若い閑良を先に降りていかせて調べさせることにした。降りていく途中、何か危険なことが起きた時には縄を揺らせば、上にいる閑良たちがすぐに縄を引っ張りあげることにした。

一番若い閑良は少し降りたところで怖くなったので、縄を揺らした。次の者は、半分までもぐったところで縄を揺らした。三番目の者は、三分の二までもぐったところで怖くなって、縄を揺らした。最後に一番年上の閑良が降りていくことになった。彼は年下の者たちに言った。

「お前らはまだ若くて役に立たない。私が降りていって盗賊を殺してくるから、ここで私が戻るのをじっと待っていろ。その時になったら、縄を揺らすから、縄を引っ張り上げるんだ」

彼はずっと穴の底まで降りていった。広々とした地下の国には立派な家がたくさんあった。国中で一番大きな家が大盗賊の家のようだった。家のかたわらに井戸があり、井戸の横に一本の柳の木があった。彼は柳の木の上に隠れて、大盗賊の様子を探った。

しばらくすると、一人のきれいな娘が井戸端に水を汲みにきた。娘が桶にいっぱい水を汲んで、持ち上げようとしたちょうどその時、閑良は柳の葉っぱを桶の中に落とした。

「アイゴー、ひどい風だわ！」と言って、娘は汲んだ水を捨てて、また水を汲みなおした。

娘がもう一度桶を持ち上げようとした時、閑良はまた柳の葉っぱを落とした。

「ほんとうに　嫌な風だ」と言いながら娘はもう一度水を汲んだ。三度目、娘は頭をあげて、木の上を見た。こうして、娘は「この世の人」を見つけて、驚いて尋ねた。

「あなたはどうしてこんなところまで来たのですか」

閑良が来たわけを話した。娘はまた驚いて言った。

「あなたが探しているのは、紛れもなくこの私です。しかし、大盗賊は恐ろしい力持ちなので、殺すのは難しいでしょう。でも、私についてきてください」と、閑良を真っ暗な道場に隠し、大きな鉄の板を持ってきて閑良の前に置いた。

「あなたの力はどれほどなのでしょうか。とりあえず、これを持ち上げてみてください」と言った。

彼はなんとかやっとその鉄の板を持ち上げた。

「これでは、とうてい大盗賊にはかないません」

そう言うと、娘は毎日、盗賊の家から何瓶かの童蔘水[6]を彼に持ってきた。彼は毎日、その童蔘水を飲んだ。すると、ついに大きな鉄の鎚を両手に持って、自由に操れるようになった。

ある日、娘は大きな刀を持ってきて言った。

「これは大盗賊が使っているものです。大盗賊は、いま眠っています。あいつは一度眠ったら、三か月と十日の間ずっと眠りつづけ、盗みをはじめたら、三か月と十日の間ずっと盗み続け、食べるのも三か月と十日の間、ずっと食べ続けます。今は、眠り始めてからちょうど十日経ちました。この刀であいつの首を切り落としてください」

閑良は喜んで、娘の後について大盗賊の寝室に行った。大盗賊は恐ろしい目を開けたまま眠っていた。閑良は盗賊の首を力いっぱい切り落とした。盗賊の首は宙に飛んで天井にくっついたが、首はまたもと通りに胴体にくっつきそうになった。娘は用意しておいたわら灰を首の切断部に撒いた。すると、首はくっつくことができず、大盗賊もついに死んだ。

閑良は娘と一緒に大盗賊の蔵を調べた。ある蔵を開くと、金銀財宝がいっぱい詰まっていた。また、ほかの蔵には米がいっぱい入っていた。つぎの蔵には牛と馬がたくさんいた。また、ほかの蔵には人の骸骨が山のように積まれていた。皆、大盗賊に殺された人びとの骸骨だった。

またほかの蔵を開けてみると、そこには半死半生の男女が大勢いた。閑良と娘は急いで粥を炊いて、哀れな人びとを救った。そして、大盗賊の金銀財宝と米、牛、馬などをその人びとに分け与えた。

閑良と娘は持てるだけたくさんの財宝を持ち、また、娘と同様に大盗賊に捕まっていた三人の美しい娘と一緒に、最初に降りた穴の下までやってきた。そして、縄を揺らした。

地上で待っていた三人の草笠童の閑良は、閑良がこんなに長く戻ってこないのは、すでに大盗賊の手にかかって殺されたのだと考え、あきらめて帰ろうとしていたが、ちょうどその時、縄が揺れるのを見て、喜んで縄に駆け寄り、閑良と四人の娘たちを一人ずつ引っ張り上げた。

四人の閑良は四人の娘を救い出し、それぞれの父母の元へ連れていってやった。娘の両親はとても喜んで、自分の娘をそれぞれ閑良にやり、その上、財産もたくさん分けてやった。大富豪の娘は、もちろん一番年上の閑良の妻になった。大富豪の娘は夫にこう言った。

「私は盗賊に捕まったその晩から盗賊に身を捧げることを強要されました。しかし、私は病人と偽り、自分のふくらはぎを切ってただれさせ、それを盗賊に見せました。盗賊はさまざまな薬で私の傷痕を治療するので、傷痕は何日かでよくなりましたが、傷痕が治ると、私はまたそこを切りつけただれさせました。そうやって今まで操を守ってきました。これを見てください」と言って、その傷痕を見せた。本当に大きなただれた痕があった。閑良は約束通り娘と富豪の財産の半分を手に入れて、幸せに暮らした。

（一九二六年三月一八日、大邱府本町、李相和君談）

私の幼い頃の記憶によると、東萊、釜山近郊の子どもたちはこの話のことを「弥勒豚の話」と呼んでいた。話の中の大盗賊が「弥勒豚」で、巨大な豚という意味であろう。これもまた、私の幼い頃の記憶によるものであるが、東釜山地方のこの話では、娘は、金持ちではなく王様の娘だった。王様は娘を失ったので、科挙試験も延期し、「娘を取り戻してきた者には千金を与え、万戸の領主に封じる」という公示文を朝鮮八道に貼り出した。

一方、大盗賊の退治法に関しては、王女が閑良に童蔘水を与えたり、鉄の板で閑良の力を試したりするというモチーフはなく、代わりに、ある日、王女が弥勒豚に向かって、「あなたにもこの世で恐ろしいものがありますか」と尋ねると、盗賊は大笑いしながら、「俺が恐れるものがこの世にあるものか」と言った。「それでも、何か一つぐらいあるでしょう?」と何度も尋ねると、「たった一つある。それは羊だ。そいつにはどうすることもできない。もし、羊の毛がたった一本でも俺の身体に触れると、それも鼻の下に触れたら、俺は死ぬしかない。だから、俺は羊は飼わない。羊の毛が一本でもみつかるかどうか、俺の家を隅々まで調べてみろ」と言った。閑良が入ってきた時、王女は大盗賊の言ったことを思い出し、このことを閑良に話した。閑良は身につけているものを全て探してみたが、羊のものは何一つ見つからなかった。しかし、最後に腰に鍵を結んでいる紐を見てみると、それは羊の皮でできていた。それで、それを王女に渡して、大盗賊の鼻の下に貼り付けて、盗賊を殺した、という。この一点だけが李相和君の記憶と異なっている。

この種類の話は、見たところ各地にもあるようで、江原道春川には次のような話が語り継がれている。

むかし、アグィ鬼［おそらく悪鬼の意味であろう］という名の大盗賊がいた。それがしばしばこの世にやってきては、治安を乱し、美しい女をさらったりした。ある時、アグィ鬼は王の三人の王女を一度にさらっていった。それで、王は群臣たちを集めて鬼の退治法を問うてみたが、うまい方法を考えつく者はいなかった。

その中で、一人の武臣が立ち上がって言った。「王様、私の家は代々国から受ける俸禄で暮らしております。このような一大事の時こそ、私は命を捧げて国に多少でも恩をお返しできればと思っております。私にその鬼の退治をさせてください。必ず三人の王女を救ってまいります」

王はそれを許した。そして、付け加えて、「誰でも王女を救ってきた者には、私が一番可愛がっている末娘を嫁にやろう」と言った。

武臣は数名の部下をしたがえて、アグィ鬼の巣窟を探しに出発した。彼は数年の間、天下の津々浦々を探し歩いたが、鬼の巣窟がどこにあるのかさえもわからなかった。ある日、武将は疲れ果てて、ある山峡でしばらく休んでいて、夢を見た。一人の白髪の老人が現れて、「私はこの山の山神だ。お前が探し歩いているアグィ鬼の巣窟は、この山の向こうの山のそのまた向こうの山奥にある。その山に行けば、お前はそこで不思議な岩を見つけるであろう。その岩を持ち上げてみると、やっと一人が入れるほどの小さな穴がある。その穴をもぐっていくと、穴は次第に大きくなって、底には別世界が広がっている。そこがつまり、アグィ鬼の国だ」と言って、消えてしまった。

武臣は言われた通りに山を越え谷を越え、アグィ鬼のいる山までやってきた。果たしてそこには奇怪な岩があり、持ち上げてみると、下には非常に小さな穴があった。武臣は部下に命じて、丈夫な縄を綯わせ、しっかりと籠を結んだ。そして、部下に、「誰が最初に、この籠に乗って下りていき、アグィ鬼の様子をうかがってくるか」と言ったが、誰一人として応じる者はいなかった。そこで彼は部下の一人に「行け」と命じ、「もし途中で危険な目に遭ったら、縄を揺らせ。そうすれば、すぐに引き上げてやる」と言った。その者は地上からちょっと下ったところで縄を揺らした。恐ろしかったからだ。次の者は半分下ったところで縄を揺らした。三番目の者は穴底に到着する寸前で引っ張った。

今度は武臣自身が下りていくしかなかった。武臣は何の問題も無く、下に着いた。彼の目の前には広々としたすばらしい世界が広がっていた。その中の一番豪勢な家が鬼の家のようだった。武臣は、鬼の家へまっすぐ向かうのは無謀なことだと思ったので、鬼の家の横の井戸端の大きな木に登って、様子を伺った。しばらくすると、鬼の家から一人の美しい嫁が頭に桶をのせて、井戸に水汲みに出てきた。近くに来た、その女の顔をよく見ると、確かに三人の王女のうちの一人だった。王女が水を一杯汲んで、持ち上げて頭に載せようと桶の両側のつまみをつかんだ時、武臣は木の葉を一枚とって、王女の桶の中に落とした。王女は「風がとても強いわね！」と言うと、汲んだ水を捨てて、もう一度水を汲んだ。今度も、彼はもう一度、木の葉を落とした。三度目に王女は、「おかしいわ。今日は風もないのに！」と言いながら木の上を見上げた。そこにはこの世の人間が一人いた。

「あなたは人のようですが、どうしてこんな盗賊の巣窟にやってきたのですか」と王女は尋ねた。武臣は木から下りて、ここに来たわけをすべて話した。しかし、鬼の家の門番は、すごく恐ろしい。どうやったら家の中に入れるかと、王女はたいへん心配した。

武臣はこう答えた。「私は若い頃、道士から多少、法術を習ったことがあります。私は西瓜になりますから、あなたはこのようにしてください」と言って、武臣は空中を十歩ほど跳んだかと思うと、西瓜になった。王女は西瓜をチマの裾にくるんで、らくらくと鬼の家に入っていき、西瓜を棚に置いた。門番は王女のチマの中を調べたが、西瓜だったので、特に疑いもせず、通した。[7]ところが、アグィ鬼は「人の臭いがするぞ。どうしたんだ？」と大声で怒鳴って、王女たちに詰問した。

王女たちは泰然として、「そんなはずはありません。おそらくご病気でいらっしゃるので、そう感じるのでしょう」と騙した。ちょうどアグィ鬼は身体の具合が悪くて、横になっているところだった。王女たちは、何日かかけて、数甕の強い酒を造っておいて、鬼の病気がよくなるのを待っていた。数日後、王女たちは強い酒と豚三頭で大宴会を開き、アグィ鬼を招いて、「大監[8]の病気がよくなったので、私たちはそのお祝いに、このように宴会を開くことにしました。今日は一緒に楽しみましょう」と言って、今まで見せたことのない愛嬌を振りまいた。鬼は内心、「やっと、俺の言うことを聞く気になったのか」と喜んで、三甕の強い酒を残さず飲みほした。

また、王女たちが鬼の頭の虱までとってくれるので、鬼はすっかり気を許して、今日は自分のために宴会を開いてくれたから、その代わりに願い事は何でも聞いてやることにした。

王女たちは大喜びして、「私たちは特に望むこともありません。ただ、一つだけ知りたいことがあります。大監はこの世で一番強いお方ですが、それでも死ぬことはあるのですか」と尋ねた。

鬼はすっかり気を許していたので、疑うこともなく、このように答えた。

「それは、いくら俺だって死ぬこともある。俺の脇には二枚ずつ鱗があるのだが、それをとってしまうと、俺は死んでしまう。しかし、それをとれる奴はこの世にはおらん。ハハハ」

鬼はすっかり酔っ払い、いびきをかいてぐっすり寝込むと、一人の王女が、いつも大事にしていた匕首《あいくち》の柄に手をかけた。突然、匕首がカンカンと鳴り出した。王女が左足で足踏みをすると、匕首は静かになった。王女は鬼の両脇にくっついている四枚の鱗を切り取った。鬼の頭が落ち、それから弾んで天井まで飛んでいくと、また何度も弾んで、元通りに体にくっつこうとした。その時、もう一人の王女が、用意しておいたわら灰を急いで首に振りかけたので、頭はくっつくことができず、鬼の頭は、目から涙を流しながら地面に落ちた。鬼は死んだ。

王女たちと武臣は、数日かけて、穴のところまでやってきた。籠は約束通りにそこにあった。「王女たちから救出しよう」と思った武臣は、王女を一人ずつ籠にのせて、縄を揺らした。上で待っていた部下たちは、喜んで縄を引っ張り上げた。

三人の王女を助け出した部下たちは、最後の籠を下ろさなかった。しかも、籠の代わりに大きな岩を穴に投げこんだ。悪い部下たちは王女を連れて故国に帰り、王の前に現れた。王は大喜びで、大宴会を開いた。王は彼らが王女たちを助けたと信じたからだ。

岩が突然、雷のように落ちてきて、武臣はあわてて傍らによけたので、なんとか死は免れたものの、穴から抜け出す手立てはなかった。武臣は部下たちの計略にかかったとわかったが、どうすることもできず、ただため息をついていた。すると、以前夢に現れた老人が再び現れて、一頭の馬を与えて、「この馬に乗れば、地上に出ることができる」と言った。

武臣がその馬にまたがり、一鞭当てるや、馬はひと声嘶いて、空を蹴り、鳥のように宙を舞って、数十丈の穴の外に一気に飛び出した。馬は涙を流して武臣に別れを告げると、再び穴に飛び込んだが、かわいそうに首の骨を折って死んでしまった。

王女たちは数年ぶりに両親と再会し、喜びのあまり、過去のことはすっかり忘れてしまった。王は約束通りに部下の頭《かしら》に娘をやることにして、盛大な宴会を催した。悪人は王の寵愛を一身に受けることになった。この時、一人の武臣が王の前に現れた。すなわち王女たちを救い出した武臣だった。事の始終を聞いた王は、すぐに部下たちの首を切り、末娘を武将と結婚させた。

その後、国は泰平を取り戻し、人びとは穏やかに暮らした。

（一九二七年八月、江原道春川郡新南面松岩里七〇、車慶燁氏寄稿）

この民間説話もだいたいの型式は弥勒豚説話に通じている［この説話の前半の原稿は残念なことに紛失してしまったので、私が以前一度読んだ記憶に基づいて書き直したから、多少の誤りがあるかもしれない。しかし、武臣が西瓜に化けるところからは車慶燁氏の原稿をほぼそのまま採用した。間違いに気づいた方は、ご教示いただきたい］。

このような大盗賊退治説話が朝鮮にたくさん存在するように、モンゴルの民間説話にも、そっくりな話型がある。それは、ジェレミー・カーティンの『南シベリアの旅』（一八六一一九五頁）に載録された「ブルルダイ・ボクド」の第一話である。全文を訳出すると、次の通りである。

昔、ブルルダイ・ボクド(9)（Buruldai Bogdo）というハーンがいた。彼は歳が七十で、妻の歳は六十だったが、まだ子どもがなかった。

ある日、ハーンは記憶の中からある本を取り出して、それを読んだ。その本には彼が十五年間、家畜の数を数えなかったと書いてあった。それで、彼は家畜の数を数えようと家畜を探しに旅に出た。

あるところで、彼は家畜が繁殖せず、飢えてやせこけていて、わずかな飲み水しかないのを見た。彼がまたしばらく行くと、一匹の子馬を連れた雌馬を見つけた。彼にはその子馬がまるで山のように大きく見えた。その子馬を見て、王は心の中でこう言って泣き出した。

「この子馬は将来すばらしい駿馬になるだろう。しかし、私にはその駿馬に乗せる息子も娘もいない」と彼は子馬に言った。

「私の歳は七十だ。しかし、お前に鞍をつける頃になっても乗りこなす者がいない。私は歳をとりすぎているし、息子も娘もいないから」

彼は家に帰っても、まだひどく泣いていた。

「どうして泣いていらっしゃるのですか」と妻は尋ねた。彼が答えないでいると、妻は外から毛綱（動物の毛で編んだ綱）を持ってきて、どうしても答えないのなら、首をつりますと言った。そこで、彼は答えた。

「私が泣いていたのは、私もおまえも高齢だからだ。今日、私はすばらしい子馬を見つけたが、我々には息子も娘もいないから、鞍をつけられる時になっても、誰もその馬に乗る者はいないからだ」

「もう泣かないでください。私は歳をとっていますが、息子か娘を生む希望が全くないわけではありません。山の向こうの七人のラマのところに行って、私たちのために予言をお願いしてみてください」と妻は言った。

ブルルダイ・ボクドは山を越えて、四角い巨大なユルタ[10]にたどり着いたが、入口を見つけることができなかった。彼はユルタの周りを回ったが、入口は見当たらなかった。そこで独り言を言った。

「私はなんて愚かなんだろう。十ヤード戻って、走って、壁を全力で蹴るのだ」

すると、七十の扉が彼の眼前で一斉に開いた。中には七人のラマ僧がいた。しかし、彼らは黙っていた。ハーンは占ってほしいと頼んだ。最初の日も、次の日も、三日目も。すると中で一番若いラマが、ハーンを見ずに言った。

「どうしてそんなにうるさくするのか。子どもが欲しいというのがお前の願いだったな。それなら、お前のユルタにはもう赤ん坊が生まれたはずだ」

ブルルダイ・ボクドが家に帰ってみると、本当に息子が生まれていた。しかし、刀でも斧でも赤ん坊のへその緒は切れなかった。ブルルダイ・ボクドは毛綱を持ってくると、一方の端は赤ん坊に結び、もう一方の端は馬に結んだ。しかし、毛綱は切れてしまった。彼は驚いて、叫び、駿馬にどうすればよいかと尋ねた。すると、馬は、

「あのすばらしい子馬の尻尾の毛を一本抜いてきて、一方の端は赤ん坊に結び付けて、一方の端は私にくだ

さい」と言った。

ハーンは馬に乗って、その子馬がいる原っぱに向かった。しかし、子馬は彼を近づけようとしなかった。しまいに彼は、いばらの藪に引っかかっている長い毛を一本見つけて、それを持って帰ると、一方の端を赤ん坊の身体に巻きつけて、一方の端は馬に渡した。馬が引っ張ると、赤ん坊は立ち上がった。

七日目には、七歳になる羊の皮で赤ん坊をくるむことはできなかった。

十日目には、羊を追って、あちこち駆け回った。ある日、狼を見ると、父親にあれは何かと尋ねた。

「あれは、力が強く、凶暴な野獣だ。あれを捕まえて殺せ」と父親は答えた。子どもは弓と矢がほしいと言って、もらうと、狼を弓で射殺した。

「なんと素晴らしい息子をもったものだ」と老父母は互いに喜び合った。

ある日、子どもは広大な牧地に行くと、そこにユルタを建てることにした。ユルタが完成すると、彼は疲れ果て、寝転がった。彼は七か月間、眠りたいと思ったが、四か月目に母親が、いろんな手を使って彼を起こそうとして、終いに、母親は足の裏にやすりを突き刺したので、彼はようやく飛び起きた。

「お前が寝ている間に、妹が生まれた。ところが何者かが、天井の煙出し穴を通って入ってきて、赤ん坊を盗んでいった」と母親は言った。

「神様イサージ　マラン(11)（Esege Malan）に馬を一頭与えてほしいとお願いしてください。賢い馬がいなければ、どうすることもできません」と子どもは父親に言った。祈願状が書かれ、神様はこのように答えた。

「馬と武器は赤山の平らな頂上にある」

子どもは三瓶の焼酎（tarasun）と三匹の羊を神様に供え、酒を飲み肉を食べて、赤山に向かった。

子どもは空が果てるところに一頭の馬がいるのを見つけた。馬は近くにやってきて、彼の周囲を走り回った。しかし、彼は馬を捕まえることができなかった。最後に、馬はこのように言った。

「あなたが私の本当の主人ならば、私の心臓を狙い打てば、弓矢は血がつかずに通過するでしょう。もし、血が出れば、あなたは私の主人ではなく、邪悪な敵です」

子どもが矢を射ると、血は流れなかった。

「私に乗ってください。あなたは私のご主人です」と馬は言った。彼がその馬に乗ると、馬は子どもを振り落とそうと三十日間走り続けた。しかし、振り落とせなかった。彼はとうとう怒って、「お前は本当の主人である私を馬鹿にしているのか。それなら、お前を殺してやる」と叫んだ。

「私はあなたとあなたの力をちょっと試してみただけです。これからは誠実に仕えます」と馬は答えた。

彼らはすぐに妹を探しに出かけた。

彼らはどんどん道を進み、さらに進むと、別の王国に到着した。彼は足跡を見つけたが、それが妹のものだと直感した。何日もその足跡を追ってみたが、それは岩の下で途絶えた。彼はそこで馬から下りると、煙草を取り出して、まずは神に捧げて、今度はそれを自分が吸った。

子どもが煙草を吸っていると、西から黒い馬に乗った若者が駆けてきた。その人は、「ハーン・ジュドゥク・シン・メルギン[12]・クスブン・ジュドゥ」（khan Zuduk Shin Mergin Xubun Zud）の息子だった。その若者は子どもに挨拶すると、幼い自分の妹を探しているのだと言った。

また今度は、東から灰色の馬に乗った一人の若者がやってきた。その人は「カザル・クサラ[13]・ハーン」（Gazar Xara Khan）の息子だった。すると、今度は南西から「ナドゥル・ガイ・メルギン」（Nadur Gai Mergin）という第三の若者が茶色い馬に乗ってやってきた。

彼らは皆、自分の幼い妹を探していた。それで、彼らは足跡をたどって岩のところまでやってきた。四人は話し合った。それで、彼らの妹たちはきっとこの大きな岩の下のどこかにいるだろうという結論になった。

「この岩を持ち上げてみろ」と一番目の若者が二番目の若者に言った。

二番目は体が膝まで埋まってしまうまで岩を持ち上げてみた。三番目は腰まで地中に埋まってしまった。四番目は肩まで埋まってしまうまで、岩を持ち上げてみた。すると一番目の少年が「こんなこともできなくて、何のためにここまでやってきたんだ」と怒って怒鳴った。それで、彼は九十九プード（Podはロシアの重量の単位で、一プードは約十七キロ）もある岩を持ち上げ、それを七つの谷の向こうに放り投げた。すると、その岩が深い穴を覆っていたことがわかった。

「さぁ、我々の中の誰か一人が天上の九人の鍛冶屋のところへ行って、この穴の底まで届く鎖を調達してこなくては」と一人の若者が言った。

しかし、誰も行こうという者はいなかった。結局、ブルルダイ・ボクドの息子が自ら行って、九〇〇サージェン（ロシア語、Sachenは両腕を拡げた長さ、約二・一メートル）にもなる長い鎖を作ってほしいと頼んだ。鎖は、とても長かったので、九人の鍛冶屋が九日間かけて、やっとのことで作り上げた。

彼は持ち帰ってきた鎖を取り出すと、「誰かこの鎖を伝って下りる者はいないか。これを揺すったら、すぐに引き上げてやる」と言い、最初にジュドゥに下りてみろと言った。

その若者は二百サージェンほど下ってみたが、怖くなって、鎖を揺らした。二番目の若者は四百サージェン下ったところで鎖を揺らした。三番目の若者は六百サージェンまで下ったが、そこで鎖を揺らした。それで、皆が鎖を引き上げた。すると、彼はこう言った。

「私は一番底まで下ってみた。しかし、その先は針のめどほどの穴が一つあるだけで、他には何もなかった」

老ハーンの息子であるアルトゥン(14)（Altun）は怒って、三人の若者に言った。

「そんなわずかな力しかないなら、どうして妹を探しにきたんだ」

そして、彼は自分の馬を解放すると、馬に向かって、

「ここで好きにして、しばらくの間、俺を待っていろ。もし、俺がなかなか戻ってこなかったら、家に走って帰れ。そして、あの三人には注意をおこたるな。もしかしたら、お前を殺そうとするかもしれないから」と言いおいた。

彼は鎖の長さだけ下まで降りていった。しかし、鎖は百サージェンほど足りなかった。彼は考えに考えた末に、このように決めた。

「戻るのは意味のないことだ。一度始めた以上は、最後までやる」それで、彼は下に飛び下りた。彼は体から落ちて、肋骨が全部折れた。また、半身は地面に埋ってしまった。

そこは広々としていたが、誰も来なかった。それで、彼は九年もの間、そこに横たわっていた。とうとう、一匹の鼠が這ってきて、彼の服の中に巣を作った。それを見た彼は、「私はどうやら半分しか生きていない。もし、本当に生きているのなら、鼠が私に巣を作るだろうか」と考えた。それで、彼は鼠を叩いて、半身を押しつぶしてしまった。すると、鼠は這って出ていくと、何か薬草を見つけて食べ、元通り元気になった。

アルトゥンも、同じ薬草を見つけるまで、地面を三日三晩這っていった。そして薬草を食べると、もと通りに元気になった。そこで開けた場所に着くまで歩いた。さらにしばらく行くと、大きな牧場があり、一羽の年老いたワシが立ち上がれずもがいていた。

「どうしてこんなに苦しんでいるんだい」とアルトゥンはワシに尋ねた。

「私は体中が痛みにおおわれて、動けないのです。九つの泉から、生命の水を取ってきてくださいとワシ

は言った。

アルトゥンは水を持ってきてやった。ワシは水を飲むや、たちまち空に舞い上がり、「助けが必要な時は、いつでも私を呼んでください。すぐに駆けつけます」と言った。

アルトゥンは牧場を後にして、また、しばらく行くと、平らな頂上の山にたどり着いた。彼は山に登った。そこには、木が茂るように密集して人が立っていた。近くに行ってみると、人肉と動物の肉を煮込んでいる百個の釜があちこちにあった。彼はしなびた老人に化けて、ある釜のところに行き、かたわらに立っていた人に尋ねてみた。

「この百個もある釜の肉は誰が食べるのですか」

「百の頭のマンガタイ[15]［Mangathai：悪魔］が食べるのさ」と彼は答えた。

そこから遠くないところにマンガタイのユルタがあった。マンガタイは七十の天幕の後ろで寝ており、右側には七つの天幕があり、その後ろにマンガタイの四人の妻がいた。

アルトゥンがそのユルタに行ってみると、妻のうちの一人が「ご老人、あなたはどこから来たのですか」と尋ねた。

「私はクシャプマヤン・ヤマ（Xapmayan Yama）の牛飼いだが、馬と牛が何頭か逃げ出したので、それを探し歩いているのです」

「ここでは見かけたことがありません」と女は答えた。しかしその時、女は老人の目をのぞき込んで、考えた。「たとえこの人は歳を取っていても、きっと私の兄に違いない」それで、アルトゥンが立ち去ると、急いでその後を追い、「私はあなたの妹です。しかし、私の心配はご無用です。私はここで幸せに暮らしています。マンガタイと争わないでください。マンガタイはたいへん恐ろしい魔法使いです」と言った。

「私はハーン・ブルルダイ・ボクドの息子だ。必ず勝ってみせる。私がマンガタイと戦って、お前を救い出す」と、アルトゥンは答えた。妹は彼を止めることができなかったので、言った。

「では、お兄さんに秘密をお教えします。マンガタイは門の右側に生命水を隠し持っています。また左側には毒水があります。その毒水はお兄さんが匂いを嗅いだだけでも死んでしまいます」

「私は魔術も使える。生命水は毒水に、毒水は生命水に変えられる。たとえ、毒水を飲んだとしても生命水を飲んだことに、また生命水を飲んでも、毒水を飲んだようにすることができる」と兄は答えた。

ユルタの横の柱には銘記が刻まれていた。

「私と戦おうとする者は、何人たりとも向こうの山の上に上って、私が来るのを待て」

アルトゥンは生命水を飲んで山へ行った。二頭の羊が前に現れた。彼はそれを捕まえると首をひねって皮を剝がし、木に刺して焼いた。彼は数多くの動物の骨や人骨を目にして恐ろしくなった。しかし、彼は心の中で唱えた。

「私は生命水を飲んだ。そして、マンガタイには毒水を飲ませてやる。そうすれば、私は奴を征服できる」と言ってから、彼は横になって寝た。

しばらくすると、マンガタイが馬に乗ってやってきた。マンガタイは斧一丁と七十個の楔と九十プードの重さのハンマーを手に持っていた。

「お前はどこの将軍だ。人の土地で勝手に寝て、人の羊を焼いて食うとは。一発で殴り殺してやる」と叫んだ。

彼は斧でアルトゥンに切りつけた。しかし、斧は(アルトゥンの体に)何の影響も及ぼさなかった。今度はアルトゥンの右のわき腹を叩き切ろうとして、少し傷痕ができた。マンガタイは楔をそこに打ち込んだ。しかし、楔は跳ね返り、空に飛びあがり、海の方に漂っていった。マンガタイはハンマーで殴りかかったが、ハンマーはまん中で折れて海に飛んでいった。マンガタイにはもう武器はなかった。

「いったいお前はどこのどいつで、俺の土地にいるんだ」と怒って怒鳴った。

アルトゥンは起き上がると体をゆすって、「ああ、よく寝たな。ノミにかまれたぞ」と言ってわき腹を掻いた。

それから、マンガタイを見て、たちまち二人は取っ組み合いを始めた。三日間、摑まれるのを防ぎ、それから三十日間戦ったが、勝負はつかなかった。

ついにマンガタイは「のどが渇いたから、ユルタに帰って精の出る水を飲もう」と言った。二人は山を下っていった。アルトゥンは生命水を飲み、マンガタイは毒水を飲んだ。アルトゥンが魔術で水を取り替えたからだ。

二人は山へ戻り、再び三十日間戦った。マンガタイは次第に弱っていった。

もう一度、二人は休んだ。アルトゥンは生命水を飲んで、マンガタイはまた毒水を飲んだ。三度目の三十日は、アルトゥンがマンガタイを山頂のあちこちの木に叩きつけたので、山頂のすべての木の幹は血まみれになった。その後、アルトゥンは怒りの一撃でマンガタイをやっつけて、マンガタイの頭を引き裂いた。

アルトゥンは石臼を作って、それでマンガタイの胴体と頭を粉々にした。そして、その石臼で挽いた屍骸を火で燃やして、灰を空中に撒いた。すると、風がそれを大洋まで運んでいった。それから、アルトゥンは山を下って人びとを集め、お前たちの主人はもう死んだから、自由だ、と言った。

「しかし、この床下七サージェンのところにある金の覆いの下にあいつの息子がいます」とアルトゥンの妹が言った。

アルトゥンは床を持ち上げ、金の覆いを持ち上げて、マンガタイの息子をつまみあげた。

アルトゥンは火を熾して、マンガタイの息子をその火の中に放り投げた。しかし、火で息子を燃やすことはできなかった。

「もし、この子が十日生き延びることになったら、一万の人を殺すでしょう。もし、二十日生き延びたら、十万の人がかかっても、この子には勝てないでしょう。早くその子を殺しなさい」とアルトゥンの妹であるアグイ・ナ・グン[16]（Agui na Gum）は言った。

アルトゥンは大きな炉を作って、その中にマンガタイの息子を入れた。それをすっかり焼き尽くすのに九日九晩かかった。それから、アルトゥンは灰をその子の母親、この母親もマンガタイだった、のところへ持っていき、「お前は七十頭の馬の尻尾にかかって死ぬのがいいか、七十本の木の枝先にかかって死ぬのがいいか」と聞いた。

「私は馬の尻尾から縄を作れる、木の枝先から森を造れる」と彼女は言った。

アルトゥンは七十頭の馬をかき集めてきて、彼女を馬の尻尾に縛りつけた。馬は恐れて、四方八方に走っていき、彼女の体はこなごなに千切れた。アルトゥンはその破片を集めて、女をもう一度生き返らせた。それから、アルトゥンは彼女を七十本の木の枝先で突き刺し、彼女は死んだ。

アルトゥンはマンガタイの家をぶち壊して、気に入ったものを全部とった。アルトゥンは家畜を先頭に引き連れて、四人の女とともに鎖がある穴までやってきた。アルトゥンはすべてのものを鎖で引き上げてから、その次に四人の女に行くように言った。

「お兄さんが先に行って下さい。もしかしたら、上に敵がいるかもしれませんから」とアルトゥンの妹は言った。

「俺にはマンガタイ以外に敵はいない。しかし、あいつは既に死んだ」とアルトゥンは答えた。

全員上がって、それからアルトゥンが続いた。ところが、アルトゥンが上までたどり着くところで、鎖が切断されて、アルトゥンは底に落ちて、彼の体は顎まで地面の中に埋まってしまった。

アルトゥンはワシのことを思い出した。彼が呼ぶと、ワシがやってきた。

「これはこれは大変なことになりましたね。けれども、私が生命水を手に入れてきます」とワシは言った。

アルトゥンは生命水を飲むと、地面の中から出ることができた。彼は以前のように丈夫になった。

「以前、私は一度お前を助けた、それで今度はお前が助けてくれた。だが、もう一度、この地下王国から私を救えないだろうか」とアルトゥンは言った。

「私があなたを背中に乗せて飛んでみせます。しかし、まずは私に精の出る肉を手に入れてきてください」とワシは答えた。

草原に行って、アルトゥンは一頭のヤギを見つけて、それを殺してワシにやった。ワシはそれを食べると、アルトゥンを背中に乗せて、上に飛んでいった。しかし、上までわずか数サージェンというところで力尽きて、落ちてきた。

アルトゥンは自分の腿から肉を切って、鳥に与えた。しかし、その肉を食べたとたん、ワシは穴の底に落ちてしまった。

「私は病気で、もう死にます」とワシは言った。

アルトゥンは生命水を急いで手に入れてくると、鳥を生き返らせた。

「あなたの肉をどうして私に与えてくれたのですか。最後の力を振り絞って今度こそ、望み通り、あなたをここから脱出させましょう。望みどおりこの場所から出ていけるでしょう」とワシは言った。

若者はとても悲しくなった。彼は両手を背中で組んで、「私はここに助けにきたのであって、害を与えるために来たのではない。しかし、どうしてこんな目に遭うのだろうか」と言って、立ち去った。どんどん歩いていくと、彼は藁葺きの小さな小屋を見つけた。その中で老人と老婆が銀貨を数えて、口げんかをしていた。

「俺はたくさん持っている」と一人が言うと、またもう一人が、「私の方がたくさん持っている」と言い合った。二人はアルトゥンに気づくと、呼び寄せた。

「こっちに来て、このお金を公平にわけてくれ。そしたら、おまえの願いごとをかなえてあげよう」

アルトゥンはお金をきっちり公平にわけてやった。すると、老人はアルトゥンにお礼に何でも願いごとを聞いてやろうと言った。

「私は家に帰りたいのです。私の家はこの上の国にあります」とアルトゥンは言った。

「それなら、私の言うことを聞きなさい。私の言う通りにすれば、帰れる。ドゥドゥキ〔一種の甘蔗〕を手に入れて、それを一度嚙めば、穴のところまで行く。それを二度嚙めば、スカンクになるので、登れるところまで登りなさい。それを三度嚙めば、カササギになって空高く飛ぶことができるだろう。四度嚙めば、大ガラスになって、上に到達することができるだろう」

アルトゥンはそのとおりにした。それで、地上に着くと元通りの人の姿になって、ドゥドゥキをポケットに入れて、旅を続けた。しばらくすると、アルトゥンは自分の馬が地面に倒れているのを見つけた。馬の後部四分の一は、狼にひどく嚙み切られていた。

三人の若者がその駿馬を殺そうとしたので、馬は走って逃げたのだ。若者たちは馬に乗って追いかけてきたが、捕まえられなかった。それで、彼らは九匹の狼を天神から手に入れて、その九匹の狼が馬を嚙み殺そうとし、とびかかり、嚙みついた。馬は逃げ、（主人と別れたところに）戻って主人を待ち、もし会えなければ、その穴のかたわらで死ぬつもりだった。

アルトゥンは赤山の頂上に行って、生命水を手に入れてくると、その駿馬の上にかけてやり、馬を生き返らせた。すると、馬は以前のように強くなった。アルトゥンは馬に乗って、西の方に向かった。黒馬に乗ったジュドゥのユルタを目指した。その近くまで来ると、彼は馬を火打石《ひうちいし》に化けさせてポケットに入れ、自分はハエになって天井の煙突穴の先にとまった。

アルトゥンはジュドゥの妹が質問するのを聞いた。

「どうしてお兄さんはあのよい人を穴のなかに落としたのですか」

すると、若者は「そんなに悲しいのなら、どうしてお前はあいつを追って穴に落ちなかったんだ」と言って、妹を叱った。アルトゥンは飛び去ってもとの姿になると、馬を火打石からもとの姿に戻して、馬に乗ってそのユルタにのりこんだ。

兄と妹はアルトゥンを見て恐れ、一人はこっちに走り、一人はあっちに走って逃げた。

「なぜ、そんなに怖がるんだ。誰が地上にいて、誰が地下にいることになるのか、勝負しよう」と言って、アルトゥンはポケットからドゥドゥキを取り出すと、ジュドゥに無理やり噛ませた。それを噛むや、ジュドゥは狐になり、森林の中に消えていった。

アルトゥンは、ジュドゥのユルタの物と人を自分のものにして、ジュドゥの妹を自分の家に送った。

アルトゥンは、今度は灰色の馬に乗っていた者の家に向かった。そして駿馬は火打石に、自分はハエになって煙突の穴の先にとまって耳を澄ました。

しばらくすると、若者の妹が「どうしてあんなよい人にあんなにひどいことをして置きざりにしてきたのですか。マンガタイから私を救ってくれた人なのに」と尋ねるのが聞こえた。

「そんなにかわいそうに思うなら、その穴にお前も降りていって、あいつと一緒に死んでしまえ」と兄は答えた。

アルトゥンは再び人の姿になって、そのユルタに入っていった。

「地下国で、俺はお前にやるものを見つけた」と言った。二人はアルトゥンを見てたいへん驚いたが、兄は何かもらえると聞いて喜んだ。アルトゥンはドゥドゥキを美味そうに見せて、それを噛んでみろといった。彼はそれを噛むと、スカンクになって森林の中に消えていった。アルトゥンはすべてのものを取って、その妹は自分のユルタに送った。

アルトゥンは三番目の人の家に向かって、ハエになって様子を伺っていると、「どうしてお兄さんは鎖を切って、あのよい人を殺したのですか」と妹が聞いた。

「そんなにあいつが好きなら、あいつのところへ戻れよ」と兄は答えた。

すると、アルトゥンがその家に入っていったので、兄は驚き、妹は喜んだ。

アルトゥンは兄にドゥドゥキの小枝を噛めと言った。すると、兄は好奇心からそれを噛み、たちまちカササギになって、飛び去った。アルトゥンはその人の所有物をすべて自分のものにして、妹も連れて、故郷のユルタに帰ってきた。アルトゥンはそこに自分の妹とほかの若者の妹たちがいるのを目にした。

父親と母親はあまりにも歳をとってしまったので、まわりの家も物もみなうらぶれていた。両親もアルトゥンだとはわからなかった。しかし、妹はアルトゥンが兄であることがわかっていたので、皆、再会をたいへん喜んだ。

彼は三人の若者の三人の妹と結婚した。人びとが集まり、九日九晩、宴会を開いた。

このモンゴルの話の梗概は、前述した朝鮮の説話と実によく似ていることに、読者諸氏もすでに気づいていることと思う。モンゴルでは、地下国の賊をマンガタイと言うが、これは我々が言うところの大盗賊の弥勒豚、アグィ鬼などと言葉こそ違え、その言葉の意味は類似している。モンゴル神話によると、太古時代、または「この世の前の世」に、たくさんの残虐なマンガタイがいて、この世の人びとを非常に苦しめていたという。マンガタイという言葉の正確な意味はなにか知らなくても、それが大盗賊、悪魔、悪賊などの意味を持っていることは明らかである。

しかもモンゴルの話を通して、マンガタイが強暴で、巨大なものであることもわかる。朝鮮の大盗賊、弥勒豚、アグィ鬼が表すのもそういったタイプの悪人であり、朝鮮とモンゴルという二つの場所の話が、その点で一致しているのである。

地下国の大盗賊が、人の世の女性を奪ったので、それを取り戻すために英雄あるいは武士が地上のどこかの穴から地下国にもぐって悪魔を退治して女性を救出し、さらにその女性と結婚して幸せに暮らすというのが、この説話の梗概である。そして、この梗概に関しては、両民族の説話が完全に一致していると見るしかない。

もう一度、二つの話の顕著で特殊な類似点を挙げてみると、

一、英雄［または武士］が途中で三人の武士に出会い、一緒に大盗賊の家に向かう（大邱、モンゴル）
二、大盗賊の国は地下にあり、その国には非常に小さな穴を通らなければ出入りできない
三、穴は岩［または白い貝殻］で覆われている
四、英雄［または武士］は、その穴を通って降りる際、鎖（あるいは縄で吊るした籠）にのる
五、先にもぐった何人かは、危険に遭遇したら紐を揺らすと約束し、途中で怖くなって紐を揺らす。（大邱、春川、モンゴル）
六、助けてやったカササギとワシが、のちに武士［または、英雄］を助ける（大邱、モンゴル）
七、救出した女性たちを先に地上に上げると、上にいた仲間が裏切って英雄［または武士］を殺そうとする（春川、モンゴル）

などの七つの点は、朝鮮の三つの説話それぞれがモンゴルの説話と持つ類似点であるが、そのほかにもモンゴル説

話の中に見られる朝鮮の民族説話との類似点は次の通りである。

一、針の穴ほどの穴があった（大邱、モンゴル）

二、大盗賊の息子が、「もしあと数日でも長く生きれば、数万人の命を奪うことができたのに」などと言うこと（咸興の「구녁쇠説話[17]」のなかには、クノクシヨェという英雄が悪魔を殺して、悪魔の妻を突き刺すと、その腹の中から悪魔の赤ん坊が飛び出して「あと三日生き延びたら、父親の仇を取れたのに」というエピソードがある）

三、ドゥドゥキという名の一種の精力剤があったこと（モンゴルのドゥドゥキは一種の甘蔗で、朝鮮説話の童蔘と同様の精力剤である。人蔘とよく似て韓国で珍重される「ドドク（桔梗）」は地下茎を持つ植物であるが、「ドゥドゥキ」と「ドドク」の発音が似ているのは、あるいは偶然ではないのかもしれない）

このほか、英雄が龍馬［あるいは駿馬］を手に入れる方法や、賊を殺した後で賊の宝物や財産や女子を奪うこと、および三、七、九の数字に関することなど、いずれも比較研究の余地があるが、これらはまた改めて研究する必要があるので、ここでは省略する。

この「地下国大盗賊退治説話」は、朝鮮の話がモンゴルに伝わったのではなく、モンゴルの話が高麗時代の半ば以降に、多くのモンゴル人が朝鮮半島内に移住し、帰化するようになって、朝鮮にもたらされたのかもしれない。こう考える方が、妥当であるようにも思われる。

モンゴルの説話のように、妹の足跡を見つけて、その足跡をたどっていって賊の居場所を見つけたというのは、実際、少し信じがたい。朝鮮の話では、山神が教えてくれた（春川）、あるいはモンゴル説話の中の一部を取り入れて、助けてやったカササギが教えてくれたとする（大邱）。春川の車慶燁氏の「主人公が、王女と同様に悪賊の虜となっていた三人の女性を救う」という話や、大邱の李相和君の「四人の閑良が四人の女性と結婚した」という話のほうが、モンゴル説話のドゥドゥキを食べて、動物になったという話より、民間説話としては面白いので、モンゴルの話が朝鮮に伝わる途中で、そのように変化したのではないかと考えることもできるだろう。

そして、大邱の説話で「悪魔にとらわれた女性が脚の皮膚をただれさせて最後まで操を守った」とするエピソードを、モンゴル説話で妹が兄に「私はここで悪魔と暮らしていて幸せなので、私の心配はしないで」と言って、兄に強い悪魔と戦う危険を避けるよう勧告するエピソードと比較することも、興味深い。モンゴルの女性が、兄のために自分を犠牲にすることを惜しまないのに対して、朝鮮の女性は貞操を絶対視していたことがわかる。そのために「自分の皮膚を切ってただれさせる」という残酷なエピソード説話が創り出されることになったのだろう。そこに、朝鮮女性の貞操観を垣間見ることができる。

李睟光の著『芝峰類説』巻十六雑説にある次の条が連想される。

我が国の人に中国が及ばないものに四あり、婦女が貞操を守ること、賤人が葬儀を執り行うこと、盲人が占いを能くすること、武士が片箭（朝鮮式の小さい矢）の腕が優れていること、である。

4　朝鮮の日と月の伝説

第四篇で、私は朝鮮の日と月の伝説について略述し、あわせてこの伝説が日本に伝わって、今もなお語り継がれていることを述べた(18)。

朝鮮の日と月の伝説はたいへん広く伝わっているので、朝鮮のどの地方でも聞くことができる。このことから、この伝説が古くから朝鮮域内で流伝していたことがわかる。

しかし、東モンゴル地方にも、この説話と完全に一致する説話が伝わっている。

モンゴルの話は日と月の伝説にはなっていないが、二つの説話がまったくよく似ていることから、朝鮮の日と月の伝説と関係があると思われる。

モンゴルの話は、清末に日本の鳥居きみ子が東モンゴルカラチン王府の王女から聞いた話で、その著書『土俗学上より観たる蒙古』に見える。概略を抄訳する。(19)

むかしむかし、あるところに四人の娘をもった一人の婦人が山に住んでおりました。一日用事あって、四人の娘を留守に、母は実家にと出ていきましたが、予定の時も過ぎ、夕べとなりましても、母の帰宅が遅いので、娘たちは待ちわびつつも、例のように寝床《ねどこ》をつらね、灯火を消してそれぞれ寝《ね》に就きました。おりから表の方に母の帰ってきた気配がいたしますので、娘たちは「今頃お母さんはお帰りになりましたか」と問いました。その問う声が耳に入ってか入らないでか、返事もなくて早や寝床に入ってまいりました。まだ幼い末の子はわけて母懐かしく、待ちこがれておりましたおりから故《ゆえ》、嬉々と呼びつつ、母の寝床を指して乳房を手探って入るかと思う間もあらせず、母の寝床の方にあたって、バリバリと物を打ち食う音がいと高らかに響いてまいりますので、姉娘たちはふしぎに思いまして「お母さん、何を召しあがっておられますか」と問うと、「大根を食べております」と答えました。「どこから持ってこられましたか」と言うと、「実家のお祖母さんのところから」と答える暇も惜し気に、打ち食う音が止みませぬ。「私どもにも一切れずつ分けてくださりませぬか」と呼ぶと、枕元に「さあ」とて投げ与えました大根一切れ、闇ながら拾い上げて検《あらた》め見ると、こはそも如何《いか》に、血生々しい末の妹の小指に紛《まが》うかたもありませぬ。探り合いました残り三人の娘もさてはと魂も消ゆる心地がいたしまして、たくみにこの場を逃れ出ようと密《ひそ》かに言い合わせ、闇に紛《まぎ》れて庭の方にと忍ぶ足音を聞きつけて、内の方より「お前たちはどこへ行くか、やがてお前たちも食べるつもりであるから逃がしてなるものか」と言うて、後を追ってくる気配の近くなりますので、遠く逃げ延びる余地もなく、庭にありあう大木によじ登る間もあらせず、追いついた人食い婆婆《ばばあ》は、木の元に立ち寄って、「娘たちは何をしようとて、そんなに高い木に登るのか」と呼びました。「彼処《かしこ》に芝居があるからです」と言うに、人食い婆婆も続けて登ろうとするけれども、できませぬ。「どういう風にして登ったか、私もそこに行きたいから」と申します。かねて三人が語り合わせて革紐《かわひも》のはしを釣り輪になし、上から釣るし下ろして言うには、「この輪の中に首をお入れになったら、私どもは上から引き上げましょう、さあ早く早く」と呼びますと、人食い婆婆は打ち喜んで、言うがままに首を差し入れるやいなや、「母と妹を食った憎き仇よ、今こそ思い知れ」とばかり、三人力を合わせて引き上げては打ち落とし、引き上げては打ち落とすので、いかに人食い婆婆とて、何かはこらえることができましょう、一たまりもなく息が絶えました。

かくて人食い婆婆の死骸は、大木が下に埋められました。さるほどに日ならずしてそこに白菜が一本生いだしてきて……

また、同書には、次のような説話がある。

（抄訳）むかし、あるところに櫛《くし》、すき櫛、刷毛《はけ》、小刷毛という四人の娘が、母親と一緒に暮らしていた。ある年の初めに、母親は餅を作って実家に届けにいった。途中、木陰でちょっと休んでいたら、老婆がやってきて、「餅を一つわけてくれないか」と言った。母親が一つわけてやると、老婆はそれを食べて、またもう一つくれといった。そうして餅を全部食べてしまうと、老婆は「首のあたりに虫がいるよ」と言って、母親の傍にやってきて、虫を捕まえるふりをしながら首に噛み付いて、生血を吸って、母親を殺してしまった。

四人の娘たちは遅くなっても母親が帰ってこないので、戸締りをして、寝もせずに待っていた。外から「門を開けて」という声が聞こえてきたが、母親の声ではないので、娘たちは怖くなって、「お母さんなら、この門の隙間から手を入れて見せて」と言った。その手は母親の手ではなく、まっ黒な鬼婆の手だったので、娘たちは母親に不幸があったことを悟って、門を開けなかった。

鬼婆は、「今晩戸を開けなければ、明日の晩は、また出てこよう」と言って、帰っていった。

四人の娘たちは夜通し寝られなかったが、朝起きると、餅を火鉢の灰の中に埋めて、復讐の計画を考えた。するとその時、卵が一つ転がってきて、娘たちの話を聞くと、「その香りのよい餅を一つ分けてくれれば、微力ながらお手伝いしましょう」と言ったので、一つ分けてやった。しばらくすると、今度は石臼が転がってきて、卵と同じように約束をして、餅を一つ貰った。続いてハサミ、その次は針、最後には豚の頭がやってきて、やはり餅を一つずつ貰って、加勢に加わった。

夜になると、卵は炉の中に、石臼は軒下《のきした》に、ハサミは布団の中に、針は窓際に、豚の頭は台所のかまどの中に隠れた。まもなくすると、鬼婆が子どもたちを食べようと舌なめずりしながらやってきた。戸が開いていたので、ずんずん中に入ると、卵が破裂した。びっくりして布団に手を突くと、ハサミが立っていて、掌を貫かれた。明りをつけようと火打石のある場所を探して窓のところを手探りしていると、針に刺された。かまどの火をとろうとして、手を豚の口に入れてしまったので、手を食い切られた。外に逃げようとしたら、軒の石臼が落ちてきて、鬼婆は潰されて死んでしまった。

モンゴルの二つの話のうち、二番目の話の前半と最初の話を合わせると、朝鮮の「日と月の話」の三人の子どもが天上にのぼる前までの話と完全に同じになる。そして、二番目の話の後半は、日本では「猿蟹合戦」と呼ばれて、たいへん有名なものであるが、元来はある仏典に由来する[20]ようで、チベットにもこのような説話がある。そして、朝鮮にもそれがあるのをみると、朝鮮のこの説話は北方大陸から伝来したと思われる。

朝鮮の「猿蟹合戦」については、後にまた述べることにする。[21]

5　牛の糞で転んだ虎

むかし、一人暮らしのおばあさんがいた。意地悪な虎が毎日やってきては、おばあさんの大根畑を踏み荒らすので、ある日、おばあさんは虎に言った。

「虎さん、今晩、小豆粥を煮るから、食べにおいで。大根畑は踏み荒らさないでおくれ」

おばあさんは家に帰ると、みそ甕のかたわらの火鉢に炭の熾《おき》を埋めて、台所の水瓶には唐辛子の粉を入れて、棚の布巾には針をいっぱい突き刺して、台所の入口の戸の外には牛の糞を厚く敷いて、庭にはむしろを広げて、外の門には背負子を立てておいた。

夜になると、「ああ、寒い」と言いながら虎がやってきた。

「婆さん、部屋が寒いぞ」と言うので、おばあさんは「寒けりゃ、甕置き場（庭の井戸端のチャンドクテ）に行って、火鉢を持ってこい」と言った。虎は甕置き場に行くと、「婆さん、火が消えているぞ」と言った。おばあさんは「それなら、口で吹いて火をおこしな」と言った。虎が炭火を口で吹くと、目に灰が入ったので、「婆さん、目に火の粉が入ったぞ」と言うと、おばあさんは「それなら、台所に行って、水瓶の水で目を洗いな」と言った。目を洗ったら、唐辛子の粉で目がチクチクするので、虎は痛いと声を張り上げた。「それなら、棚にある布巾で拭きな」と言うので、虎が拭くと、針が目玉に刺さって、虎は痛くてワーワー呻《うめ》いた。
虎は、おばあさんにはめられたとわかって、台所の横の戸から逃げ出そうとして、牛の糞で滑ってドシンとひっくり返った。すると、庭にあったむしろが虎をぐるぐる巻きにして、背負子に渡し、背負子はすぐに虎を背負って海に持っていき、海に投げすてた。

（一九二八年一月、慶南馬山府、李殷相君談）

この説話はチベットからモンゴルを通って、朝鮮に伝わったと思われる。

6　興夫《フンブ》の話

朝鮮では「興夫乭夫《フンブノルブ》」の説話はあまりにも有名なので、ここでは省略する。この話は日本に伝わって有名な「舌切り雀」説話になったのも承知の通りである。日本の「舌切り雀」説話は『宇治拾遺物語』の最初にあり、その他の記録にもたくさん見られる。そして、中国の晋の干宝『捜神記』（巻二十）にはこんな話がある。

漢の時のこと、（河南省）弘農の楊宝は九歳の時、（陝西省）華陰県の華山の北を通った。一羽の黄雀が鴟梟《しきょう》（フクロウ）に樹の下に叩き落とされて、螻蛄《おけら》や蟻に苦しめられているのを見た。楊宝は哀れに思い、持ち帰って、帽子箱に入れて、黄花で養った。百余日で羽が生えそろうと、朝には飛び去り、夕方に帰ってくるようになった。ある晩三更に、宝がまだ寝ないで読書していたら、黄色い服の童子が現れ、宝に向かって二度お辞儀をして、「私は西王母の使者で、蓬萊［あるいは南海］に使いした時、うっかり鴟梟に打ち落とされましたが、あなたのお情けで救っていただきました。ご親切に心から感謝します」と言った。そこで白い玉《ぎょく》の環を四枚、宝に与えて「あなたのご子孫はこの環のように清廉で、位は三公（司徒、司空、太尉）を極められるでしょう」と言った。

というものがあるが、これは朝鮮の「興夫乭夫」説話とは相当な距離があるので、これが興夫説話の成立に影響を与えたとは思えない。

ところが、モンゴル説話は朝鮮のものと実に密接な関係があるようで、両者はほぼ一致する。以下は、鳥居きみ子の前掲書からモンゴルの興夫説話(22)を抄訳したものである。

ある娘が窓の下で針仕事をしていたら、腰の折れたツバメが一羽、軒《のき》から落ちてきた。娘はかわいそうに思い、赤、白、青、黒、黄の五色の糸で足を結んでやった。ツバメは喜んで空高く飛び去り、どこからか瓢箪の種を一つくわえてきて、娘の前に置いていった。

娘がそれを庭に蒔いたら、まもなく芽が出て、蔓を伸ばし、瓢箪が一つ実った。瓢箪は次第に大きくなって熟れたので、娘は収穫して、ヘタをとってみると、中には米がいっぱい詰まっていた。娘はこの米でご飯を炊いて食べた。毎日、瓢箪の中から米が出てくるので、娘の家は金持ちになった。

隣の意地悪な娘は、羨ましくてしかたなかった。娘は自分の家の軒下の巣からツバメを取り出し、わざと腰を折って、前の娘のように五色の糸で結んでやると、そのツバメも飛び去ると、やはり瓢箪の種を持ってきたので、その娘は隣りの娘よりもっとたくさんの宝物が手に入るように祈りながらそれを蒔いた。やはり蔓が出て、瓢箪が一つ実ったので、隣の娘よりも、もっと大きくして切ったが、中から大蛇がただ一匹出てきたので、その娘は驚いて息絶えた。

腰の折れたツバメの足を結んでやるというのは、少し理解しがたいが、この説話は明らかに興夫説話のタイプである。

朝鮮の話は後世に小説になって、たいへん複雑になった。日本の話では、スズメが瓢箪の種をくわえて持ってくるが、モンゴルの話は、ツバメが瓢箪の種をくわえてくるところまで朝鮮の話と一致している。これもモンゴルの話が朝鮮に伝わったというよりは、元代にモンゴルに帰化した大勢の高麗女性たちを通して、モンゴルに伝えられたのではないだろうか。

訳注

（1）佐口透訳注『モンゴル帝国史』一（平凡社東洋文庫、二〇頁）は、「ヌクズ」の誤りか、とする。これなら「脳古」に通じる。

（2）原文は草笠童。編み笠をかぶった童子とは、家の後継ぎを確保するために、結婚して婿養子に迎えられた子ども。独身者は髪を垂らした姿から総角（チョンガー）と呼ばれるのに対し、既婚者は髪を結い帽子を被る。大人は絹などの帽子を被るが、若者は麦わらなどの笠をかぶる。韓国説話では神妙な人物として登場する場合が多い。

（3）十八世紀末の一ルーブルはおよそ千円相当、と言われるので、時代はやや下るが、換算すると、百ルーブルは約十万円というところか。

（4）朝鮮期にまだ武科挙に受かっていない貴族武士。

（5）注（2）参照。

（6）童蔘は、野生人参の神話化したもの。ここでは、英雄は、童蔘で作った童蔘水を飲むと強力を得る。

（7）西瓜に変身するモチーフは、古小説『金圓傳』に見える。（崔仁鶴『韓国昔話の研究』一二〇頁）

（8）大監（テガム）は本来、正一品から正二品の間の官職を持つ者、令監（ヨンガム）は従二品から正三品堂上官の間の官職を持つ者であるが、話の中では年寄や主人に対する敬称として用いられる。

（9）ボグドは聖人の意で、王や活仏の敬称として用いられる。

（10）校倉造りのように、井の字型に木枠を積み上げたモンゴルの累木型住居。

(11) 第六篇二「白鳥処女伝説」に引くカーティンの説明では「禿げ頭の祖師」というが、マランには雌鹿、という意味もあるという。
(12) Mergin には、賢い、名射手などの意味がある。
(13) Gazar Xara には、黒い土地の意味がある。
(14) アルトゥンは、「金の」という意味。
(15) Manggus とも書く。mangs は、大蛇。十二の頭を持つ大蛇、すなわち悪魔のこと。
(16) agui は洞窟の意味。
(17) 『朝鮮民譚集』その他六「四巨人」最後の部分には、九尾狐の腹から生まれた血の塊が、「もう三日、命が永らえたら仇を討てたのに」と残念がる。あるいはこの話を指すか。
(18) この項は、雑誌連載時、第七篇まで発表した後に補充として掲載されたので、この一文が入っている。
(19) 本稿では、原著の全文を現代表記に替えて載せる。鳥居きみ子の著書は一九二七年刊だが、この話を聞いたのは一九〇六年である。
(20) 『ジャータカ』三五七「ウズラ本生物語」、『パンチャタントラ』一巻十五話「雀と啄木鳥と蠅と蛙と象」。
(21) すなわち次の「牛の糞で転んだ虎」が、その話である。
(22) 鳥居きみ子は「腰折れ燕」の題で訳している。

第四編　日本に伝わった朝鮮説話

三国時代の末に百済、高句麗の流民が数多く日本に移住、帰化したことは、日本の記録にもよく見られることで珍しくない。しかし最近の日本の歴史学者の多くは、有史以前に、すでに大陸の民族や半島の住民が数多く日本に移住していたと考えている。日本から朝鮮に帰化、移住した者も、もとより少なくはなかったが、その数は前者と比べられるほど多くは無かった。

ある日本の学者は日本民族の人種構成を分類して、先住民、すなわち被征服民族をアイヌ民族と南方民族として、大和民族、すなわち後から来た征服民族を大陸族〔大部分は朝鮮を通って入ってきた〕とした。このような見方が現れたことは、過去の朝鮮文化が日本に対して尋常ならざる影響を与えたことを示している。

日本の「御用学者」が、いわゆる「日鮮民族同源論」と政治的な仮面（政治優先の主張）の下で展開した「朝鮮を政治的、経済的に支配し搾取しようとした運動」にも、けっして根拠がなかったわけではなかった。

しかし、人種や文化に若干共通点があるからといって、両者を同じ民族とみることはできない。民族というのは意識の上での問題であり、過去のわずかな血液関係（血液型の一致）や文化の関係を、今日の問題とひとしく論じてはいけない。

しかし、むかしの朝鮮と日本の間で文化的、人種的な接触が比較的多かったことは否定できない事実であり、説話の中にもその影響は見られる。

1 使臣間の手問答

宣祖朝の柳夢寅の『於于野談』「認庸為異（凡庸を認めて異能と為す）」の条に次のような話がある。

むかし、中原の皇帝の特使が我が国に来た。礼儀の国なので、きっと優れた才人がいるだろうと思った。平壌に着いて、路傍に一人の男がいるのを見かけた。身長は、八、九尺あり、鬚髯《ひげ》が帯に届くほどで、たいへん目立っていた。言葉を交わしたいと思ったが、言葉が通じなかったので、挙手をしてその指で円を作って示した。男も挙手をし、指で四角を作って答えた。特使はまた指を三本曲げて示した。男はすなわち指五本を曲げて答えた。特使はまたその衣を挙げて示した。男は口を指さしてこれに答えた。

特使は漢京（ソウル）に至り、語館伴（通訳所の係か）に言った。

「私は中原であなたの国は礼儀の国だと聞きましたが、確かにその通りだと思いました」

語館（通訳所）の係が「どういうわけでそうおっしゃるのですか」と言うと、特使は答えた。

「私は平壌の路傍で一人の男を見かけました。容貌魁偉でしたので、きっと優れた才を持っていると思い、指を環にして天が丸いことを示したところ、男は指を四角にして応じ、地が方形であると言いました。私が指を三本曲げて三綱《さんこう》（忠孝烈）を言うと、指を五本曲げて五常（仁義礼智信）と答えました。私が衣を挙げて示したのは、古《いにしえ》は衣を下げても天下は治まった、と言ったのです。男が口を指さしたのは、末世は口舌《こうぜつ》で天下を治む、と言ったのです。路傍の賤しい男でさえ、なお、この様ですから、ましてや知識のある士大夫だったら……」

通訳所の人はこれを珍しいこととして、文を平壌に届け、その男を召し、馬を乗り継いで上京させた。厚く褒美をやって、尋ねた。

「皇帝の使いがその指を円にしたら、おまえはなぜ指を四角にしたのか」

「あの人は煎餅《チョンビョン》[1]を食べたかったので、煎餅は丸いですから、指を丸くしました。私は引絶餅《インジョルミ》[2]を食べたかったが、引絶餅は四角いので私は指で四角を示しました」

「皇帝の使いが指を三本曲げたら、どうして五本で答えたのか」

「彼は一日三回食べたいと言ったが、私は五回食べたいので、指を五本折りました」

「皇帝の使いが衣を挙げて示したら、どうして口を指さしたのか」

「彼は着る物に困っている、と衣を指さしたので、私は食べるものに困っている、と口を指さしたのです」

宮廷でこれを聞いていた者はみな大笑いした。皇帝の使いはこれを知らず才人と思い、敬して礼を以て応対したのだ。

ああ、長いひげの男が、皇帝の使いに感心されるとは、容貌だけで人材を見損なうのと同じではないか。かつてわが国を礼儀の国と慕い、男を才人とみなしたのは、万世の笑いものではないか。

むかし、燕の大臣が楚の大臣に手紙を書いた。夜で燭を灯したが、十分に明るくなかったので、燭を掲げている者に向かって「燭を挙げよ」と言ったところ、書記は、（手紙文だと思い）「挙燭」と書いた。楚の大臣はこの文面を見て「燭を挙げるとは、明るさを貴ぶのである。明を貴ぶとは、賢者を挙げて用いることである」と言って賢者を用い、楚は大いに治まった[3]。

天子の使いが凡庸を異才とみなしたことは、楚の大臣が「挙燭」を誤った類《たぐい》ではないだろうか。

民間にもこれと似た話がある。

むかし、中国から使臣がやってくることになれば、朝鮮は非常に困った。中でも中国の使臣と朝鮮の接待使の間で交換される無言の応酬の苦痛は、実に深刻だった。
ある時、中国から使臣がやってくることになったが、接待使として接待できる適当な人物がおらず、八道でその人物を探した。すると煎餅《チョンビョン》が大好物という人が現れて、自分が接待使になると申し出た。その人は元来、煎餅が大好物だったが、家が貧しいので存分に食べられず、「どうしたら思う存分煎餅が食べられるだろうか。一度でも存分に食べられたら、死んでも悔いはない」と思うほどだった。それで、その人が応募した本意は煎餅を思う存分食べたいということだけだった。

国ではその人にさっそく一生の願いである煎餅を望むだけ食べさせてやった。その人が官服を身にまとって義州まで行くと、鴨緑江の向こう側に立っていた中国の使臣は、指で四角い形を作って両手を挙げた。朝鮮の使臣は、それは「煎餅は四角いか」と尋ねていると思い、指で円をつくって高々と掲げた。次に、中国の使臣は三つの指を広げた。朝鮮の使臣は、それは「お前は煎餅を三つ食べられるか」と尋ねていると思ったので、五本指を全部広げて、五つまでは食べられると示した。続いて、対岸の使臣はひげをさすった。こちらにいる使臣は、それは「もう食べられない、口を拭こう」という意味だと思い、「もう満腹だ」という意味で腹を撫でた。すると、中国の使臣は、朝鮮には大変な偉人がいると言って逃げていった。

ある人がその理由を聞くと、中国の使臣はこう答えた。
「私が地理を知っているかと尋ねると、その者は天文まで知っていると答え〔天円地方〕、私が三綱〔忠孝烈〕を知っていると尋ねると、五倫［義親別序信］まで知っていると答えた。最後に、私が炎帝神農氏《えんていしんのう》［炎と髯は音通、古代伝説上の三皇の一人］を知っているかと尋ねると、向こうは太皞伏羲氏《たいこうふっき》［伏と腹が音通、古代伝説上の三皇の一人］も知っていると答えた。あの人は偉人ではないか」

（一九二三年八月、慶尚北道漆谷郡倭館、金永奭君談）

これは笑話の一つに過ぎない。この話は日本に伝わり、若干変形しているが、いまも伝えられている。南方熊楠の『南方随筆』では、南方がある僧から聴いた話を載せている。(4)

紀州西牟婁郡へ京都から来た説教僧より伝聞せるは次のごとし。いわく、本山より末寺へ客僧を遣わし無言で問答して、住持が満足に対応しえずば寺を追わるる定めで、その時節が迫り近づき住持大弱りのところへ出入りの餅屋来たり、住持の身代りに立つべしとて、その法衣を着し威儀を正して鹿爪らしく竢《ま》つと、果たして客僧やってきたり、即座に両手の拇指と拇指、食指と食指とを連ねて圜《えん》状をなし示すと、餅屋さてはこれほど大きな餅一つの価を問うと心得、十文という代りに十指を展《の》べ示すと、客僧叩頭す。次に客僧三指を出すを見て、餅屋十文は高値なれば三文で売れという意味と暁《さと》り、一指を眼下に加えベカコウして見せると、客僧九拝して去った。ある人客僧に、何故かくまでかの（偽《にせ》）住持に敬服したかと問うと、われまず圜状を示して大日如来は如何《いかん》と問いしに、彼十指を展べて十方世界を遍照すと対え、さらに弥陀の三尊はいずこにありやと問いしに、彼その眼に指を加えて眼にありと示したは真に悟り捷《はや》い住持で、吾輩が企て及ぶところでない、と言ったそうだ。

たとえ説話の内容は異なっても、この二つの話が同じ構想から生まれたことは明らかである。また、餅屋が出るのは、それが朝鮮の話から生まれたという痕跡を示しているのではないだろうか。

2　雨蛙の伝説

雨蛙の伝説は、中国の親不孝伝説を改編したものである。しかし中国では、親不孝者は普通の人だったり、あるいは放蕩な人だったりするが、朝鮮ではそれを雨蛙とするのが特徴である。そして、中国説話には、雨が降る時に後悔した親不孝者が亡くなった母親のことを慕って泣くというモチーフはないが、朝鮮の説話ではその点が特徴になっている。ところで、日本に伝わる二種類の「雨蛙伝説」の中の一つは、親不孝者が梟《ふくろう》になり、もう一つは雨蛙になっている。それに加えて、雨が降る時に亡くなった母親を思い出して泣くという内容まで、全く朝鮮の話と一致している。話は、南方熊楠の『南方随筆』に見える。(5)

明治四十一年七月二十三日の『大阪毎日新聞』に、能登の一地方の伝説を載せた。たぶん故角田浩々歌客《つのだこうこうかかく》の筆で、そののち漫遊人国記とかいう物にまとめて出された続き物の中にあったと記憶する。いわく、梟《ふくろう》はもとはなはだ根性曲がった子で、その母川へ往けと命ずれば山へ、山へ往けと言えば川へ行った。母臨終にわが死体を川端へ埋めよと遺言した。これは万事親の言に反対する男ゆえ、かく言いおいたら定めて陸地へ埋めくれ《引用ママ》るだろと思うてであった。しかるに、子は母の死するを見てたちまち平生の不孝を悔《く》い、生来始めて母の詞に随ってその屍《しかばね》を川端へ埋めた（熊楠謂《い》う、このところにさて不孝の咎《とが》でその子ついに梟となったとあったはず）。それより雨降りそうな折ごとに、川水氾濫して母の屍を流し去りはせぬかと心配して梟が鳴くのだ、と。

梟を蛙に置き換えれば、完全に朝鮮の雨蛙伝説である。

括弧内の「熊楠謂《い》う」に続く一節は、南方の意見である。しかし、もともと梟に関する説話であり、梟が再び梟になる必要はない。(6)次の内田邦彦の『南総の俚俗』に記されている内容は、南方の上掲書にも引用されている話である。

雨蛤《あまがえる》なりと思う、常に親の言う事を少しも聴かず、右といえば左にゆき、山といえば川という。母臨終に遺言すらく「我死なば屍を川辺に埋めよ」と、蓋《けだ》し母の思うに「かくいえば必ず山に埋むるならむ」と、ついに死にたり、雨蛤悲しみに堪えず「已れ今迄母に反《そむ》きたり、此度ばかりは命に従わむ」とて母は川辺に埋めたり、されば雨の降らむとする時に「墳墓の流れもやする」とて常に啼《な》く。(7)

とあり、いくつかの地方にもこういった伝説があるという。この日本の説話は朝鮮の雨蛙伝説の特徴を具備しているので、中国の記録から作り出されたのではなく、おそらく朝鮮のものがほぼそのまま伝わったと思われる。梟であれ雨蛙であれ、その伝説を持つ各地方の地理的条件の相違により、それぞれ彼らに親しみのある鳥類蛙類をとったものであろう。

3　虎より怖い干し柿の話

虎が子どもを食おうと、ある夜、村へ下りてきて一つの家の窓の下で耳をそば立てて中を探っていると、ちょうどその時その家の子どもが泣きだした。すると子どもの母は、「そら、虎が来たよ」と脅かしたけれども、子どもは泣き止まなかった。そこで虎は内心、「こいつ俺を怖れないのだな、ふとい奴だ」と思った。

しかるに母がつぎに「ほら干し柿だよ」と言うと子供はぴたりと泣き止んでしまったので虎はこう考えた。「干し柿という奴は俺よりも恐ろしい奴に相違ない」と。

虎は子どもをあきらめ、その家の子牛でも盗み出さんものと牛小舎《うしごや》へ入ったところ、その時ちょうど牛泥棒が来て、そこいらで動いている虎を牛と見違えて乗ってしまった。すると虎は虎で、「これが干し柿という奴に相違ない」と一目散に逃げだした。その音で家の人びとが騒ぎだしたので、牛泥棒は虎の背中を裂けんばかりに鞭打ちつつ逃げた。かれこれ夜が白けてきたのでよく見ると、牛と思ったのは虎だったので、泥棒はあわてて飛び降りた。そして虎もまた「やれ助かった」とばかり振り向きもしないで逃げてしまった。

（一九二五年、開城、馬海松君談）

この説話は日本にもあるが、極めて珍しいと思われる。神話学者の故高木敏雄も、これを貴重な童話とみなして、その著『日本神話伝説の研究』に「虎狼古屋漏」と題して次のように述べている。

ここに掲げるのは、阿蘇山の麓のある寒村で発見された童話である。表題の「虎狼」は「とらおかめ」と訓み、「古屋漏」もこの地方の方言に従って、「ふるやんもり」と訓む。虎と狼の二つでなく、「とらおかめ」と名のつく一種の鬼みたような、夜叉みたような怪物、「古屋漏」は文字通りに、古びた家の雨に漏るのである。

世の中で一番怖い者は何、という問題が、ある夜炉端で始まると、それは「虎狼」だと媼がいう。否「古屋漏」だと翁がいう。二人を取って食おうと思って物蔭に隠れている「虎狼」がこの物語を立聞きして、自分より怖い者が世の中にいるとは大変だとびっくりして、俄《にわ》かに怖気《おじけ》ついて逃出す。その時来合わした馬盗人が、馬だと思い違って、その逃出す「虎狼」の背に飛乗る。翁が盗人を追いかける、盗人は「虎狼」を鞭打つ、「虎狼」

は盗人を「古屋漏」だと思込んで、無暗《むやみ》に駆けながら振落そうとする。とうとう盗人は深い谷底へ振落される。猿が聞きつけて、「古屋漏」という者を見ようと思って来てみると、大きい深い穴がある。この穴だと心得て、得意の長い尾をさし入れる。天の助けと盗人はその尾にしがみつく。驚いたのは猿で、「虎狼」に加勢《かせい》を頼んで、真っ赤な顔になって尾を引張ってみたが放さぬ。盗人の重みで根から切れてしまう。だから今でも猿の面は赤くその尾は短いというのが童話の内容である〔高木敏雄『日本伝説集』にも、同じ話がある〕。

高木が、「虎狼」は鬼のようでもあり、また夜叉のようでもある怪物だというのは、高木自身の見解なのか、あるいはその僻村《へきそん》の人の概念を説明したのかはわからないが、「虎」という言葉がついている以上、元来それは明らかにトラであった。日本には虎豹類が棲息しないので、トラに関する伝説は極めてまれである〔朝鮮の話の虎は、日本では普通、狼である〕。それにもかかわらず、この僻村、朝鮮に近い九州の僻村に、今なお「虎狼」の名で伝わっている。

このことから考えると、この説話の発生地はインドであるが、日本のこの話が吸収したのは、朝鮮で進化した話であった。もとの朝鮮説話の虎のもとに、日本の狼が加わってできたのである。

朝鮮では、「干し柿の話」は開城にのみ伝わるのではなく、私も幼い時に聞いた記憶があるし、李殷相君の話では、馬山にも、結末はもっと複雑であるが、同じ話があると言う。この点から考えると、かつては各地に広く存在したことがわかる。

インドの話には「盗人と食人鬼と猿」が登場するが、虎は出てこない。朝鮮の「干し柿の話」が、インドの話を取り入れた初めは猿も登場したが、虎が食人鬼にとって代わったのだろう。食人鬼が虎になった時期に、朝鮮から日本に伝わり、そのような理由で、日本では盗賊と虎狼と猿が登場するのではなかろうか。

もし日本の話が直接インド説話から出たとすると、「虎狼」の登場は解釈し難い。虎狼を夜叉のようなものと説明したのは、インドの話を熟知していた高木の付会の見解であろう。インドの食人鬼が、日本では虎狼にとってかわっていたからである。

インドのこの説話は有名な『パンチャタントラ』（五巻書）の最終巻である「第五書」に見える。原文はもちろん梵語（サンスクリット）であるが、フランス、ドイツの訳本がある。フランス語訳本には、J・A・デュポアの **Le Pantcha-Tantra** と、エドゥール・ランスローの **Pantcha-tantra, ou Les Cinq Livres** がある。ドイツ語訳としてはリカルド・シュミットの **Das Pancha-Tantram** がある。英語訳は見たことがない。

次に訳出するものは、一八七一年、パリ版ランスローのフランス語訳によるものである。氏は「食人鬼と泥棒と猿」という題名の下に次のように訳している。

ある国にバアドラスナという王がいた。彼にはありとあらゆる美点を具備した娘がいた。名前はラトナバティだった。ある食人鬼（ラクシャサ）がその娘をさらおうとした。

食人鬼はいつも夜にやってきて、彼女にちょっかいをだした。しかし、王女の周りには王女の身を警護する人がいたので、鬼は彼女に手を出せなかった。食人鬼がやってきて近づこうとすると、王女は食人鬼の接近によって体を震わせて熱を出した。

そうしてしばらくしてから、食人鬼がある日その家の一隅に入り込んで、王女の上に乗ろうとした。王女は自分の友人に言った。

「友人よ、黄昏時《たそがれ》になると、いつも食人鬼がやってきて、私を苦しめます。この悪者を退治する方法はありませんか」

食人鬼はそれを聞くと、こう思った。黄昏という他の野郎がいつもやってきて、俺のように王女をさらおうとするようだ。しかし、それはならん。それなら、俺が馬になって、黄昏という野郎が一体どんな野郎か、どんなに力持ちなのか、一度、見てやろうじゃないかと思った。

食人鬼が馬になった後で、馬泥棒が真夜中に王の家に忍び込んできた。すべての馬を品定めして、食人鬼が化けた馬が一番よかったので、口に面繋《おもがい》をかけて手綱《たづな》を取り、その馬にまたがった。

この時、食人鬼はこう思った。そうだ、これがまさに黄昏という野郎だな。俺が悪い奴だと思って殺しにきたんだな。どうしたらいいかと対策を考えていると、馬泥棒が鞭で打った。食人鬼は駆け出した。恐ろしくて震えが止まらなかった。しばらく走ると、泥棒は面繋を引っ張って止まらせようとした。馬だったら止まっただろうが、食人鬼はさらに速度を上げて走った。

面繋をいくら引っ張っても止まらないので、泥棒はこう思った。こんな馬は見たことがない。これは馬に化けた食人鬼だな。軟らかそうなところがあったら、飛び降りよう。それ以外に助かるすべはない。そのように馬泥棒が考えている時、自分の守護神のことを思いだした。

馬の姿に化けた食人鬼はちょうどこの時、イチジクの木の下を通りかかった。泥棒はイチジクの木の枝にぶつかると、その枝をしっかりつかんだ。こうして両者は別れた。離れることができ、互いに「助かった」と限りなく喜んだ。ちょうどその時、イチジクの木の上に一匹の猿がいた。猿は食人鬼の友だちだった。猿は食人鬼が逃げ出すのを見て言った。

「おい、どうしていきなり臆病になって逃げだすんだ。そいつは人だ。お前が捕まえて食べられるものだ。早く捕まえろよ」

猿の話を聞いて、食人鬼はもとの姿になって、その場所に戻ってきた。しかし、恐ろしくて足は震えていた。

猿が食人鬼を呼ぶのをみて、泥棒は激怒して、木の上からぶら下がる猿の尻尾に力いっぱい嚙みついた。猿はこいつは食人鬼よりももっと恐ろしい奴だと思い、何も言えず、ただ苦痛で目をつぶって歯を食いしばっていた。その様子を見た食人鬼は次のシュロウカ(8)を唱えた。

「おお、猿よ、お前の御立派な姿を見よ。
逃げた者は命が助かったが、お前は黄昏に捕まった」

インドのこの原話をみると、日本説話の中で「猿が泥棒に尻尾を切られてしまう」というくだりは、直接インド説話からきたものと思われるが、朝鮮の説話もインドから伝播したに違いないので、朝鮮に伝播した当初には朝鮮の話にも猿が登場したはずである。それゆえ、虎狼と猿が登場する日本の話が、虎狼については朝鮮から伝播したと考えて差し支えはない(9)〔ドイツ語訳前掲書三〇七―九頁によると、王女は「黄昏と一緒に食人鬼がやってくる」と訴える。食人鬼に乗った馬泥棒は「砂地に来たら、跳びおりよう」と考える。食人鬼は、「黄昏とともに食人鬼が来る」と言う王女の言葉を「黄昏という名の恐ろしい奴が自分と一緒にやってくる」と誤解するのである〕。

4　三年、物言わぬ嫁の伝説

厳弼鎭編の『朝鮮童謡集』四三―五〇頁には「一人娘」という題で、次のような（黄海道）殷栗の童謡を載せている。

男の子のいない家の一人娘を、とても大事に育てあげ嫁にやる時に、母親が言い聞かせるには

「嫁のつとめは大変だ、見ても見ないふり、聞いても聞かないふり、黙っていればうまくいく」

その言いつけを聞いた娘は、輿に乗って嫁に行き、盲のようにして三年、聾のようにして三年、唖のようにして三年過ごして、三年たったら、セリの花が満開だった。花は咲いても実がつかない、髪に白いものがまざり、このざまを見た舅は、唖だと思って実家へ戻らせた。実家の近くに帰ってきて、山雉の鳴き声を聞くと、嫁が言うに「ククク―、ああ、わが村の裏山に、雉が飛んでいる」

これを聞いた舅は、嫁がしゃべるのを、とてもとても喜んで、甘霖に水浴したようで、下人に命じた。「輿を早く置いて、その雉を早くとってこい」

下人が捕まえてくると、舅が言うに、「早く早く家に帰ろう」

唖のふりしていた一人娘、しかたなく帰って、捕まえてきた雉の毛を、全部むしり取って、炭火を熾して焼き、皆にわけながら言うに

「翼、翼、畳んであった翼は、お父様が召し上がってください」

「口、口、無駄口をたたいていた口、お母様が召し上がってください」

「この目玉、あの目玉、ぐるぐる回る目玉は、お祖母様が召し上がってください」

「もごもごしている砂肝は、お祖父様が召し上がってください」

「左右にある肝は、お姉様が召し上がってください」

「腸、腸、きんかんは、お兄様が召し上がってください」

「脚、脚、ぶしつけな脚、旦那様が召し上がってください」

「胸、胸、気を揉む胸は、これはこの私が食べましたが、

つらい、つらいよ、嫁のつとめ、つらいよ、

十匹の綿織物、十着のチマ（スカート）、涙がぽろぽろ、みな腐ってしまった。
つらい、つらいよ、嫁のつとめ、つらいよ、
海州（黄海道の郡）の上等な紫の、あつらえて着たチョゴリも、涙を拭いたので、みな濡れてしまった[10]」

これは叙事歌になった伝説である。この伝説は、ただ殷栗にだけあるのではなく、何年か前に慶尚南道東萊郡亀浦在住の私の叔母のところで、私もこのような話を聞いたことがある。はっきりは覚えていないが、だいたいの話は次の通りだった。

すなわち、「母親が嫁ぐ娘に、おしゃべりだと嫁ぎ先で苦労すると教えさとしたので、娘は嫁ぎ先で、三年間、一言もしゃべらなかった。唖だと思われて実家に戻される時、途中で雉の飛ぶ音を聞いて、「バタバタと音を立てるあの羽根はお父様が召し上がってください、コンコンと音をたてつつく嘴はお母様が召し上がってください、ぐるぐると回るあの目玉はお姉様が召し上がってください〔以下不明〕」と歌い出した。これを聞いて同行していた舅は、嫁が唖ではないことがわかり、再び連れて帰ってきた」という。

これを見れば、各地にこのような伝説があり、それにともなう歌〔婦謡〕もあったと思われる。これは、嫁の嫁ぎ先での苦しみや家族制度、生活内容のひどさをあらいざらい暴露した歌である。

ところで、この伝説と似ているものが日本にもある。すなわち『和漢三才図会』巻七十五「河内国交野郡三本杉雉子塚の条」に次のようにある。

摂州の垂水《たるみ》村岩氏の娘が当郡の禁野《きんや》里に嫁いだ。ところが口を利かなかったので、夫は唖だと思い、送り返すことにした。交野《かたの》のあぜ道を通っているときに、雉が鳴いたので、夫がこれを射た。妻が声をあげて歌を詠

むと、その声が駕《かご》の外にまで聞こえた。
「物いはじ　父は長柄《ながら》の橋柱　鳴かずば雉も射られざらまし」
夫はこれを聞いて、唖ではないとわかったので、喜んで一緒に家に帰った。今、三本の杉の木があるところがその場所である。長柄の橋柱の仔細はここでは略す。

また、嫁がしゃべらない理由については、同書の巻七十四「摂津　川辺郡大願寺」の条に見える。

大願寺は長柄《ながら》（淀橋区東三国《みくに》）にあり、狐雲《こうん》山と号す。本尊は無量寿仏である。むかし、初めて長柄橋を作った時、浪が逆流して人力を費やしても完成しなかった。ある人が、「水神のために人柱を入れればできるだろう」と言ったので、垂水村に関を置いて往来する人を待った。垂水に岩氏何某という者がいて、戯れに、「着ている袴《はかま》の襠《まち》に接《つ》ぎを当てている者がいたら、捕えて人柱とすれば良い」と言った。ところが岩氏の著《き》ている袴がそうだったので人柱となって、橋が完成した。のちに岩氏の菩提《ぼだい》のために建てられた寺である。

岩氏の娘は、河州の禁野里に嫁いだが、父の戯れ言を悔いて唖のように口を利かなかった。詳細は河内の下に見える。

この話がいうのは、父がつまらないことを言ったために、不幸にも死を招いた。だから彼の娘は嫁いだ後、一言も口をきかなかった。これも一つの理由といえるだろう。

しかし嫁が一言もしゃべらないので唖とみなされて実家に帰される。送り帰される途中、夫が雉を捕まえるのを見て、「雉は鳴いたから人に殺されることになった」と歌い、あらためて嫁ぎ先に戻ることになる。しゃべらなかった理由は、朝鮮の場合と違うが、ストーリーの部分ではほとんど朝鮮のものと似ており、おそらく朝鮮の話に由来する話だろう。

『春秋左氏伝』昭公二十八年の条には、次のような話がある。

賈大夫は醜かったが、娶《めと》った妻は美しかった。妻は三年の間、しゃべりもしなければ笑いもしなかった。御して皐に如き［孔穎達《くようたつ》の疏：妻のために車を御して、沢に往き、］（賈大夫が）雉を射て獲ると、その妻は初めて笑いしゃべった。そこで賈大夫は言った。「やはり才能が無ければだめなのだ。もし私が雉を射ることができなかったら、おまえはずっとしゃべりも笑いもしなかっただろう」

これは偶然に一致した類話で、朝鮮の説話とは関係がないだろう。

5　朝鮮の日と月の伝説

日と月の伝説は、朝鮮の全道に広く伝わる有名な説話である。地方ごとに多少の差異はあるが、それは別の機会に詳述することにして、ここでは、その梗概だけを略述する。

むかし、ある母親が峠の向こうのある親戚［あるいは実家］の家に米つきに行った。

母親はムク[11]［または、餅］をもらって、夜どおし、家路を急いだ。途中、山道で虎に出くわした。「ムクを一切れくれたら、食わずにおこう」と言うので、一切れやった。しばらくすると、また虎が現れて、同じ要求を繰り返した。こうして何度も繰り返すうち、もらってきたムクは全部なくなってしまった。

今度は、「服を脱いでよこしたら食わずにおこう」と言うので、チマをやり、次にチョゴリ、それからズボンに下着まで全部やって、まる裸になってしまったので、カシワの葉っぱを取って陰部を隠して家に向かった。虎は何度もやってきては、腕と足を要求し、最後には胴体まで要求したので、とうとう母親は死んでしまった。

虎は母親の服を着こむと、母親の家に行った。家では三人の子どもがお腹を空かせて、ひもじく母親の帰りを待っていた。

「帰ってきたよ、戸を開けておくれ」と言うので、子どもたちは戸を開けようとしたが、声が違うので、「手を見せて」と言った。戸の隙間から伸びてきた手を触って、子どもたちは、「母さんの手はどうしてこんなに毛むくじゃらなの」と言った。虎は「土仕事をしたからよ〔または、毛の手袋をはめているからよ〕」と答えた。子どもたちは戸を開けた。

「ムクを切ってくるから、少し待っていなさい」と言って、虎は乳飲み子を連れて台所へ行った。台所からはポリポリと何か食べる音がしたので、子どもたちは、何を食べているのかと尋ねた。虎は豆を食べているのだと答えた。戸の隙間から覗いて見ると、虎が赤ん坊を食い終わって、今は赤ん坊の指を食っている最中だった。部屋にいた二人の子どもはびっくりして、裏口から逃げ出し（または、裏口の外にトイレに行くと嘘をついて）庭の古い木に登った。

虎は子どもたちを探しまわって、しまいに古木の下の井戸の中を覗いて見た。水に子どもたちの影が映っているのを見ると〔または、月光によって〕、それを本物の子どもたちだと思って、「お前らを釣竿で釣り上げようか、ざるですくいあげようか」と言った。すると木の上にいた二番目の子（女の子）がハハハと大笑いした。

虎は子どもたちを見上げて、「お前ら、どうやって上ったんだ」と聞いた。

「裏の家に行って、ごま油をもらってきて、木に塗って上ってきた」と答えた。

虎は、ごま油をもらってきて木に塗ったが、滑って上れなかった。また、虎が「どうやって上ったんだ」と聞くので、「裏の家に行って、エゴマ油をもらってきて塗って上った」と言った。虎は言われたとおりにしたが、やはり上れなかった。

三度目に虎が聞くと、女の子が「斧で段をつけて上ってきたのよ」と言った。虎は、斧で木に足掛かりをつけながら上ってきた。子どもたちは慌てて、祈った。

「神様、神様、私たちをお救いくださるなら、新しい太い綱を垂らしてください。死なすつもりでしたら、腐った綱を垂らしてください」

天から新しい綱が下りてきた。兄と妹はそれをよじ登って、天に上っていった。

虎は自分の罪がわかっていたので、神様をだましてやろうと思い、「神様、神様、私をお助けくださるなら、腐った綱を垂らしてください。殺そうとお思いなら、新しい綱を垂らしてください」と言った。虎の願いどおりに腐った綱が下りてきた。虎は縄につかまって上っていったが、綱が切れて、下に落ちてしまい、高粱の幹が肛門に刺さって死んでしまった。流れ出た血が高粱の幹にかかった。それで、今でも高粱の幹には赤い斑点があるのだ。

神様は兄と妹の二人を呼んで、「ここでは働かずに遊び暮らすことはできない。兄は太陽になり、妹は月になりなさい」と命じた。

しかし数日、働いた後で、妹は兄に言った。

「夜、一人で往来するのは怖くてがまんできないので、交換してください」

兄は承知した。しかし妹は、昼間出かけると、何人もの人に見られて恥ずかしいので、強烈な光で、見る者の目を眩しがらせた。それで、今でも太陽は直《じ》かに見られないのである。

これは私が集めた月と太陽の伝説をまとめて、その梗概を書いたものである。咸鏡道に伝わる話では、末っ子が星になったとあり、三人の子どもの名前はそれぞれ、「ヘスニ（해순이、日順伊）」、「タルスニ（달순이、月順伊）」、「ピョルスニ（별순이、星順伊）」である。

面白いことに、朝鮮の著名なこの伝説が、日本の九州の端に、ほぼ原型そのまま伝わっていて興味深い。高木敏雄の『日本伝説集』には「蕎麦」（第二十二「天然伝説」ナ）と題した次のような話がある。

母親が三人の子に留守をさせて、寺詣に出た後で、山姥が母親に化けてきて、末の子を抱いて寝る。山姥は来る途中で、母親を食って、三人の子を欺すつもりで、芋柄《いもがら》を手に巻いていたので、子どもも真実の母親だ、と思って、戸を開けて、入れてやったのである。

山姥が末の子を食う音を聞いて、次の間に寝ている、頭と中の二人が、何を食っているのかと問う。沢庵を食っている、と山姥が答えて、末の児の指を一本投げてやる。二人の子は其指を見て、山姥だと気がついて、逃出す相談をする。中の子が、小便に行きたい、と云うと、山姥が頭の子に、早く戸を開けてやれ、と云う。そこで、二人は外へ出て、井戸端の桃樹に、鉈で切形をつけて、登っていると、山姥が出てきて、井戸の中の影を見て、桃樹の二人を見つけだして、どうして登ったか、とたずねる。鬢附《ビンツケ》をつけて登った、と頭の児が欺す。

山姥が鬢附を桃樹につけると、つるつる滑って、少しも登れない。中の児が其を見て、鬢附をつけて登れるものか、鉈で切形つけて登るのだ、と云って笑う。山姥はすぐに鉈を持ってきて、切形をつけて、登ってくる。二人の子は困って、空を見上げて、

「天道さん、金《かね》ん綱《つな》」と呼ぶ。ガラガラと音がして、天から鉄の鎖が下がる。それにすがって、二人の児は天に登ってしまう。山姥がその真似をして、同じように呼ぶと、腐った縄が下がる。その縄にすがって、山姥が登ると、縄が切れる。山姥は高いところから、蕎麦畑の中へ落ちる。丁度そこに石があったので、山姥は頭を打割って死ぬ。その頭から出た血に染まって、蕎麦の茎は、今見るように、赤くなったのである。

（肥後国天草佐藤青山君）

これが、朝鮮の話とどれほど似ているかは、いちいち比較するまでもない。むかしから出雲の国は、朝鮮との交通の要地であり、朝鮮と同様の伝説が伝わることも当然であり、死んだ悪婆の血が蕎麦を染め、蕎麦の茎が赤くなったという言い方も、興味深い〔高木敏雄『日本伝説集』第二十二天然伝説ラ「黍」参照(12)〕。

6　虎と兎の話

ある日、虎が兎を捕まえて食おうとした。

「おじさん、ちっぽけな私なんかを食べても、腹の足しにもならないでしょ。思う存分、たくさん食べられるところを教えてさし上げましょう」

虎は兎についていった。兎は川辺に着くと、川の水を指さして、

「おじさん、ここに尻尾を垂らしてください。しばらくすると、たくさんの魚が食いつきます。そしたら、それをとってたっぷり食べましょう」

虎は尻尾を川の中に垂らした。

その時は、ちょうど厳冬だったので、水は凍り始めた。寒いと思ったが、尻尾は次第に重くなる。虎は尻尾に寄ってくる魚がどんどん増えていると思って喜んだ。

「もう少しだけ、そのままでいてください」と兎がしきりに勧《すす》めるので、虎はそこで夜を明かした。虎の尻尾がカチンカチンに凍りついて、とれなくなった時に兎は、言った。

「こいつ、俺さまを捕まえて食おうだと。死んでしまえ」 虎は少しも動けず、とうとう人に捕まった。（私の記憶）

日本にもこれとそっくりの話がある。高木敏雄の『日本伝説集』（「天然伝説」ロ）には「猿の尾」と題して、次の話を記している。

猿の尾は、むかし三十三尋《ひろ》あったのだが、猿が熊に欺されて、冬の日に、雑魚《ざこ》釣りに行って、長い尾を、河の水の中へさしこんで、夜中辛抱しているうちに、水が凍って、猿が冷たいのに我慢ができなくなって、尾を引上げようとすると、根元から切れて、短く成ったのである。

（出雲国松江、清水兵三君）

虎と兎の代わりに、猿と熊になっているだけで、全く同じ説話である。出雲国に朝鮮と似た説話があることは、決して偶然ではあるまい。

7　おろか婿《むこ》の話

むかし、おろか婿がいた。初めて妻の実家に行くことになった。妻は夫が舅の前で恥をかかないかと心配して、陰嚢に紐を結び付けておきますから、私がその紐を一度引っ張ったら、「食事を召し上がってください」と言い、二度引っ張ったら、キセルに煙草をつめて、「煙草はいかがですか」と勧《すす》めてくださいと言った。

そして、妻は舅役になり、新郎は婿役になって、何度も練習をした。

妻の実家に到着した。妻は膳が出ると、台所で機会を伺って握っていた紐を一度引っ張った。婿は義父にお辞儀をしながら「食事を召し上がってください」と言った。食事が済むと、妻は今度は紐を二度引っ張った。「煙草はいかがですか」と言った。振る舞いが立派だと思って舅は感心した。

すると、ちょうどその時、妻は用事ができて、しばらくのあいだ外に行かなくてはならなかったので、握っていた紐を干鱈《ひだら》の頭に結びつけた。すると干鱈《ひだら》の頭を猫が口にくわえて一度引っ張った。婿はもう一度「食事を召し上がってください」と言った。するとまた二度引っ張られたので、「煙草はいかがですか」と言った。紐が引っ張られたままなので、何度もこの二言をせわしなく繰り返した。

「食事を召し上がってください」「煙草はいかがですか」「食事を召し上がってください」「煙草はいかがですか」

このような笑話はどの地方にもあるだろう。こういった種類の笑話は極めて容易に伝播し、変化しやすいので、各人各様でおかしさだけを優先して各地で語り継がれている。

ところで、この説話には、「陰嚢に紐を結びつける」と、「紐を食べものに結わえたために、動物が口にくわえて引っ張る」という特殊なモチーフがあらわれる。この二つのモチーフはあちこちの民族の語りに独自に発生する性質のものではない。

ところが日本にも、まったくこれと類似する説話がある。私が東京に留学した際に、下宿していた家の高橋千代子夫人の話によると、山形県米沢地方に伝わる「南の山のおろか婿」説話は次のようである。

昔、南の山におろかな婿がいた。妻の実家に行く時、妻はこう言い聞かせた。

舅の言うことにはどんなことでも賛同しなければなりません。私が陰嚢に結び付けた紐を引っ張ったら、「はい、おっしゃるとおりです」と言ってください。

妻の実家に行くと、舅が説教をたれ始めた。妻が台所で紐を引っ張るたびに、「はい、おっしゃるとおりです」と言った。ちょうどその時、妻は用事ができて出かけることになり、その紐を鰹節に結びつけた。それを犬が口にくわえて何度も引っ張った。

「はい、おっしゃるとおりです。はい、おっしゃるとおりです」

何度も言ったが、とうとう痛さに耐えきれず、「はい、……陰嚢がちぎれそうです」と言ったという。

これもやはり朝鮮から伝わった説話であろう。

『太平広記』巻二六二、癡婿（おろか婿）の条には、『笑林』の話が引用されている。

おろか婿がいた。岳父が亡くなったので、妻は弔問のしかたを教えた。道の途中に小川があったので、靴下を脱いで渡り、靴下の片方を忘れてしまった。また、林の中で鳩が「ボーグーボーグー」と鳴くのを聞いて、こっそり真似をして口ずさみ、弔問の挨拶はすっかり忘れてしまった。

到着したら、靴下をはいている方の足で立って、はだしの足は縮めて、ただ「ボーグーボーグー」と言うので、お弔いの人が皆笑った。すると「笑うな、笑うな、もし靴下を拾ったら返してくれ」と言った。

朝鮮でもおろか婿が妻の実家の葬式に行って、「オイ、オイ」（実の父母、祖父母以外の人を弔う時の泣きかた）を忘れてしまって、「エゴ、エゴ」（父母、祖父母を弔う時の泣き方）と言ったとか、その他にも、おろか婿、おろかな親戚（嫁の親）、おろかな客などの説話がたくさんある。

8　茄子で泥棒を追いはらった話

屁こき嫁がいた。寝る時に肛門に茄子で栓をした。舅姑やその他の嫁ぎ先の家族に聞かれるのを心配したからだった。

ある晩のこと、その家に泥棒が忍び込み、台所にかけてあった鍋を背負っていこうとした。ちょうどその時、嫁の腹の中にずっと溜まっていた屁が一気に破裂して、茄子が窓にぶつかった。泥棒は主人が起きたと思い、鍋も諦めて逃げていった。

これは、私の記憶で、話はもう少し複雑だったかもしれない。いずれにしても、このような笑話が広く伝わるのは事実である。ところで、日本にもこれと似た説話がある。高橋千代子夫人の話によると、山形県米沢地方には、次のような話がある。

昔、ある屁こき嫁がいた。寝ている間も屁がとまらなかった。

ある晩、泥棒がその家に忍び込んだ。家の中でポンポンと音がするのでじっと聞いていたが、それは人の声ではなく、屁だった。家の人が起きるのではないかと心配した泥棒は、裏の畑に行ってかぼちゃのヘタを蔓ごと取ってきて、それで嫁の肛門に栓をした。

それから、泥棒は盗んだ物をまとめ、背負っていこうとした。ちょうどその時、泥棒の足先にかぼちゃの蔓が引っかかり肛門に栓をしていたヘタがとれて、腹の中に溜まっていた屁が一気に破裂した。ボーンという音に泥棒はびっくりして、背負っていた物も投げ捨てて逃げだした。

茄子で塞ごうが、かぼちゃのヘタで塞ごうが、二つとも同じモチーフである。前者は茄子だったので、それが窓を直撃した、後者は茄子で塞ぐのは少し無理があるとして、かぼちゃのヘタにしたのであって、両者とも屁の音に泥棒が驚いたのは同じである。このようなモチーフは必ずしも両民族の間で独自に発生しないわけでもないが、これもやはり朝鮮のものが日本に伝わったものだと見るほうがより妥当なのではないだろうか。

これ以外にも「興夫説話」が日本に伝わって、「舌切り雀」になり、「こぶをとりに行って、逆につけられて帰ってきた説話」が日本にそのまま伝わって「瘤取爺」になり、「無心出説話」（結婚初夜に無意識に屁をひり、離縁された花嫁の説話）が、日本の大分県の一地方にそのまま残っている例がある。

成俔の『慵斎叢話』巻四（五か）の「愚かな兄と狡猾な弟の笑話」が、やはり日本の九州の一地方に残っていることは、故高木敏雄の『日本神話伝説の研究』（「日韓共通の民間説話」）ですでに考証されているので、ここでは省略することとする。[13] このほかにも、「慶州のエミレ鍾伝説」（鐘の鋳造のために人柱とされた娘が、鐘を撞くたびに「エミレ［お母さん］」と泣くという伝説）が、日本にもよく似た形で残っている。

日本でよく知られた「猿蟹合戦」も朝鮮に同じタイプがあるが、これは『三国史記』に見られる「亀兎説話」と同じく、その起源がインドにあるようなので、やはりここでは省略する。

「鏡を知らない説話」（次の第五篇　仏教由来の民族説話7を参照）も朝鮮と日本で大変よく似ているが、この起源は中国であるようで、中国、朝鮮の資料の引用、考証は高木の前掲書に見える[14]ので、これもまた省略する。

ただ、『太平広記』二六二巻「鏡知らず」の条に、唐の孫光憲の『北夢瑣言』を引くのを見つけたので、ここに補充しておく。

ある人の妻は、鏡を知らなかった。夫が市で買ってきたのを手に取って映してみて、びっくりして義母に知らせて言った。

「旦那さんはまた一人妻を連れて帰りました」

その母も映してみて「実家のお母さんを連れてきたんだよ」と言った。

訳注

（1）米粉、小麦粉、そば粉などを円形に焼いたもの。クレープのように薄く大きく焼いたものや、ホットケーキのように少し厚めに焼いたもの、春巻きのように何かを包むものなど様々。

（2）インジョルミはもち米を蒸してから搗いてマッチ箱ぐらいの大きさに切って、きな粉などをまぶした餅。

（3）『韓非子』外儲説左上

（4）『南方随筆』「眼と吭に仏ありということ」。

（5）「親の言葉に背く子の話」

（6）孫晋泰の読み違い。人が不孝のせいで梟になったという話である。

（7）『南総の俚俗』「雨がえる」（一九一五年）。読みやすいように表記を改めた。

（8）サンスクリット詩の二行連句。

（9）孫晋泰のこの論は、あくまで朝鮮から日本に伝播という結論ありきの論で、無理がある。

（10）金素雲『朝鮮民謡集』岩波文庫に載録されている「啞嫁」では、聾啞盲で九年、となっている。

（11）どんぐりで作ったゼリー状に固めた豆腐のような食べもの。

（12）山姥が死ぬ「蕎麦」の話は九州の天草の話で、あまんじゃくが爺に投げ捨てられる「黍」は山陰の出雲の話（ウリコヒメ）で、別の話である。孫晋泰は、二つの話を混同している。

（13）日本では、「法事の使い」と呼ばれ、広く各地に伝わる。『日本昔話大成』三三三A・B、『日本昔話通観』八七〇参照。

（14）「日韓共通の民間説話」

第五篇　仏典由来の民族説話

1　洪水の話

第二編の第一話で、私は朝鮮の民間で伝承されてきた大洪水伝説の一つの話型を紹介して、それが中国の「女媧伝説」と深い関係があることと、中国南方の少数民族（イ族）の話とも非常に似ていることを述べた。ところが、朝鮮の民間にはまた、そのほかに次のような洪水説話の話型が伝えられている。

昔、あるところに一本の喬木があった。一人の天女がいつも天上からその木陰に涼みにやってきた。天女は木の神の精気に感応して受胎し、一人の美しい息子［木道令《モクトリョン》・木の若様、木神の息子なので、このように呼ばれた］を産んだ。その子が七つか八つになった時、天女は天上に帰っていった。

突然、大雨が降りはじめ、何日も何か月も降り続いた。とうとう、終いにはこの世は海と化してしまった。あの巨大な喬木も強風で倒れてしまった。喬木は倒れる際、木道令に言った、「早く、私の背中に乗りなさい」木道令はその古木にまたがって、流れに身を任せてあてもなく漂流していった。

何日か漂流していくと、後ろから「助けてくれ！」という声が聞こえてきた。振り返ってみると、洪水に流されてきた無数の蟻だった。木道令はその哀れな様子を見て、父親の古木に「どうしたらいいですか」と尋ねた。古木は「助けてやれ」と答えた。

「この木に乗りなよ」と言うと、たちまち無数の蟻が古木の小枝の付け根や葉の上によじ登った。

また、しばらくすると、さっきと同じようにもの悲しく哀願する声が聞こえてきた。それは蚊の一群が「助けてくれ！」と叫ぶ声だった。木道令は、また古木に尋ねた。古木は流されながら、「助けてやれ」と答えた。蚊の群れは古木の枝や葉っぱの間に身を寄せた。

蟻の群れと蚊の群れを乗せてあてもなく流されていくと、また、古木に向かって、悲しく叫ぶ声が聞こえた。それは木道令と同じ年頃と思われる男の子だった。

虫たちを助けてやった木道令はもちろん人を助けようと思った。ところが古木は木道令の要求を拒絶し、「助けるな」といった。男の子はまた「助けてくれ！」と叫んだ。木道令が再度頼んだが、古木は承知せず、ただ、急流に流されて、どんどん前方に流されていった。男の子が三度目に「助けて」と叫ぶ声を聞くと、木道令はもうがまんできなかった。それで、父親である古木に哀願して、ようやくその男の子を古木の背に乗せて助けてやった。

すると、古木は木道令に向かって、「お前がそれほどまでに言うから、しかたなく助けてやったが、いつか後悔する日がやってくるぞ」と言った。古木はようやく小さな島に漂着した。

その島というのは、この世の中で最も高い山の一番高い峰だった。大洪水で平地はもちろんのこと、世の中の山という山はみな水中に沈んでしまい、ただ一つ最高峰だけがやっとのことで頭をのぞかしていた。二人の男の子はその島に上陸した。蟻たちや蚊たちは木道令に何度も感謝のお辞儀をして、それぞれ散っていった。

二人の男の子はその島にたった一つあった草葺の家を見つけた。周囲はまっ暗だったが、草葺の家から漏れる灯りに従ってその家に着いた。その家には一人のお婆さんと二人の娘がいた。二人の娘は二人の男の子と同じ年頃で、一人はお婆さんの実の娘で、もう一人はその家の養女だった。

雨がやみ、水が引いたので、山の麓に下りたが、そこにはもはや人の形跡を見つけることはできなかった。人類は大洪水で全滅したからだ。二人の男の子はお婆さんの家で下働きをした。二組の少年、少女はいつの間にか成年になったので、お婆さんは二組の夫婦にして、この世の人種を繁栄させることにした。しかし、実の娘をどっちの若者と結婚させるかが難題だった。二人の若者とも養女［または奴婢］を娶ることは望まなかった。

ある日、救われた若者は、木道令がいない隙を狙って、お婆さんにこう言った。

「木道令は、この世にない能力を持っています。一石の粟を砂場に撒いても、わずかな時間で選り分けて、一粒の砂もまじえず、粟を全部、元の袋に入れることができます。しかし、その能力は、ごく親しい人にしか見せません」

お婆さんはとても不思議だと思い、その能力を試そうと、木道令に「見せてくれ」と頼んだ。しかし、これは木道令が考えたこともないことで、そんな能力は持っていないと断った。お婆さんはもう一人の若者の話を信用して、木道令が自分をバカにしていると非常に憤慨した。それで、もしそれをして見せなければ、娘はやれないと言った。

木道令はしかたなく、一石の粟を砂場に撒いたものの、ただ茫然と眺めるだけだった。

一匹の小さな蟻がやってきて、木道令のかかとを噛んだ。そして、振り向いた木道令に向かって、どうしてそんなに憂鬱そうな顔をしているのかと尋ねた。蟻はその理由を聞くと、「これっぽっちのこと、心配ご無用です。我々の命を救ってくださったご恩に、やっと報いることができます」と言うと、急いでいってしまった。

まもなく数えきれないほどたくさんの蟻を引き連れてきた。蟻たちは粟を一粒ずつ口にくわえて、元の袋に入れた。瞬く間に粟はすっかり袋に収まり、もちろん一粒の砂も混じっていなかった。蟻たちはもう一度挨拶をすると、帰っていった。木道令は粟の俵を見張っていた。

夕暮れ時になると、お婆さんは娘ともう一人の若者を連れて砂場に来た。もちろん二人はしきりに感心したが、若者はびっくりして青くなった。お婆さんは木道令に実の娘をやろうと思ったが、もう一人の若者がそれをとても不服に思ったので、お婆さんは一計を案じて、ある真っ暗な晩に二人の若者を外に出し、二人の娘をそれぞれ東西二つの部屋に入らせた。二人の若者をそれぞれ自分の行きたい部屋に行かせ、運に任せて、それぞれ自分の伴侶を選ばせた。

二人の若者が、どちらの部屋に行こうか迷っていると、その時はちょうど夏だったが、蚊の一群が木道令の耳の傍に飛んできて、ブーンブーンと言いながら「木道令は東の部屋に入る」と言った。それで、木道令は東の部屋に入って、お婆さんの実の娘を手に入れた。

今の世の人びとはみなこの二組の夫婦の子孫である。

（一九二三年九月[1]、釜山鎮、金升泰君談）

この説話も洪水伝説の一つといえるだろう。そして、ここから特に古代の婚姻形式の一斑をうかがうことができる。すなわち、求婚者は妻の実家で相当な期間働いて、初めて妻を得ることができるという「奉仕婚制度」である。しかし、民間説話として、この話が仏教経典の中に見られる次の説話の影響を大いに受けていることは、誰も否定できないであろう。すなわち、康居国（カザフスタン）出身の僧康僧会（？―二八〇）が、三国時代に呉国で翻訳編集した仏典『六度集経』（高麗版大蔵経）巻三に見える次の話である。

昔、菩薩は大富豪で、巨億の財を蓄えていた。常に三尊（仏法僧）を敬い、衆生に慈悲の心を向けた。市《いち》で鱉（ウミガメ）が売られているのを見かけて、心中悲しみ、値段はいくらかと聞いた。売主は菩薩が慈悲の徳が篤く、衆生を広く救いたい気持ちがあり、また無限の財を持っていて、貴賤を問わないことを知っていたので、「百万でひきとれるなら持っていけ、さもなければ、自分がゆでて食べるまでだ」と言った。菩薩は「よろしい」と言って、その値段で鱉を買った。菩薩は鱉を持って帰ると、水で傷口をきれいに洗ってやり、水辺で鱉を放してやった。その泳ぎ去るのを見て、心中、悲喜こもごもで、誓って言った。

「泰山の餓鬼の衆生の類《たぐい》、牢監地獄で苦しみを受けている者が、早くその苦難をまぬがれ、今のおまえのように身の安全を得られるように」と。それから十方に向かって稽首し（深く頭を下げて）、合掌して誓って言った。「衆生が混乱し、その苦しみは無限である。我はまさに天地となり、旱魃《かんばつ》には甘露を降らし、水に溺れる者には筏《いかだ》を提供し、飢渇に苦しむ者には飲食をほどこし、寒さに震える者には衣服で寒さを防がせ、酷暑に苦しむ者には清涼の風を吹かせ、病人には良薬を、盲人には光明を見させ、もしも濁世で苦しむ者あれば、私は成仏得度して衆生の苦しみを受けよう」

十方の諸仏は、彼の誓いに賛嘆して「善きかな、汝の願いは必ずや実現せん」と言った。

その後、ある晩のこと、例の鱉が来て、門をかじった。菩薩は門で音がするのを聞いて、不思議に思い、人を見にいかせた。一匹の鱉だったので、その人はすぐ戻って菩薩に知らせた。菩薩が見にいくと、鱉は人の言葉で「私は重恩を受けて、命を救われましたので、その大恩に報いないわけにはいきません。鱉は水中の生物なので、水の膨張がわかります。じき洪水になり、大災害になります。どうか急いで船を用意しなさい。その時には迎えにきます」と言った。

菩薩は「よろしい」と答え、翌朝、王宮に行って、国王に知らせた。国王は菩薩の声望が高いので、その言葉を信じて、低地に住む国民を皆、高地に移動させた。

その時になると、本当に鱉が来て「洪水が迫っています。急いで船に乗り、私についてくれば大丈夫です」と言った。船で後を追っていくと、蛇が追いかけてきた。菩薩が「助けてやりましょう」と言うと、鱉は「いいでしょう」と言った。今度は狐が流されてきた。

「助けてやりましょう」と言うと、鱉もまた「いいでしょう」と言った。今度は人が流されてきて、自分の頬を叩いて「助けて、どうか助けて」と言った。

「助けてやりましょう」と言うと、鱉は「用心してやめておきなさい。およそ人の心は偽りが多く、ずっと信用できる場合は少ない。信義に背き、利を求めて、凶悪なことを平気でします」と言った。菩薩は「動物は救ったのに、人は放っておくというのは仁ではないでしょう。私にはできません」と言って、乗せた。鱉は、「後悔しますよ」と言った。

とうとう豊かな土地に着いた。鱉は「ご恩に報いましたので、帰ります」と別れを告げた。菩薩は答えて「私が如来の真の解脱《げだつ》を得たら、必ずそなたを得度しよう」と言い、鱉は「いいですね」と言った。鱉が去った後、蛇と狐もそれぞれ去っていった。狐は穴を見つけて住み着いたが、昔の人がその穴に隠しておいた百斤の紫磨名金（純粋の精金）を見つけた。狐は喜んで、「これで恩返しをしよう」と、急いで菩薩のところに戻ると「けだものの私は命を救っていただきました。私は穴で暮らすものですから、穴を探したところ、中に百斤の金がありました。穴はお墓でも人家でもありませんから、奪ったり盗んだりしたものではなく、私の誠の心が見つけたものです。これを聖賢に差し上げたく思います」と言った。菩薩は熟考して、「断っても、貧民の助けにはならない。もらって布施にすれば衆生を救う助けになるだろう。これもいいことだ」と言って受け取った。漂流していた人がこれを見て「半分よこせ」と言った。菩薩は十斤与えた。その人は「おまえが墓荒らしをして奪った金だ。どういう罪になるかわかっているだろうな。半分よこさないなら、訴えてやる」と言った。菩薩は「貧民は困窮しているから、施してやるのだ。おまえが一人占めするのは、不公平じゃないか」と言った。するとその人が訴えたので、菩薩は捕まったが、何も言わず、ひたすら三尊に帰依することを願い、後悔して自分を責めた。

「衆生を救おうと願い、見仏聞法《けんぶつもんぼう》（仏を見て教えを聞くこと）の妨げとなるものから離れたはずだったのに、恨みを買うことになろうとは」

蛇と狐は会って相談した。

「どうしよう」

蛇は「自分が救おう」と言って、良薬をくわえると、獄の戸を開けて中に入った。菩薩を見ると具合が悪そうなので、悲しくなって言った。

「この薬をしまっておきなさい。私が太子を噛みます。毒が強いので、誰にも救えません。あなたがこの薬を持っていけば、すぐに治ります」

菩薩は黙っていた。蛇の言った通り、太子の命は風前の灯火となった。王は命令を出した。

「救ったものは宰相に封じ、王と一緒に国を治めさせよう」

菩薩が上奏して、薬を渡すと太子はすぐ回復した。王は大変喜び、わけを聞いた。菩薩がこれまでのいきさつを話すと、国王は「自分がおろかだった」と反省し、欲張りの、漂流していた人を殺し、国内に大赦を行い、菩薩を宰相にして、手を携えて宮殿に入り、並んで座った。皇帝は菩薩に「聖賢は何の書を説き、何の道を考えるのか。天地の仁を衆生に及ぼすにはどうすればよいのか」と尋ねた。

「仏の経典を説き、仏の道を思うのです」と菩薩は答えた。

この話の菩薩と漂流していた蛇、狐、人、そして忠告を与える鰲との関係から、朝鮮の「木道令」との影響関係がうかがえる。一方、仏典説話の冒頭は、中国の亀を放す話に似ている。それらの話にも、洪水のモチーフはあるものの、朝鮮の話と同じ洪水説話として見るのは難しい。朝鮮では俗に「助けてやれば、動物は恩を返すのに、人は仇で返す」と言われるが、その言葉の出処はこういったところにあるのだろう。朝鮮の「木道令」は、『六度集経』のこの話が僧侶たちの口から民間に伝わり、さらに民間の洪水説話と混ざって、生まれた話ではないだろうか。

2 鰲《おおがめ》主簿（2）の話

朝鮮の民間に広く伝わる「鰲《おおがめ》主簿説話」は、古来、東洋で有名な説話であり、朝鮮の最初の記録は、『三国史記』金庾信伝上に見える。

善徳大王十一年壬寅（六四二）に百済が新羅の大梁州を敗った。春秋公の娘の古陀照娘は夫の品釈に従って死んだ。春秋はこれを恨み、高句麗の兵を頼んで、百済の恨みに報いようとした。王はこれを許した。

……すでに彼の境に入り、……或る人が高麗王に言った「新羅の使者は凡人ではありません。今、来たのは、ほとんどわが国の形勢を見ようというのでしょう。王はこれをよく考えて、後の憂いを失くしてください」王は、無理難題で答えられなくして、辱めようと、「麻木峴（鳥嶺）と竹嶺とは、もともと我が国の領土である。もし我が国に返さないのなら、おまえは帰ることはできない」と言った。春秋は答えて言った「国家の土地は臣が勝手にできるものではありません。臣は、御命令に従うことはできません」

王は怒って春秋を捕えて殺そうとしたができなかった。春秋は青布三百歩を密かに王の寵臣先道解に贈った。道解はごちそうを持ってきて一緒に飲食し、酣になると、戯れて言った。「あなたもかつて亀と兎の話を聞いたことがありますか。

昔、東海の龍王の娘が胸を患った。医者は「兎の肝を手に入れて薬に調合すれば、治るでしょう」と言ったが、海には兎がいないので困っていたら、亀が「私が手に入れてきます」と龍王に言った。亀は上陸して、兎を見つけると、「海中に島があり、きれいな泉や白い石があり、木が茂り、おいしい実がなっています。暑くも寒くも無く、鷹や隼が襲うことも無いので、もし来たら安穏に暮らせます」と言った。兎を背に乗せて、二三里ほど泳いだところで、亀は振り返って兎に「今、龍王の娘が病気を患い、兎の肝を薬にしないとダメなので、わざわざお前を背負ってきたのだ」と言った。兎が言った「私は神の子孫で、五臓を出して洗ってまた納めることができます。過日、やや心臓の調子が悪かったので、肝も心臓も取り出して洗い、岩陰に乾してあります。あなたのうまい話に誘われて、すぐに来たので、肝はまだそのままです。帰って取ってくれれば、あなたは求めているものを手に入れられます。私は肝が無くても生きられるのです。そうした方が、お互いにいいでしょう」亀はそれを信じて戻った。岸に上がるや、兎は草むらに逃げ込んで亀に言った「バカめ。どこに肝が無くて生きられる者があるか」亀はがっかりして帰った。

春秋はその話を聞いて、その意味を悟り、（高句麗）王に手紙を書いた。「二嶺（麻木峴と竹嶺）はもともと大国の領分です。臣は帰国しましたら、我が王にこれを返還するように頼みましょう。私を信じないとおっしゃるなら天罰が下るでしょう」王はそれを聞いて喜んだ。

善徳女王十一年は西暦六四二年なので、今から約一三〇〇余年前には、すでにこの話が高句麗で広まっていたことがわかる。この話は次の仏典に由来するが、仏典からはかなり変化しているので、鼈主簿説話（兎の生肝説話）は随分昔に高句麗に伝来したことが推察される。

仏典の説話というのは、『六度集経』第四に見える次の文である。

はるかむかしに、菩薩は兄弟で交易をして、その稼ぎで親を養っていた。弟に珠を持って異国の王を訪ねさせた。王は弟の顔が美しいので気に入って、娘をめあわせ、真珠千万を求めたので、弟は帰って兄に知らせた。兄は追加して王に届けた。

王は、今度は兄を見たら、容貌が立派で、話も聖典にかなっており、優雅な様子は並《なみ》ではないので、大変気に入った。改めて娘を兄の方に嫁がせた。

ところが、娘は淫乱だったので、兄は心の中で考えた。

「婿の伯（兄）はすなわち父であり、叔（弟）の妻はすなわち息子である。父と子の間での婚姻など、どこにあろうか。この王は人君の尊敬を受けながら、禽獣の行いをしている」と言って、弟を連れて帰った。

娘は台に上って眺めて「私は魅惑されて、兄の肝を食べたい」と言った。

転生を繰り返し、兄は猿に、弟と娘は鼈《おおがめ》になった。鼈の妻は病気で、猿の肝が食べたくなり、やはり鼈になった夫に探しにいかせた。猿が水辺に水を飲みに降りてきたのを見て、鼈が言った。

「あなたはかつて楽を見たことがありますか」

「まだない」と答えると、「私の家には妙楽があります、あなたは見たいですか」と言った。

「見たい」と答えると、鼈は「あなたが私の背中に乗れば、見せてあげましょう」と言った。背中に乗ってついていき、渓流の途中まで来た時、鼈が「私の妻があなたの肝臓を食べたがっているのです。水中にどうして楽があるでしょう」と言った。猿は心中、恥ずかしくなって言った。

「戒律を守ることが、善の常である。難を救うことの大きいことよ」

そこで言った。

「おまえが早く言わないから、肝臓はあそこの木にかけてある」

鰲は信じて引き返した。猿は岸に上がると、「ばか鰲め、腹中の肝を木にかけるはずがないだろう」と言った。

仏典の猿を兎にしたのは、朝鮮では、猿が祖先たちにとって親しみがなかったからである。朝鮮の説話で、東海の龍王を引き合いに出すのも、朝鮮の水の国のイメージを中国式に表現したものではないだろうか。

3　棄老伝説

朝鮮の民間に広く伝わる棄老伝説の概要は、次の通りである。


昔は、人が七十になると〔または老衰すれば〕山の中に棄てられるという風俗があった。

ある家に老人がいた。その息子は背負子で父親を背負い、山に行き、背負子と多少の食料と一緒に老父を棄てて、家に帰ろうとした。すると、一緒についてきた老人の孫が、父親が棄てた背負子をまた家に持って帰ると言った。

「どうして、その背負子をまた家に持って帰るのか」と父親が訊くと、子どもは次のように答えた。

「今度、お父さんがお祖父さんのように歳をとったら、私がこの背負子に背負って棄てにこようと思うからです」

老父を棄ててきた父親は、息子の言葉を聞いて、たいへん衝撃を受け、老父を連れ帰り、孝行を尽くした。

これ以後、棄老の風習はなくなったという。

この棄老伝説については諸説がある。ある人は、これは朝鮮の古代民俗の中に、人は七十になれば、山に棄てるという習俗があったので、こういった古い話が生まれたとか、また昔から「人間七十コレ（고래）葬」という言い方があるが、この「コレ（고래）」は高麗が訛ったもので、このような悪習が高麗時代まであったので、世間ではそれを高麗葬と呼んだと述べる者もいる。

漢文に素養のある人びとは、「人間七十古来葬」は、「人間七十古来稀」の句が訛ったもので、いわゆる高麗葬、すなわち棄老説話はここから生まれたので、朝鮮の古代には、そういった悪習はなかった、と述べる者もいる。

高麗時代までは病死者を遺棄する習俗が存在したことは、記録上にも見られるが、棄老習俗はもちろんなかった。しかし、人種的にも地理的にも朝鮮と非常に近いツングース族やモンゴル族やシベリアの諸民族の間では、古代に棄老の習俗があったと思われる。だから上古、朝鮮の祖先に棄老の習俗が絶対になかったとは断言できない。しかし、朝鮮民族の歴史が始まってからは、そういった習俗がなかったのは疑いようのない事実である。

だから、先に挙げた棄老説話は、人類学で棄老習俗を研究する材料にはなるであろうが、朝鮮の歴史上に棄老習慣があったことを証明する材料にはならない。

それに加えて、この棄老説話が結局、朝鮮固有の説話なのか、またはインドやその他、周辺の他民族の説話に由来する話なのかという疑問も、解決が難しい問題である。日本にも朝鮮の説話に似た棄老伝説があり、朝鮮説話と同様の難題に直面している。

インドの棄老説話はたいへん複雑であるが、だいたいの梗概は、北魏の吉迦夜（西域出身の訳経僧）と曇曜[3]共訳の『雑宝蔵経』〔高麗版大蔵経〕巻一、棄老国縁第四条に見える。

仏が舎衛国[4]にいた。その時、世尊（釈迦）はこのような話をされた、「年長の老人を敬うことには、大きな利がある。聞いたことのないことを聞いて理解することができる。名声が遠くまで伝わり、知恵のある人びとは尊敬される」

修行僧たちが言った。

「如来世尊さま、父母および名望あり学のある老人に感心して仕えています」

仏が言った。

「現在だけでなく、私は過去の長い期間において、ずっと父母および名望、学問のある老人を敬ってきた」

修行僧たちは仏に言った。

「過去に敬ったというのはどのようなことですか」

仏は、次のように話した――

昔々、棄老という名の国があった。その国では、すべて老人は皆、はるか遠くに追いやられ遺棄された。ある大臣は、父が歳をとったので、国法にしたがえば、追いやる列に並ばなければならなくなった。しかし大臣は親孝行で忍び難かったので、地下深く掘って、秘密の部屋を造り、父をその中に住まわせ、随時、孝を尽くし、世話をしていた。

その時、天の神が、手に二匹の蛇を持ち、国王の宮殿に降りてきて、次のように話した。

「もしも蛇の雌雄を判別できたら、おまえの国は安泰である。もし判別できなければ、おまえとおまえの国は七日後に滅びるだろう」

国王はこの言葉を聞いて悩み、すぐに大臣と関係者を招集して相談した。大臣たちはおのおの皆、判別できないと言ってわびた。ただちに国内の人で、判別できる者には、厚く褒美を賜り、官爵を加えることにした。大臣は家に帰ると、父のところに尋ねに行った。父は息子に答えて、「これは簡単に判別できる。細くて柔らかいものの上に蛇を置いて、イライラ動き回るのが雄で、じっと動かないのが雌だ」と言った。そこで父の言葉の通りにしたら、雌雄を見分けることができた。

天の神がまた訊ねた。

「誰が、眠っている者から見て、目覚めている者と言えるのか、誰が、目覚めている者から見て、眠っている者と言えるのか」

国王と群臣たちはまた判別できなかった。また国内の人に募集しても、答えられる者はなかった。大臣は父に、「これはどういうことですか」と尋ねた。

父は「これは、学問をしている人は大勢の凡夫より目覚めていると言えるが、羅漢と比べたら眠っている者、ということだ」と言った。すぐに父の言葉通りに答えた。

天の神がまた訊ねた。

「この白象の重さはどれほどか」

群臣は一緒に相談したが、わかる者はいなかった。国内の人に募集したが、やはりわからなかった。大臣はまた父に訊ねた。

父は「象を船に乗せ、船を大きな池に浮かべ、喫水線のところに印をつけて、次にこの船に重さをはかった石を載せて、喫水線のところまで船が沈んだら、象の重さがわかる」と言ったので、このような知恵を使って回答した。

天の神がまたまた尋ねた。

「ひと掬《すく》いの水が海よりも多い、とはどういうわけか、誰かわかるか」

群臣は議論したが、また答えることはできなかった。またあちこちで答えを求めたが、答えのわかる人はいなかった。

大臣が父に「これはどういうことですか」と聞くと、父が言った。

「これは簡単に説明できる。もし誰かが清浄な信仰で、ひと掬《すく》いの水を仏僧と父母が困窮している病人に施《ほどこ》したら、この功徳は数千万劫（劫は仏教における時間などの宇宙的量の単位）で、受ける福は限りが無い。海水が多いといっても一劫に過ぎないので、この話を敷衍すれば、ひと掬いの水は海より百千万倍も多い」

そこでこの話で天の神に回答した。

天の神はまた、飢えさらばえ、痩せて骨と皮の姿になってきて尋ねた。

「世の中には、私よりもっとひどく飢えさらばえて苦しんでいる者がいるだろうか」と。郡臣は答えを考えたが、やはり答えられなかった。大臣はまた、このような状況について持ち帰り、父に尋ねた。父は答えて言った。

「世の中には、けちで貪欲で嫉妬深く、仏法僧の三宝を信じず、父母や師や目上の人に孝養を尽くすことができない人がいる。将来世では、餓鬼道に落ち、百千万年にわたって食べ物の名を聞くことができず、身体は山のように大きく、腹部は大きな谷のようで喉は針のように細く、髪の毛は錐のようで、ずっと足元まで身体にまとわりつく。動くときには四肢の関節がまるで火に焼かれるように痛む。このような人の苦しみは、今の飢餓の苦しみの百千万倍である」

この話を例にして、天の神に答えた。

天の神は今度は、手枷、足枷、首枷をつけられ、体中から火を噴き、前身が焼け焦げている人の姿になって、尋ねた………

天の神は今度は女になった、端正で美しい絶世の美女だった。……

天の神は、四面が等しい檀香木のどちらが先（梢）かと尋ねた。君臣には答えられる者がいなかったので、また父に尋ねると「簡単にわかる。水に入れれば、根のほうが沈むので、先のほうは浮かぶ」

この言葉で、天の神に答えた。

天の神はまた、大きさも色も全く変わらない二頭のメスの白馬について、「母馬と子馬をどうやって見分けるか」と聞いた。君臣には誰も答えられる者が無かった。大臣はまた父に訊いた。

父は、「まぐさをやってみれば、母馬は必ず仔馬に食べさせる」と言った。

このようにすべての質問に答えたので、天の神は喜んで、国王にたくさんの財宝を送り、「そなたの国を私は守り、諸々の外敵に侵略させないようにしよう」と言った。

王は聞いて、たいへん喜び、大臣に尋ねた。

「自分でわかったのか、誰かがそちに教えたのか。おまえのすばらしい知恵のお陰で、国土は安泰、珍宝まで手に入れ、国の擁護まで約束された。これはおまえの力のお陰だ」

大臣は国王に答えて言った。

「私の知恵ではございません。どうか陛下に直言することをお許しください」

王が言った。

「もし万死に値する罪があろうとかまわぬ。ましてや小罪など」

大臣は王に答えて言った。

「国には制度があり、老人を養うことを許さない、という命令です。私には老父がいて、遺棄するに忍びないので、王法に背いて地下の密室に隠しています。私の答えはすべて父の知恵で、私の力ではありません。どうか国内で老人を養うことをお許しいただきたくお願いします」

王は感嘆して喜び、大臣の父親の世話をして、師として尊敬した。国の全ての人の命を救い、このような利益をもたらすことを、よくわかっていなかった、と言って、すぐに命令を出して、天下に広く知らしめた。

「棄老に従わず、孝養を尽くせ。もし父母に不孝で、師長を敬わなければ、大罪とする」と。

その時の父は、私で、その時の大臣は舎利弗《しゃりぶつ》で、その時の王は阿闍世《あじゃせ》で、その時の天の神は阿難陀《あなんだ》である。

『雑宝蔵経』巻二「波羅奈国有一長者子共天神感王行孝縁[5]（波羅奈国、一長者の子有り、天神と共に王を感嘆させ、孝行をする縁）」の条にも、ある長者の息子が国法を犯して、老父を穴の中に隠して孝行したという説話がある。

部分を見れば両者はたいへん異なるようにも思われるが、両国の話はいずれも古代に棄老の習俗があったことを述べている。この点で両者は通じている。

インドの話の老人の知恵のうち、馬の母子の識別方法、象の重さを測る方法、ひと掬《すく》いの水の布施が河や海よりも大きいという教えは、朝鮮の民間でいまだに伝承され語られている。この点から考えると、仏典のこれらの説話は、僧侶の口から民間に伝えられたことは確かで、朝鮮の棄老説話が、インドの棄老説話の影響をまったく受けていないとは考えがたい。

朝鮮の民間では、象の重さを測る方法は、インドのある国の王子が考えたものだとし、馬の母と子を識別したのは、中国の皇帝に召された朝鮮のある占い師だという。それぞれは独立した説話になっているが、これらの説話のもとはこの仏典にある可能性が高い。私は、太さの等しい、まっすぐな材木の梢と根元を判別するのに、水に浮かべてみるという話も、何度か聞いた覚えがある。

しかしながら、こういった棄老伝説の最古の文献がインドにあるとはいうものの、朝鮮棄老伝説の直接の源泉は中国の記録であろう。

次に引くのは、中国の『孝子伝』に見える話である［中国には『孝子伝』が多いが、私は次に引用する『孝子伝』は見たことがないので、日本の『万葉集古義』（十六巻之上）（一八四〇）から孫引きすることとする］。

原穀は、どこの国の人かわからないが、その祖父が年老いた時、穀の父母は老父の世話を厭《いと》い、棄てようとした。その時、穀は十五歳で、泣いて諫《いさ》めたが、父母は従わず、輿を作って担いで棄てにいった。そこで穀はついていって、輿を収めて持ち帰ろうとした。父が「お前はこの縁起の悪いものを何に使うつもりか」と訊《き》くと、穀は、「将来、父上が年老いたら改めて作ることができないので、これを保存しておくのです」と答えた。父は悟って、愧じ懼れ、祖父を輿に乗せて連れ帰り、世話をして、改めて純粋至誠の孝行を尽くした。

同様に、この文を引用する日本の一条禅閣の「賦役令抄」には、次のような書き出しの文がある。

孝行な孫の原谷あるいは穀は、楚の人である。父は親不孝の極みで、その親を厭い……

また、日本の淳和天皇（八二三―八三三）の時に編まれた『令義解』(6)には、中国の古書『先賢伝』を引用し、次のように述べる。

幽州は、北狄（中国の北方遊牧民族）に近く、その民は老人を賤しみ、若者を貴ぶ。州の人に原孝才という者がいたが、その父が年老いたのを憎み、原野に棄てようと思い、輿で出かけた。孝才の息子は穀という名で歳は十歳だった。父を諫めたが止めることができなかったので、穀は涙ながらに言った。

「穀は父上がご自分の父上を捨てるのを悲しむのではありません。ただ父上が年老いた時に、私が父上を捨てるのが悲しいので、それで哭いているのです」

孝才は感動して悟り、そこで（その父を）輿に乗せて帰り、ついに孝子となった。

この中国の二つの記録を吟味してみると、老父を棄てようとした原穀の父親を、それぞれ楚の人、または北狄に近い幽州の人として、このような悪習は、本来、南蛮人や北狄人の習俗であったと暗示している。このような中国人の心理について、私はこのように考える。この棄老説話は、もともと中国固有のものではなく、北方、または南方の異民族から伝わったもので、だから中国人がその伝説を語る場合、いつも最初に、これは北狄に近い幽州の話だとか、南蛮に近い楚の話だと言っている。しかし、中国のこの棄老伝説が仏典に由来するのか、または周囲の未開民族から伝わったのかは、知りようがない。いずれにしろ、原穀説話が朝鮮の棄老伝説に影響を与えたことだけは明らかである。

また、中国の棄老伝説は、ただ「ある親不孝者が老父を棄てようとした」と述べるだけで、朝鮮の伝説のように棄老を過去の習俗として「むかしは人が七十になれば、山中に棄てた」と語ることはない。だから、棄老を過去の一般的習俗とする朝鮮の伝承は、朝鮮固有のものであるか、さもなければ仏典に由来する話だと考えることができるだろう。

4　夫婦が餅を争う

むかし、あるところに年寄り夫婦がいた。

ある日、近所の家から祭りのご馳走をもらった。ご馳走は一緒に食べたが、餅はソンピョン(7)が一つしかなかった。二人とも、自分が食べると言って、けんかになった。最後に二人は、「先にしゃべったら負けで、餅は食べられないことにしよう」と決めた。

二人は餅を目の前に置いて、互いにじっと相手の口を見つめていた。

ちょうど夜だったので、その時、泥棒が忍び込んできて、家の中を漁《あさ》りはじめた。しかし、二人は餅を奪われまいと座ったまま、声も立てなかった。泥棒は二人の様子を見て、目は開いているが見えず、耳も聞こえず、しゃべることもできないのだと思った。泥棒は盗んだものを縛って背中に背負って立ち上がった。それを見ても、爺さんは見て見ぬふりをしていた。婆さんはあきれて、気が気でなく、ついに叫び出した

「ボケナス、このざまを見ても、じっとしているのか」

爺さんはすかさずソンピョンをつまんで口の中に入れると、

「婆さん、この餅は俺のものだ」と言った。

この笑話は日本の民間にも広く語られており（「無言比べ」）、朝鮮の民間でも昔話をする人は誰もが語るものである。この話の元は次の仏典にある。南北朝時代の南朝の斉（四七九―五〇二）のインド僧、求那毗地（グラヴルッディ）

訳『百喩経』（高麗版大蔵経）巻四「夫婦食餅共為要喩（夫婦、餅を食うに共に要ると為す喩）」の条に、次のような話がある。

昔、ある夫婦がいた。餅が三つあったので、二人はそれぞれ一つ食べて、一つ余った。二人で約束して、しゃべった人には餅をやらないことにした。そう決めてから、この一つの餅のために、どちらも口を利かなかった。しばらくしたら賊が盗みに入ってきて、その一切の財産は奪われた。夫婦二人は、先の約束のために、見ても何も言わなかった。賊は二人が一言もしゃべらないのを見て、夫の前で妻を襲った。それを見ても夫はなお黙っていた。妻は大声で「泥棒」と叫び、夫に「なんて馬鹿なの。一切れの餅のために、泥棒を見ても黙っているの」と言った。夫は手を叩いて笑って言った。

「馬鹿め。この餅は私のものだ。おまえには分けてやらないぞ」

世間の人は、これを聞いて笑わない者はいないだろう。およそ凡夫というのはこのような者で、つまらない利益のために、無理に黙っていて、黙っていたために虚仮《こけ》にされて、さんざんな苦しみを受けることになる。悪人の侮《あなど》りを受けて、仏法を失い、三途に堕しても恐れず、正道を求める道に向かおうとしないのは、まさにひたすら五欲に溺れて、遊びにふけり、大変な苦難に遭っても災いとも思わない。すなわち餅のために財産を失ったこの夫同様で、何の違いもない。

5　善人が金を拾った話

『青邱野談』巻二「貧僧、明府に逢い、牛商いを懲らしめる」の条に、次の説話がある。

山の僧は履を編むのを仕事にしていた。麻を買うために二両持って清州市に行った。途中で袋を見つけた。袋の中には二十両あった。僧は市に行く人がなくしたのだと思い、背負って市に行った。僧は麻の代金二両も袋に入れて、知り合いの飲食店に預けて、市の中を周ってみた。金をなくした者を探して、渡してやろうと思ったのだ。

ちょうど、牛商いがその仲間に話していた。

「自分は四十両の元手で牛を二頭買うつもりだった。一頭は先に某市で買った。もう一頭はこの市で買おうと思っていた。今朝、ある宿を未明に出発し、残りの二十金の金は、牛の背につけておいた。今、市の門に着いて初めて失くしたことに気づいた。どこに落としたかわからない。市から帰る人は止まらないし、拾った人が誰なのかもわからない。誰に尋ねたらいいだろう」と悩んで顔をしかめていた。

僧は金の持ち主がわかったので、追いかけていって、銭の額を訊いた。二十両だと言った。「どこにしまっていたのか」と聞くと、縄の網袋だと言う。僧はそこで、その人を伴っていき、預けておいた店で網袋を出して牛商いに渡した。そこから二両をとり出して、これは自分が麻を買う代金だと言って、もとの二十両だけ返した。

牛商いは二十の数をしっかり数えた後、急に言葉の調子を変えて「この銅銭二両も自分のものだ。私はただ牛の値段を二十両と言って、布の値段二両は言うのを忘れていた」と言い張った。僧は言った。

「これは拙僧の麻の代金です。私にもし金をとるつもりがあれば、どうして二十両をとらないことがありましょうか。あなたは、先ほど二十両を失くしたとはっきり言いました。それなのに今拙僧の麻の代金二両を見て、急に言い直して布の代金を付け加えて、言い忘れたと言ったのです。どうして、そんなことを言うのですか。拙僧にもともと悪意はありません。道にあったものを拾って、（あなたが）探さなかった場所で返してあげたのです。あなたは悪い考えを起こして理屈に合わないことを言うのです。たまたま拙僧が麻の代金を一緒に入れておいたのを、自分が布を買うためだと言い張るのです。この横暴な態度は皆が見ているところで、恥ずかしくないのですか」

牛商いは「最初に二十両と言ったのは、牛の値段が重大だったからで、大きな数を挙げてあなたの言葉に合わせたのです。布の値段は少しだったのですっかり忘れていました。金額を見て初めて思い出したのです。たとえ天下に賊がいるとしても牛の値段を活仏（立派な僧）に求めたうえで、さらに少しのものを奪って自分のものにするようなことをするでしょうか。私は、あわてていて忘れたのであって、失くしたものなのです」

みなは聞いて、僧と牛商いのどちらの言うことも成り立ち、可否がわからなかった。そこで役所に行った。役人は洪候養黙(8)だった。両方が対決して、それぞれ意見を述べた。役人は聞き終わると、まず牛商いに言った。

「お前が失ったのは、確かに二十二両だが、僧が見つけたのは二十両だけだ。すなわちお前が失くした二十二両は必ず、ほかの人に拾われたのだ。僧の拾ったものはお前のものではない。お前の金を拾った者を広く探し求めて、その数が二十二かどうかしっかり確かめてからそれを取るようにすればよい」

次に山の僧に言った。

「お前が拾ったものは明らかに二十両だけだ。男が失くしたのは二十二両だというからお前が拾った二十両は必ずや別の人が失くしたものだ。あの牛商いが失くした物はお前には関係ないから、お前はまた広く本当の持ち主を探し、二十両だけかよく調べてそれから渡しなさい」

そういって退廷した。判決の後、二人とも市に出た。牛商いは頭を垂れて無言で、意気消沈していた。僧は大声で言った。

「官の決定通りに、拾った二十両は渡さなくて好い。しかし山の僧の見るところ、銭の持ち主は現れそうもない。釈迦の弟子たるもの、どうして人の不当の物を取ることができようか」

そこで牛商いに「今後は心を改め、山の僧が世間に疎《うと》いのにつけ込んで、悪事を働くのはやめよ」と言った。

市の人はだれ一人山の僧の潔さをほめない者はなかった。この僧あり、この役人あり。


この名判官説話が仏典に由来していることは、以下に引く後秦の罽賓《けいひん》（インドのカシミールまたはガンダーラ）の僧、仏陀耶舎と竺仏念共訳の『四分律』（高麗版大蔵経）巻十八、八二章の次の説話からわかる。


その時、仏は舎衛国（シュラーヴァスティ）の祇樹孤独園（祇園精舎）を給わった。その時、外道弟子居士が拘薩羅国（コーサラ国）から歩いてきた。道端で休息した時、千両の金を入れた袋を忘れていった。その時、たくさんの比丘（修行僧）もまたこの道を通り、その後、道端でやはり休息した。この金の袋が地面に置いてあるのを見つけて、「しばらく持っていって、もし持ち主がわかったら返そう」と独り言を言って持っていった。その時、かの居士は金の袋を忘れて、数里ほど前を歩いていたが、思い出して、大急ぎで戻ってきた。比丘たちは遠くから見て、お互いにしゃべって「この人はすごい勢いでくるから、きっと金の持ち主だろう」と言った。比丘たちはそこで「何を求めてきたのですか」と訊ねた。

居士は「勝手に行け、どうして私が何をしにきたか聞く必要があるのか」と言った。

比丘たちは「あなたが（あっちに）向かおうとしているのを見たからです、何も困ることはないでしょう」と言った。

「私はあそこで休息して、千両の金の袋を忘れたので、今、取りにいくところだ」

比丘はすぐに金の袋を出して見せて

「これがあなたのものではありませんか」と言った。

居士は答えて言った。

「そうだ、私の袋だ。でもこの中身はどうして少ないのだろう」

比丘たちは言った。「我々が見つけたのは本当にこれだけです」

居士はそこで役人のところに行った。この時、波斯匿王[9]は自ら座についていた。事を判断するのに臣を遣わし、比丘たちを召喚した。比丘たちが行くと、訊ねて言った。

「大徳の皆さん、これはどういうことですか。あの人の言うとおりですか」

比丘たちは王に申しあげた。

「我々が得たものはちょうどこれだけです。それ以上はありません」

その時、居士が言った。

「私が持っていたものは、すなわち幾ら幾らだ」

王はそこで人に命じて、その人が言った重さの金を蔵から持ってこさせて、その袋に入れさせた。言葉どおりの重さの金は、袋に入れようとしたが、袋に入りきらなかった。王は居士に言った。

「これはおまえのものではない、おまえはあらためて自分で探しにいきなさい」

その罪を処罰してさらに財物に税をかけ、この金もすべて官に没収した。

　これと類似した説話が仏典の彌沙塞部《みさそくぶ》『五分律』巻十にもある。大略だけを述べると、ある外道居士は五百金を入れた銭袋をなくしたのに、千金をなくしたといった。正直な比丘と外道は役所に行った。その時の判官は仏法に反対する人で、理にかなわない判決を下し、比丘を死刑にしようとした。この時、楼上からそれを見ていた波斯匿王が、おかしいと思い、臣下に命じて、外道の五百金が入っていた袋にさらに五百金を入れさせたが、入りきらなかったので、外道は自分の五百金までも没収された、という話である。

イギリスや日本にも昔からこういった説話は伝承されてきた。そのことは置いても、こういった類《たぐい》の「善人が金を拾う話」が、だいたいは仏典に由来することは推測できる。朝鮮の説話では、外道居士の代わりに牛商い、金の代わりに銭二十両、波斯匿王の代わりに名判官洪養黙になっているのは、この説話を朝鮮風の味わいに作り変えたに過ぎない。

朝鮮の山僧が官府の判決があったにも関わらず、最終的には拾った金を失くした主に返還したという結末は、外国のこの種の説話では見つけにくい美談である。これは朝鮮人が法律よりも徳義を重んじており、不義、不当な財を成さなかったという潔白な民族性の一端を表したものである。

これ以外にも諸種の名判官説話が朝鮮の記録にはあるが、それをここで列挙する必要はないであろう。

6　鹿と兎とヒキガエルの歳自慢

むかし、鹿と兎と蟾蜍（ヒキガエル）が一緒に暮らしていた。ある日のこと、宴会を開くことになり、ご馳走を食べることになったが、誰が最初にそのご馳走に手をつけるかが問題となった。

鹿は、「俺は、天地が開闢して、空に星をはめ込む時、その仕上げをしたから、俺が一番の年長者だ」と言った。

兎は、「空に星を埋め込む時に使ったはしごは、俺が植えた木で作ったのだから、俺が年長者だ」と言った。

ヒキガエルは両者の話を聞くと、しくしくと泣きはじめた。

どうして泣いているのかと尋ねると、ヒキガエルはこのように答えた。

「俺には子どもが三匹いた。子どもたちはそれぞれ木を一本ずつ植えて、一番上の子は、その木で、空に星をはめ込む時に使う槌の柄を作り、二番目は、自分が植えた木で、銀河を掘るのに使う鋤を作り、三番目は、自分が植えた木で日と月を空にはめこむ時に使う槌の柄を作った。しかし不幸にも三匹の息子はみな、その仕事の疲れで死んでしまった。今、君たちの話を聞いて、死んだ息子たちのことを思い出して、泣いているのだ」

こうして、ヒキガエルが最年長者であると決まったので、ヒキガエルがご馳走を一番に食べることになったという。

（一九二三年八月、咸興郡西湖津内湖、都相禄君母堂の話）

この説話は次の仏典説話から生まれたものだろう。

後秦の北インド僧、仏若多羅訳『十誦律』［高麗版大蔵経］巻三十四に次のような話がある。

むかし、雪山のふもとに三匹の禽獣が一緒に住んでいた。一はエビススズメ、二は猿、三は象である。この三匹の禽獣は互いに馬鹿にして、敬うことが無かった。

この三匹の禽獣は、共にこう思っていた、「自分たちはどうして共に敬えないのか。もしも先に生まれた者がいるならば、その者こそ、供養され尊重されるべきで、また我々を教化すべきだ」と。

そこで、スズメと猿が象に尋ねて言った。「おまえが昔のことを懐かしむとき、大きなヒハツの木[10]はあったか」

象が言った、「私が幼くてここを通った時、この木は私の腹の下の高さだった」

象とスズメは猿に言った。「おまえは、昔のどんなことを思い出すんだい」

猿は答えて言った、「私は小さかった時、地面に座って、この木のてっぺんを摑んで地面に押さえつけたよ」

象は猿に言った。「おまえは私より年上だ。私はまさにおまえを敬うべきだ。おまえは俺に説法をすべきだ」

猿がスズメに訊いた。「おまえは昔のどんなことを覚えているか」

するとスズメが、「あそこにある大きなヒハツの木は、私がその実を齧り、あそこに糞をしたのだ。それでこの木が生えて、こんなに大きくなったのだ。これが私の覚えていることだ」

猿はスズメに言った、「おまえは私より歳上だ。私はおまえに孝養を尽くすべきで、おまえは私に説法をすべきだ」

7　鏡知らずの話

高木敏雄はその著書である『日本神話伝説の研究』の中で、高橋亨の『朝鮮の俚諺附物語』にある朝鮮の「鏡知らず」の話を引用し、日本の「松山鏡」の話と比較して、両者が同一起源だと述べている(11)。

中国のそれは、『北夢瑣言』(孫光憲(?―九六八)の編んだ逸話集)などにも見られ、やはり朝鮮と日本のものと大同小異である。ところで、朝鮮の「鏡知らずの話」の最も完全な記録は、顯宗の時の洪万州の笑話集『蓂葉志諧』(一六七八)に見られる。

この中の「夫婦が鏡で諍《いさか》いをする」話は次の通りである。


山里の女が、都には望月のように丸い青銅鏡というものがあると聞いて、常々、見てみたいと思っていたが、方法が無かった。夫が都に行く時、ちょうど満月だった。妻は鏡という名を忘れたので、夫に「都であの月のようなものを売っていたら、必ず買ってきて、私に見せてください」と言った。

夫が都に着いた時、すでに月は半月になっていたので、半月を見て、似たものを市で探した。ただ櫛が似ていたので、これが妻が欲しがっていたものだと思い、木の櫛を買って帰った。月がまた満月になった時、夫は櫛を妻に与えて「都で月に似ていたのはこれだけだったので、倍の値で買ってきた」と言ったが、妻は頼んだものと違うので、月を指さして怒って言った。「これが月に似ていますか」夫は「都の月には、似ていた。田舎の月が似ていないのはおかしいな」と言った。そこで改めて買うことにした。ちょうど満月に都に着き、鏡のような明月を見たので鏡を買ったが、顔を映すものだとは、知らなかった。

家に帰って、鏡を出して、妻に見せた。妻が映してみると、夫の隣に女が座っていた。これまで自分の顔を見たことが無かったので、自分の姿が夫の横に映っているとも知らず、それは夫が買ってきた女だと思い、怒って妬《ねた》んだ。夫はびっくりして「私も覗いてみよう」と覗いたら妻の横に男が座っている。夫もまたこれまで自分の顔を見たことが無かったので、それが自分の姿だとも知らず、妻が好い夫を得たと思い、怒って騒いだ。夫は鏡を持って役所に行き、夫婦は互いに相手を訴えた。妻は「夫が新妻をもらった」と言い、夫は「妻が別の男を入れた」と言った。役人が「その鏡を出せ」と言うので、鏡を出して、机の上に置いた。役人もこれまで鏡を見たことが無く、自分の顔を知らなかった。威儀を正した官服の自分と同じ者が座っているのを見て、新官が着任したと思い、慌てて小姓に「交代の役人がもう来た。急いで御用納めだ」と言って、役所を閉じた。

この種の「鏡知らず」の話の出典は仏典であろうが、無名氏訳の『雑譬喩経』〔高麗版大蔵経〕巻下には、次のような話がある。

むかし、長者がいて息子に新婦を娶り、夫婦はたいへん仲良くしていた。夫が妻に厨房に行って葡萄酒を取ってきて一緒に飲もうと言った。妻が行って甕を開けたら自分の姿が写るのを見た。甕の中にもう一人女がいる、と言ってひどく怒って、夫に「あなたは妻がありながら甕に隠して、また私を迎えるとは、どういうことですか」と詰《なじ》った。夫は自分で台所に行って見てみようと、甕を開けて、自分の姿を見た。逆に妻が男を隠していると詰った。二人はますます怒り、お互いに、自分が正しい、と言い張った。

あるバラモンがこの長者の息子と親しく付き合っていた。夫婦が争っているのを見て、そのわけを尋ねて、また甕を見にいった。また自分の姿を見て、長者とは親しくしているのに、甕の中にも（バラモンを）隠しているとは、とたいへん恨んで責めて怒って、すぐに出ていってしまった。また長者が信じている一人の比丘尼がその争いの様子を聞きにきた。すぐに甕のところに行ったが、甕に比丘尼がいるのを見て、また怒って帰ってしまった。

まもなくして一人の道士がやってきた。甕を覗いて、影が映っているだけと知って、「世の人の愚かなことは、空を実とするのだ」と嘆いて言った。妻を呼んで一緒に甕を見て、道士が言った。「あなたのために甕の中の人を出してあげよう」

大きな石を取って甕を打ち壊し、酒はなくなり、すべてなくなった。二人はそれが影だったとわかり、それぞれ慙愧《ざんき》に堪えなかった。

酒甕を鏡にすれば、これは完全に「鏡知らず」の話である。

仏典には、『百喩経』巻二にもう一つの「鏡知らず」の話がある。

むかし、ある人が負債が重なって返しようもなくなり、しかたなく大晦日の夜中に逃げだした。ある荒野に着いたら、貴重な宝物が入った箱を見つけた。箱の蓋は鏡でできていた。逃げてきた人は大喜びで、その箱を持とうとしたとき、鏡に映った顔に気づいて、びっくりして言った。

「たいへん失礼しました。あなたがこちらにいらっしゃるとは知らず、これは持ち主のない箱だと思いました」

このほか、明の馮夢龍（一五七四―一六四六）の『笑府』下巻、「誤諺」には、次のような話がある。


商売で遠くに出かけていく夫に、妻が、「帰ってくるときに象牙の櫛を必ず買ってきてください」と頼んだ。夫がその形を聞くと、妻は三日月を指差した。夫は商売を終えて帰る時になり、妻の言葉を思い出した。月はちょうど満月だったので、鏡を一つ買って帰った。妻は鏡をのぞいて怒って言った。

「櫛を買わないで、なんで妾なんか買ってきたのですか」

母が聞いて、なだめにやってきたが、鏡をのぞくと「息子はどういうつもりで、お金を出しておばあさんを買ってきたのだろう」と言った。

とうとう訴え出て、捕り手が捕まえにやってきたが、鏡を見ると慌てて「どうして捕り手がいるんだろう。期限を間違えたか」と言った。審議に及び、鏡を机の上に置いた。役人は鏡を見て大変怒って「夫婦げんかにどうして村の役人にまで弁護を頼むのか」と言った。

8　西山大師の話

西山大師（釈休静）は、朝鮮の民族説話では、完全に性欲を超越解脱した聖者だったといわれている。崇高で厳格だった大師のことなので、これは少しも不思議ではないが、このような話がある。

西山大師はある日、長安で泊まるところが見つからず、ある妓院に泊まった。妓女は一晩中、大師を誘惑しようと百般の嬌媚を振りまいたが、大師は少しも動じなかった。妓女は一つの部屋に布団を二組敷いて、大師の横に寝た。夜、妓女は寝返りを打って、わざと半裸になって大師を誘惑しようとしたが、無駄だった。夜中になると、全裸になり、手を大師の胸に置き、足は大師の腰の上に置いたが、大師は深い寝息を立てて寝ているだけだった。明け方になると、妓女は手で大師の秘部を撫でさすったが、大師はやはり微動だにしなかったという。

これは、孔子と釈迦と老子にまつわる説話だという人もいる。すなわち、長安のある美妓の家に老子が行った時は、すぐに誘惑され、釈迦はその妓女に説教したが、孔子は前記した西山大師のように全く動じなかったという。暗に孔子の道が、他の二人よりも優れていることを述べている。これは、一種の時代思潮を反映しているのだが、こういった説話が仏典に由来しているのは、容易にわかるであろう。

仏典には元来この種の説教が多いが、とりわけ似ている一例を挙げる。『四分律』巻十一には、次のような話がある。

この時、仏（釈迦）は舎衛国（シュラーヴァスティ）の祇給孤独園（祇園精舎）にいた。この時、尊者阿那律（仏の十大弟子、盲目だが、天眼第一と呼ばれる）は、舎衛国から拘薩羅国（コーサラ国）に向かう途中で、比丘（修行僧）が泊まるところが無かったので、村で「誰か泊めてくれませんか」と訊ねた。

一人の美女の家があり、いつも客を泊めていて、廟の入口の建物に住んでいる、と聞いた。そこで阿那律は、その女の家に行って「娘さん、一晩泊めてほしいのですが、いいですか」と言った。女は「どうぞ。門の下は広いので自由に泊まってください」と答えた。

阿那律は門の下に入って藁の褥に坐具を出して座禅を組んで、一心に思いにふけった。（長者もやってきて宿を求めたので、一緒に泊まることになったが、長者には供が多かったので）美女は憂いの念を抱き、この阿那律は高貴な出で、楽に慣れて苦しみに耐えられないだろうと思い、……そこで阿那律のところに行って言った「尊者は、私の家の中に入ってお泊まりになりませんか」尊者阿那律はすぐに「はい」と返事して、中に入った。そして座った場所で座禅を組んで、一心に思いにふけった……

この時、美女は室内に明りをともし、夜になっても絶やさなかった。かの美女は、宵の口に、阿那律のところに来て、言った「尊者を拝見しますと、とても端正なお姿で、私の夫になれるのではないでしょうか」……この時、阿那律尊者はこの言葉を聞いたが、黙って答えず、見もしなかった……夜が更けてまだ明けぬ頃、阿那律が出発しようかと思っていると、美女は「私の夫になりませんか」とまた言った。阿那律はまた黙って答えず、見ようともしなかった……

この時、その美女は服を脱ぎ、前に来て阿那律を捕まえようとしたが、その時、阿那律は、神通力で身を空中に躍らせた。美女はこれを見て恥じて、裸のままうずくまり、急いで衣を取って着て、合掌して空中を仰ぎ見て、阿那律に「懺悔します、懺悔します」と三回言った……。

朝鮮の民族説話では高貴な大師を崇敬するあまり、阿那律の話を西山大師の逸話の中に入れたものであろう。ちょうど朝鮮の民族説話が賢明な君主の美談や逸話を、すべて粛宗大王（一六六一—一七二〇）の話であるかのように語り継いでいるのと同じである。

訳注

（1）『朝鮮民譚集』二一四―二一八頁 では、内容はほぼ同じだが、十一月になっている。
（2）鼈は鼇に同じ。大スッポンあるいは大ウミガメ。主簿は古代の官名。文書係、秘書官のような役。
（3）北魏の文成帝のとき仏教が復興すると（四五二）、奏請して雲崗石窟を開削した。
（4）シュラーヴァスティ。コーサラ国の首都。釈迦が阿弥陀経などを説いた祇園精舎はここにあった。
（5）ヴァーラーナシー。釈迦が初めて説教を行なった鹿野苑がある。
（6）『令集解』巻十三賦役令（孝子の条）の誤り。
（7）うるち米の粉を練り、餡を入れて、松葉を敷いた蒸し釜で蒸した餅。主に秋夕《チュソク》の時に食べる。
（8）洪養默（一七六四―？）。今、光州に善政碑があり、光州牧使（地方行政長官）を歴任したことはわかるが、その他の経歴は不明。
（9）プラセーナジット。釈迦と同時代のコーサラ国王。
（10）蓽茇《ひはつ》　コショウ属の植物。コショウ同様、香辛料として使う。
（11）「日韓共通の民間説話」

第六篇　世界に分布する説話

1　大蛇［あるいは大ムカデ］退治伝説

むかし、ある貧しい家に一人娘と母親が一緒に暮らしていた。ある雨の日に、一匹のヒキガエルがその家の台所に入ってきた。娘はかわいそうに思い、ヒキガエルに自分が食べていたご飯を少しわけてやった。それ以後、そのヒキガエルは娘に育てられた。毎朝、起きてみると、ヒキガエルは驚くほど成長していた。ついには犬のように大きくなった。ヒキガエルが大きくなるほど、娘の食べものは少なくなった。しかし、娘は少しも嫌な顔をしなかった。

その村には一匹の大蛇がいて、村の人びとは毎年、若い娘を一人、大蛇に捧げなければならなかった。そうしなければ、村に災難が起こり、人畜は大蛇の被害をこうむるといわれていた。

その年の犠牲者に選ばれたのは、ヒキガエルを育てたその娘だった。その日が迫ると娘はヒキガエルを抱いて泣いて、自分の身の上を嘆いた。ヒキガエルも悲しんだ。

その日になると、娘は大蛇の穴のかたわらに置かれた。娘は気づかなかったが、娘の後を追ってヒキガエルも一緒についてきた。娘は目を閉じて、死ぬ時を待った。

大蛇が娘を呑み込もうと穴から出てくると、そこには大きなヒキガエルがいた。ヒキガエルと大蛇は猛烈な毒気を吐きあった。娘は死の時を待っていたが、何事も起こらなかった。しかし、目を開けて大蛇を見る勇気もなかったので、目を閉じたままおかしいと思うだけだった。

ガーンと何かが倒れる音に驚いて、目を開けてみると、大蛇が穴から半身だけ出して倒れて死んでいた。そして、娘が育てたヒキガエルもその前で死んでいた。周りには一面霧が立ち込めており、娘は、ヒキガエルが毒気で大蛇を殺したことを知った。

娘はヒキガエルを背負って家に帰り、その亡骸を埋めてやった。村の人びとは大蛇を引きずり出して、燃やした。三か月と十日間燃え続けたそうだ。

その後、若い娘を犠牲にするという悪習はなくなったという。（一九二一年十一月、全羅北道全州府完山町、柳春燮君談）

これは大蛇退治伝説であるが、大ムカデ退治伝説もある。要するに、大蛇が大ムカデに入れ替わるだけである。慶尚南道の馬山の明周永君の話によると、「若い娘が病気の母親の薬代を手に入れようと身を売った。娘は大きなムカデのいる空き家に押し込められ、気絶した。娘が育てたヒキガエルが床下にいて、ムカデは天井から毒霧を吐いた。結局、ヒキガエルとムカデは両方とも死んだ。翌朝、村人がむしろを持って娘の遺骨を拾いにきたが、村人は、死んだ二匹の動物と娘を見つけた。娘の体に触ってみると、まだ暖かかったので、すぐに粥を炊いて食べさせて、蘇生させた。人びとはヒキガエルを埋葬してやった。悪習は絶え、娘は身を売ったお金で母親の病を治した」という。

この明周永君の話では怪物がムカデだが、その他の点では柳君の話と大差はない。私は幼い時にこの両方のタイプの話を聞いた記憶がある。この話は、三南地方[1]に限らず、朝鮮のほかの地方にも広く存在するにちがいない。

また、この伝説は全世界に遍《あまね》く存在する。怪物は、悪魔や怪獣や龍になる場合もある。日本では大蛇、または猿もある。中国では蛟《みずち》、または大蛇である。

世界各地におけるこの伝説を採集・研究した著作に、E・S・ハートランドの『The Legend of Perseus; A study of Tradition in Story, Custom and Belief』という本がある。イギリスではこの伝説を「ペルセウス伝説」と呼ぶので、このような題をつけたのだろう。

このように世界的に広く分布する伝説なので、朝鮮の話が中国に由来するとは言えない。この伝説にムカデが出てくることと、二つの動物が毒煙を吐くという点が、朝鮮の伝説の特色である。ほかの国の伝説では、怪物を殺すのは、大概、騎士や英雄や武士である。朝鮮の伝説のこの二つの特色が、中国の伝説の影響を受けていないかどうかを考察するのが、この節の主眼点である。

まず、中国の蛇退治、蛟退治伝説を紹介する。『捜神記』〔『学津討原』十六集〕巻十九は次の通りである。

東越国の閩中に、高さ数十里の庸嶺がある。その西北の湿地に大蛇が棲んでいて、長さは七、八丈、太さは十余抱えもあった。土地の人びとはいつも恐れていて、東冶県（福州）の都尉と近隣の町の役人たちは、死者が多いので、牛や羊で祀って、禍《わざわい》を抑えていた。

（蛇は）あるいは人の夢、あるいは巫覡の口を借りて、「十二三歳の童女を食べたい」と言ってくる。都尉も町の長も共に悩んでいたが、蛇の要求はおさまらない。婢《はしため》の生んだ子や罪人の娘を求めて育て、八月一日の朝に蛇の穴に送り届けると、蛇が出てきて呑み込む。

何年もこのことの繰り返しで、すでに九人の娘が生贄《いけにえ》になった。この時、また募《つの》ったが、娘を得ることはできなかった。

ところで、将楽県（福建）の李誕の家には娘が六人いたが、息子はいなかった。その末娘は名を寄といったが、犠牲に応募したいと言った。父母が承知しなかったら、寄が言った。

「父上母上には福運が無く、ただ娘ばかり六人生まれました。一人の息子もいないというのは、あってないのと同じです。娘は缇萦《ていえい》（前漢の孝女）のように孝を尽くして両親を救う功《いさお》を持っていないのです。供養をすることができないので、ただいたずらに衣食を費《つい》やさせるばかりです。生きていても何のお役にも立てないのなら、さっさと死んだほうがましです。寄の身を売れば少しの金を得ることができ、それで父上母上のお役にたてたら、よいではありませんか」

父母は憐れんで、ついに行くことを許さなかったが、寄はこっそり出ていったので、止められなかった。寄はそこで申し立てて、鋭い剣と蛇を食う犬を求めた。八月一日の朝になると、廟に行って座っていた。剣を懐にして、犬を抱き、まず数石のもち米のだんごに蜜をまぶしたものを洞穴の入口に置いた。蛇が出てきた。頭は円形のもみ倉ほどの大きさで、目は直径二尺の鏡のようだった。もち米のにおいをかいで、まずこれを食べた。寄はすぐに犬を放った。犬は蛇にかみつき、寄は後ろから切りかかり、何度も切りつけた。蛇は、激しい痛みでのたうち回って、庭まで来て死んだ。寄が穴に入って調べると、九人の娘の骸骨があった。すべて持って出て、叱りつけて言った。「あなたたちは、臆病すぎたために蛇に食われたのです。なんて哀れなことでしょう」

それから寄は悠々と帰っていった。越王はこれを聞いて、寄を后に迎え、その父を将楽県の役人として迎え、母と姉にもそれぞれ褒美を与えた。これより東越は治まり、二度と妖邪なものは現れなかった。そのことを歌った歌謡は今に至るまで伝わっている。

これは、中国南方の伝説を記録したもののようで、ここで大蛇を退治するのは、女傑と犬である。唐の柳完元の『龍城録』［『説郛』二六］「趙昱《ちょういく》、蛟を斬る」の条には、隋末の煬帝の時に、趙昱が嘉川太守になった時のことを記している。

……（四川省楽山）犍為潭に老蛟がいて、長いこと悪さをして、船の航行を邪魔し、船を沈没させるので、蜀江の人はずっと煩わされていた。……（趙）昱（?—一九三）は武装した兵士千人と州の男一万人を率いて江岸を挟んで太鼓をたたき大声を上げて天地をどよもした。

昱は刀を執って江に入り、蛟を斬った。大波が起きて、江水は真っ赤に染まった。……（趙昱は）隋末の大乱の間に、隠居して終焉の地はわからない。人びとは廟を作り、病気の時に祈ると、必ず効く。

一万余りの人力を投入したが、結局は趙昱という一人の英雄が退治したのである。ところで、中国にも大蛇が雲霧のように毒気を吐いた話や、亀が大蛇に毒煙を吐いて殺したという話もある。例えば、『太平広記』巻四五八「蛇類、選仙場」の条には、唐の失名氏の『玉堂閑話』の話が見える。

南中（蜀漢の一部、雲南、貴州から四川南部）に「選仙場」がある。その場所は断崖の真下で、絶頂に洞窟があり、神仙の住いだといわれていた。毎年、中元の日に一人を選んで昇仙させる。道術を学ぶ者はその下に壇を築く。その時になると、遠近から冠を被りマントを羽織って、皆ここに集まる。法事の準備をして、斎戒し香を焚き、祈る。七日後、一人を品行が最も高尚で敬虔な人として選び、その人は壇上に重々しく立つ。他の人は皆彼の服をひいて別れを惜しんだのち、下に下がり、遠くで五体投地をして眺めやる。この時、五色の祥雲がおもむろに洞門から下りてくる。壇上に来ると、その高徳の人は衣冠を動かさず、合掌して五色の雲に随って昇っていく。見ている人は羨望のあまり涙を流さない者は無く、洞門に向かって拝礼する。このような人が毎年一人か二人いた。

翌年、高徳の人が選ばれて昇仙するとき、突然、一人の比丘（修行僧）が武都山（四川か）から別れのあいさつに来て、一斤ほどの雄黄（天然の砒素）を贈って「道中これを大切にして、忘れずにこっそり腰と腹の間に置くように」と言った。

高徳の人は大変喜んで、これを抱いて昇っていった。時間になると、雲を踏んで登っていった。十数日後、人びとは岩山一帯に腐ったようなにおいが漂うのに気付いた。数日後、猟師が岩のそばをよじ登り洞窟に至ると、中で大きな蟒蛇《うわばみ》が腐乱していた。洞窟には、昇仙して洞窟に着いた人びとの骸骨が順に積み重なって小山になっていた。

ああ、五色の雲は、蟒蛇の毒気で、蟒蛇はこの毒気でこれらの無智な道士を腹に収めていたのだ。悲惨なことだ。

これは、道士を嘲笑するために作られた話なのか、またはこのように無知なことが実際にあったのかはわからないが、大蛇が五色の彩雲のような毒気を吐いたという話が中国にあったことは、確かである。

そのほかにも、亀が毒煙で大蛇を殺したという例が、『太平広記』巻四五七「蛇類、杜暐《とい》」の条に、『記聞』を引用して、次のように記されている。

殿中侍御史の杜暐は、かつて嶺外に使いした。康州（広東省徳慶）に至ると、駅騎がすぐに現れて「毒物を避けてください」と注意した。見ると、大蛇が、道をさえぎって南に出るところで、長さは数丈あった。玄武がその後を追っていた。

道の南には大きな松の木があった。蛇はその木によじ登り、高い枝にとぐろを巻いて、頭を垂れて玄武を見た。玄武は木の下からその鼻を上に向け、鼻から二筋の青い煙を吐いて、蛇の頭を直撃した。蛇は破裂して死んで、木の下に墜ちた。

朝鮮の大蛇退治伝説の中に、ヒキガエルが出てきたり、大蛇とヒキガエルが毒煙を吐いて戦ったりするのは、中国の影響を受けたのかもしれない。朝鮮では亀に親しみを持つことがなかったので、中国の玄武の代わりにヒキガエルが登場したのではないだろうか。

また、朝鮮のように大ムカデのいない地域に大ムカデ退治伝説があることも、やはり中国の大ムカデに関する記録からいくばくかの影響を受けたのではないだろうか。中国南方やインドシナには大ムカデが棲息しているようで、例えば、『太平広記』には、先の文に続いて、次のような記述がみえる。

また蜈蚣《むかで》を見たが、（楽器の）箏ほどの大きさがあった。牛粛はかつてそのことについて康州司馬の狄公に尋ねた。狄公が答えて言った。

「むかし、天宝四年（七四五）広州府に海潮（津波）が起きて、一匹の蜈蚣が流れてきて死んだ。その足一本をさばいたら百二十斤の肉がとれた」

多少誇張されているにしても、非常に大きなムカデだったようだ。宋の范成大《はんせいだい》（一一二六―一一九三）の『桂海虞衡志』〔『古今説海』所収〕「志蟲魚部」には、「蜈蚣には極めて大きいもの有り」とある。また明の黄衷（一四七四―一五五三）の『海語』〔『学津討原』七集〕巻下「蛇異」の条には、次のように記されている。

宏治年間（一四八八―一五〇五）に船で占城（チャンパ、ベトナム、ラオス、カンボジア）に商売に行こうとする者は……必ず異常があれば、木に登って偵察する。にわかに大蛇が現れ、くねくねとおよそ五十歩。色は真黒く、両目は松明のようで、山の頂からすごい勢いで降りてきて深い淵に沈む。雷鳴のような音は、岩にぶつかって、岩が崩れ落ちる音である。蜈蚣がいて、長さは七尺あり、跳んで追いかける。淵をめぐってゆっくり歩き、尾の先端には毒の泡があり、時々淵の中に射込む。水の色は次第に油のようになり……翌日、山を下りて見ると、蛇がとぐろを巻いた状態で、淵で死んでいた。

これを読めば、南方の熱帯地方に巨大なムカデがいたことがわかる。そして、ムカデが毒気を吐いたという例は、唐の段成式の『酉陽雑俎』巻十七、蟲編にも「呉公（蜈蚣）は綏安県（福建か）に多い。呉公の大きいのは兎を見つけると、気で兎を吸うことができる、小さいのは蜥蜴（ヤモリ）を吸う。三、四尺離れていても骨がひとりでに溶けてしまう」とある。

2　白鳥処女伝説

全世界に広く分布する説話には、「大洪水伝説」と、前述した「ペルセウス」（大蛇退治）の伝説のほかにも、ヨーロッパでは「キューピッドとプシュケー」、日本では「三輪山伝説」、朝鮮では「甄萱《けんけん》型伝説」と呼ぶ異類婚姻譚があるが、そのほかにも有名な「白鳥処女伝説」がある。

「白鳥処女伝説」は、「鳥女伝説」とも呼ばれるが、日本では「羽衣伝説」と呼ぶ。

朝鮮では「金剛山の仙女説話」がよく知られているので、ここでは大略のみを記したい。

むかし、老母と二人きりで暮らす樵のチョンガーがいた。

樵は、山中で猟師に追われていたノロジカを草むらの中に隠してやった。ノロジカはお礼に、山頂［あるいは金剛山の上］のある池のほとりへ行って、池で水浴をしている天女［あるいは八仙女］が脱いだ絹の下着（羽衣）を一枚、隠すようにと言った。

樵が一人の天女の衣を隠すと、ほかの天女たちは皆、天上に飛んでいったが、羽衣をなくした天女は樵の要求に応えてその妻になった。

樵はノロジカ、すなわち山神の忠告を忘れて、妻が子どもを二人［あるいは三人］生んだ後のある日、天女の甘い言葉に乗せられて、羽衣を返してやった。

天女は羽衣をまとうと、すぐに二人の子どもを両腕に、残りの一人は股に挟んで、天井を突き破って、天に去っていった。

悲しんだ樵はもう一度、ノロジカに教えてもらったとおりに以前の池に行くと、天から池の水を汲み上げるために桶が降りてきた［先に、一人の天女が失敗してから、天女たちは地上の池に水浴に来ないで、その水を天に汲みあげるようにしていたのである］。

樵はその桶に乗って天に昇ると、再び妻子に会えた。

しばらくすると、樵は母親に会うため、天馬に乗って地上に降りたが、母が是非にと勧めた小豆粥［あるいはかぼちゃ粥］を食べた時、うっかり粥を馬の背中にこぼしてしまう。

馬が驚いた拍子に樵は落馬して地上に足がついたので、二度と天には戻れなくなった。

樵は毎日天を仰いで嘆いていたが、死んで雄鶏になった。死後も天上の妻と子のことが忘れられず、雄鶏は今も屋上に上って天を仰いで鳴くという。

天上の仙女が池で水浴をするというのは、もちろん池で水浴する白鳥を人格化したのである。絹の下着は白鳥の羽毛を指す。水の中で水浴する天女の衣を隠して、それを返す代わりに何かを要求するのが、白鳥説話の一般的な型である。世界の白鳥処女伝説のなかには、朝鮮の白鳥伝説と同様に「羽女」と結婚したという話があり、しばらくしてから羽衣を返してやると、「羽女」は天上に昇ったという話もある。

白鳥処女伝説の解釈をめぐっては諸説があるが、最も有力な説は、アンドルー・ラングが『習俗と神話（Custom and Myth）』で言うように、それが古代人の結婚慣習の名残をとどめているのではないか、という説である。その説の詳細は、ここでは省略するが、朝鮮のこの羽女説話に直接関係する場所はどこかというのが、この節で検討したい問題である。

朝鮮の話にも中国と同じく「仙女」が登場するからといって、それを中国の羽女説話の影響だというのは、説得力に欠ける。私は、朝鮮の羽衣伝説に直接的な影響を与えたのはシベリアの伝説ではないかと思う。その影響の痕跡はごくわずかだが、朝鮮の話には「天女が天にかえる時、天井を突き破った」というエピソードがある。そしてシベリアの「羽衣伝説」にも白鳥女が屋根の煙突を通って逃げ去ったというエピソードが存在する。この一致が、両者の関係を説明している可能性がある。

古代朝鮮人は、シベリア族と同様に、屋根に煙突のある家屋に生活していて、当時の朝鮮人は、自分たちの生活に即して「鳥女が天井の煙突から逃げ去った」と語っていたのではあるまいか。

しかし、現在の朝鮮の住居には煙突がないので、人々はやはり生活に即して、鳥女が「天井の煙突から逃げて去った」という件を変えて、「天井を突き破って逃げた」と語るようになったのではないだろうか。

しかし、ほかに何か決定的な材料が発見されないかぎりは、これを強く主張することはできない。

中国の鳥女説話もだいたいは朝鮮の話だけではなく、またシベリアその他の話と似ているが、中国の鳥女説話が朝鮮の羽女説話の影響を受けたとは言えない。今後の研究者に参考として、中国とシベリアの話をあわせて紹介する。

東晋（三一七―四二〇）の郭璞『玄中記』［または元中記］には次のように記されている［この話は、『太平御覧』巻八八三と九二七、および後魏の酈道元『水経注』巻三十五にも引用されており、『玉函山房輯佚書』「雑家類」によると、『荊楚歳時記注』にも引用されている］。


姑獲鳥は、夜に飛び、昼は隠れている。鬼神の類であろう。毛を着ると飛ぶ鳥になり、毛を脱ぐと女になる。名づけて帝少女、一名夜遊、一名鈎星、一名隠飛鳥という。

子は無く、よく人の子を奪い、育てて自分の子とする。人は子を育てるとき、その衣を外に出してはいけない。この鳥が渡ってきてその子を取るからである。小児のいる家で、血を衣につけて印とするのだ。故に世の人は名づけて鬼鳥という。荊州（湖北）には多い。

むかし、豫州（河南）の男が、田んぼの中に六七人の女を見た。鳥だとは知らず、匍匐《ほふく》して近づいて、まずその毛の衣を取って、隠してから、鳥たちのところに行った。鳥はそれぞれ走って毛の衣のところに行き、衣を着て飛び去ったが、一羽だけ飛べなかった。男はそれを捕まえて婦《つま》として、三人の娘が生まれた。

娘の母は、娘に父に尋ねさせて、衣が稲わらの下にあることを知る。衣を手に入れると、それを着て飛び去った。その後、衣で三人の娘を迎えにきて、三人の娘も衣を着ると飛び去った。

郭氏の『玄中記』は年代は未詳であるが、だいたい晋代のものといえよう。晋の干宝の『捜神記』〔『学津討原』十六集〕巻十四にも大同小異の話がある。

豫章新喩県（江西）の男は、田の中に六、七人の女がいるのを見た。皆、毛の衣を着ていた。鳥とは知らなかった。匍匐して行って、その一人の女が脱いだ毛の衣をとって、隠してから、鳥たちに近づいていった。鳥たちはそれぞれ飛び去ったが、一羽の鳥だけ飛び去ることができなかった。男はその鳥を捕まえて婦《つま》とし、三人の娘が生まれた。

娘の母は、後に娘に父に尋ねさせ、衣が稲藁の下にあることを知った。衣を手に入れると飛び去った。後にまた三人の娘を迎えにきて、娘もまた、飛べるようになって去っていった。

というのを見ると、晋代には、すでに羽女説話が中国にあったのは明らかである。ただこの二書のうち、どちらが古いかはわからない。ほかに、後世の記録では、元の周達観（一二七〇―？）『誠斎雑記』〔『説郛』三一〕の中にも、やや簡単だが、同様に羽衣説話が見られる。

陽県の地には、たくさん女鳥がいる。新陽（湖南省か）の男子は水のほとりで捕まえて、共に暮らした。三人の娘が生まれた。みな、羽を着て去った。

豫章では、子を育てるとき、その子の服は表に出さない。鳥が埃を子どもの服に落として、子どもを病気にするという。だからこの鳥をまた「夜飛ぶ遊女」とも呼ぶ。

これは、内容から見て、決して『玄中記』や『捜神記』から取った文ではなく、作者自身の見聞の記録である。ここから、元代に到るまで、中国にはこのような羽衣説話がずっと伝わってきたことがわかる。このほか、唐の段成式の『酉陽雑俎』巻十六「羽篇」の条にも次のような文がある。

夜行遊女は、一に天帝の娘といい、一名釣星という。夜に飛び、昼は隠れていて、鬼神のようである。毛を着ると飛ぶ鳥になり、脱ぐと婦人になる。子は無く、よく人の子を取る。胸元に乳がある。およそ、小児に乳を飲ませるのは、露天でしてはいけない。子の衣も外に干してはいけない。毛が衣の中に落ちると祟《たた》りとなり、あるいはその衣に血をたらして印とする。あるいはお産で死んだ者が化したもの、という。

これは、完全な白鳥説話ではないが、その断片と見ることができる。その鳥の胸に乳房があることとお産で死んだ婦人が化したもの、というのは、段成式の時代の民間説話であろう。段成式は、『玄中記』と唐代の民間説話とを総合して記録したと思われる。

唐の句道学の『捜神記』〔『西陲零拾』所収〕には、長文の鳥女の説話があるが、ここでは省略する。

シベリアの話は、バイカル湖周辺で暮らすブリヤート族（モンゴル族）のうち、湖の東側に居住する住民のところで、採録したものである。ジェレミー・カーティンの『南シベリアの旅』（九八―九九頁）に「バイカル東部、ブリヤート人の起源に関する異説」という題で次のような話が紹介されている。

ある日、一人の猟師が鳥をとりに出かけ、三羽の美しい白鳥が、あまり遠くない湖に飛んでくるのを見つけた。白鳥の後を追っていくと、白鳥は水面に下りて羽を脱ぐとみな娘になり、土手から水の中に入っていって、泳いだ。

この三羽の白鳥は、イサージ・マランの三人の娘だった。猟師はその中の一羽の羽を隠した。水から出てきた一羽の白鳥は、姉妹たちと一緒に飛んでいくことができなかった。

それで、猟師は取り残されたその娘を捕まえて、家に連れて帰って妻にした。彼らの間には六人の子どもが生まれたが、ある日のこと、妻は強い焼酎のタラサンを醸造して、夫に飲ませた。夫がすっかり酔っ払うと、羽を返してほしいと言った。猟師は隠していた羽を妻に返した。

たちまち妻は白鳥になって、煙突の穴から飛んでいってしまった。娘の中の一人はその時、ちょうど焼酎を作っていたが、母親が飛んでいくのをみて、あわててその足を摑んだ。この時、娘の手が汚れていたので、母親の足に黒い汚れがついた。それでブリヤート人が神聖視する白鳥の足は黒くなった。

飛び去った母親は、再び声が聞こえるほど近くまで戻ってくると、グルグルと弧を描きながら娘に言った。

「新月の時には、いつも私に馬乳と茶を供えて、ほかに赤い煙草も少し撒いておくれ」

バイカル一帯のブリヤート人は、すべてこのイサージ・マランの娘の白鳥から、誕生したそうだ。

カーティンによると、イサージ・マランは「禿げ頭の祖師」の意味であり、天の最上位とあるから、天の神を指すのだろう。また、タラサンはアルコールで、一見、水のように見える酒類とあるが、これは馬乳、あるいは羊乳で作った焼酎であろう。

白鳥伝説がシベリアにどの程度分布しているのかははっきりわからないが、満族には、清の先祖に関する話が伝わっており、それがこの説話の系統を引いているといえるが、それは非常に中国化している。王先謙（一八四二—一九一七）の『東華録』「天命」一、巻頭に次のような記録が見える。

太祖高皇帝、姓は愛新覚羅氏。先祖の発祥の地は長白山である。山は二百余里、延々と千余里に広がる。山の上には闥門《たつもん》という淵があり、周囲は八里で、水源は深く、滔々と流れる。鴨緑江、混同江（松花江）、愛渾江の三江が流れ出す。……

山の東に布庫里山がある。山のふもとに池があり、布爾瑚里という。伝えられるところによると、三人の天女がいて、長女は恩古倫、次は正古倫、次は弗庫倫といい、池で水浴した。水浴を終えた時に、神鵲（神聖な白鳥）が、朱い果実を末娘の衣に置いた。末娘が口に含むと、たちまち腹に入って、妊娠した。二人の姉に告げて「私は身重で、飛ぶことができません。どうしましょう」と言った。二人の姉は「我々は仙籍に属すので、心配いりません。これは天があなたに授けた妊娠なので、身が自由になるまで待ちなさい」と言って、言い終わると、遅くなる前に別れていった。

弗庫倫は、間もなく一人の男児を産んだ。生まれながらにしゃべることができ、体つきが奇異だった。長じると、母は、朱果を呑んで妊娠したことを話した。それで命じて「おまえは愛新覚羅を姓にして、名は布庫里雍順としなさい。天がおまえを生んだのだから、乱国を定めて、治めなさい。おまえは流れに沿っていけば、すなわちその地に着きます」と言い、小舟に乗せ、母はついに凌雲に乗って去った……

いろいろと変化しているものの、三人の天女［仙女］が湖で水浴をしていて、その中の一人が帰ることができず、地上に残って子どもを産み、後に昇天したという梗概は、明らかに白鳥伝説型である。特にその天女から自分たちの先祖が生まれたというのは、ブリヤート族のものと一致する。

このように中国、モンゴル、満洲（満族）、朝鮮の白鳥説話を比較してみると、説話の内容としてはモンゴルのものが最も原始的であり、満族のものはモンゴルのものと密接な伝播関係がある。中国と朝鮮のものは大変遅れてできたものであり、とりわけ朝鮮のものは複雑である。

しかし、前述したように羽毛女が屋上を突き抜けて飛んで逃げていったという特徴により、私は朝鮮のこの説話が元来、モンゴル系統に属していたと考えている。北方アジア民族の住居であるモンゴルパオ〔あるいはゲル〕、チューム〔天幕型住居〕、ユルタ〔累木型住居〕、半地下の竪穴式住居などでは、すべての屋頂に採光及び煙出し用の開き戸があり、古代朝鮮の住居も同型だった。だから朝鮮の話でも、モンゴルの話と同様に羽毛女が天井の煙穴から逃げたことは極めて自然なことであったはずだが、後世になって家屋形式に変化が起きてしまい、それは理解しがたくなってしまったので、無理に原話に忠実に、天井を突き抜けて飛んで逃げたとなったのではないだろうか。

3　甄萱《けんけん》型伝説

『三国遺事』巻二、後百済、甄萱《けんけん》の条には次のような甄萱王の出生談がある。

『三国史』本伝に云う、「甄萱は（慶尚北道）尚州、加恩県の人である。咸通八年丁亥（八六七）の生まれ。本姓は李であるが、後に甄を氏とした。父は阿慈介で農で自活してきたが、光啓年間（八八五―七）に、沙弗城〔今の尚州〕に據って、自ら将軍を称した。息子が四人いて、皆、世に知られた。甄は特に傑出して、智略に富んでいた……

また「古記」によると、むかし一人の金持ちがいて、（全羅南道）光州北村に住んでいた。一人娘がいて、容姿端麗だった。娘は父に、「いつも紫の衣の男がやってきて、寝室で交わります」と言った。父は娘に、針に長い糸を通して男の衣に刺すようにと言った。娘はその通りにした。

翌朝、糸をたどっていくと、北の墻の下で、大蚯蚓の横腹に針が刺さっていた。後、これに因って妊娠した。男児が生まれて十五になると、自ら甄萱と称した。

景福元年壬子（八九二）に、王を称した。（全羅北道）完山郡に都を建て、四三年間おさめたが、清泰元年甲午（九三四）に、萱の三人の息子が反逆したので、萱は太祖に投降し、息子の金剛が即位した。天福元年丙申（九三六）に、高麗と（慶尚北道）一善郡に会戦して、百済は敗れ、国は亡んだと云う。

初め、甄が生まれて、まだ襁をしていた時に、父は野で耕していて、母が食事を持ってきて、息子を林の下に置いたら、虎が来て乳を飲ませた。郷の人びとは、これを聞いて不思議に思った。壮年になると体格が堂々とし、志気洒脱で非凡だった……


『三国史』は『三国史記』の原本になった記録であり、今はすでに失われてしまったが、高麗初めに編まれた三国の正史である。そして、「古記」というのは、『三国遺事』のような野史だったと思われる。上に引いた文の中で、人に疑いを抱かせる甄萱の出生地に関しては、『三国史』は加恩県、すなわち今日の慶尚北道聞慶地方（『高麗史』五七「地理志」参照）だといい、『古記』は全羅南道光州北村で生まれたとするが、『三国史』の聞慶説を取っているのは妥当であろう。

「初め萱が生まれて、まだ襁をしていた時」以下の文は、「古記」の文ではない。「息子が四人いて……智略に優れていた」という文に続く『三国史』本伝の文である。同様に『三国史』を引用した『三国史記』五十、甄萱伝の文「甄萱は尚州、加恩県の人である。本姓は李であるが、後に甄を氏とした。父は阿慈介で、農で自活してきたが、後に家を興して将軍となる。初め、甄が生まれて、まだ襁をしていた時に、父は野で耕していて、母が食事を持ってきて､息子を林の下に置いたら､虎が来て乳を飲ませた。村の人は聞いて不思議なことだと思った。壮年になると、体格は堂々として意気は非凡で……」は、『遺事』の文章と完全に一致する。このような情況になった原因がなんであれ、いずれにしても、高麗時代に甄萱に関して、次のような二種類の伝説があったことは確かである。

一、甄萱の母が野で働く夫に食事を届けた時、子どもを林の木の下に置いたら、子どもの泣き声を聞いて、虎がやってきて、哺乳をしたという伝説（『三国史』）。

二、光州北村のある長者の娘が、毎晩こっそりやってきて寝ていく男の正体を疑い、父に話すと、父は「長い糸を針に通して、それをその者の服に刺せ」と言った。娘がいわれたとおりにして、翌朝、糸をたどってみると、その男の正体は大ミミズだった。甄萱王は実はその（大ミミズの）息子だという伝説。

最初の伝説については、ここでは検討しない。第二の伝説、すなわち『古記』の伝説が、慶尚北道出生の甄萱を全羅南道光州出身であるとするのは、後百済の王を新羅人だとする百済人および当時の全羅道の人にとって不名誉だったので、そういう意識の下に作り出された説話であろう。だとすれば、第二の伝説は、全羅道地方で発生した説話だと推測できるだろう。しかし、たとえ推論が不確実であっても、むかし、朝鮮の南部にこのような伝説があったということだけは認めないわけにいかない。

第二の甄萱伝説式の説話は、甄萱伝説にだけ限られるものではなく、数種の他の説話としても伝わり、これらの話は今も伝わっている。

例えば、『青邱野談』巻一「鬼が毎晩、明珠を求める」には、江原道の話を記している。

（江原道）横城《フェンソン》にある娘がいたが、嫁いだ後、突然、一人の男が入ってきて、その女を襲った。どんなに抵抗してもどうしようもなかった。毎晩、必ず来たが、ほかの人には見えず、彼女一人にだけ見えた。夫がかたわらにいても、（夫と）一緒に寝ることが難しかった。交合の度に痛くてたまらなかった。鬼の類だとわかったが、追い払う方法が無かった。これ以後、昼夜をわかたずやってきて、人が見てもかまわなかった。

ただ、女の五寸叔（祖父の兄弟）が入ってくるのを見ると必ず避けて出ていった。彼女がその様子を話すと、叔父は「明日、それがもし来たら、糸巻の木綿糸を針に通して、その服の端に縫い付ければ、それがどこに行ったかわかるだろう」と言った。女は言われたとおりにした。翌日、計略通り、針に糸を通して、服の襟に縫い付けた。叔父が突入すると、その物はびっくりして門を出て逃げた。木綿の糸巻の糸は、それにつれてほどけてついていった。その人は、ただ木綿の糸を見て、追いかけた。前の林の木陰で止まった。

よく見ると糸は地下に入っていた。数寸ほど掘り返すと腐った舂木段（臼の杵）があった。糸は杵の下につながっており、杵の上には紫色の弾丸ほどの大きさの珠が一つあり、きらきら光っていた。その人は珠を取って袋に入れ、杵を燃やして帰った。その後、怪しいことは無くなった。ある晩、その人の家の門のところに突然、一人の人が現れて「どうかこの珠を返してください。もし返してくだされば、金持ちでも出世でも、何でも望み通りになります」と言った。その人が承知しなかったので、一晩中哀願して去っていった。

こんなことが四、五晩続いた後、ある晩、また来て「この珠は私にはすごく大事なものですが、あの珠と替えてくれるなら、交換しましょう。この珠はあなたにご利益があります」と言った。その人は「見せてみろ」と言った。鬼がその黒い珠を外から届けてきた。前の珠と同じくらいの大きさだった。その人は両方奪って渡さなかった。

鬼は痛哭して影のように帰っていった。その人は人に会うたびに球を自慢したが、その使い道を知らなかったのは、本当に惜しいことだった。その後、外で泥酔した帰り道、昭陽亭で寝たら、袋の中の二つの珠はどこかに行ってしまった。きっと鬼が持ち去ったのだろう。洪邑の人には、その珠を見た人がたくさんいる。

この説話の他の部分はさておき、「正体不明な男が、ある女と交わっている時に、その女の家の人が男の正体を探ろうと木綿の糸を通した針を、その人の服の襟に刺しておいて、しまいにその怪物が春木段（臼の杵）の一部だということをつきとめた」という話型は、全く甄萱伝説中の話型と一致している。ここから、江原道にもこのような話型が存在していたことがわかる。

この種の話型を私は「甄萱伝説」と命名することにする。また、全羅北道錦山郡邑内の丁炳基君の話（一九二六年三月二十日）によると、錦山にもこのタイプの話がある。

むかし、ある家に娘がいた。夜になると、一人の怪しい美少年がやってきて、娘と一緒に寝て、明け方になると、いずこへとも知れず去っていった。姓名や家柄を尋ねても答えないので、ある日の夜、糸巻きの糸を針に通して、それをその者の服の襟に刺しておいた。朝、ほどけた糸巻の糸をたどっていくと、糸の先にあった針が東山の森の中の木の下にある「童蔘[2]」に刺さっていた。それで、その童蔘を採って帰ったという。

このような説話は慶尚道の各地に多く流布している。たとえば、慶尚南道東萊郡亀浦里の私の叔母も次のような話を憶えていた。（一九二六年八月談）

むかし、ある金持ちの家に一人娘がいたが、毎晩、一人の美少年がやってきては、娘と一緒に寝て、鶏が鳴くと、たちまち姿を消した。彼が出入りする時は障子がわずかに揺れることも無く、戸には針の穴ほどの穴さえも全くなかったので、どうやって中に入ってくるのか、どうやって出ていくのか、さっぱりわからなかった。いくら住所と氏名を聞いても答えなかった。その上、彼の体には一筋の冷気があったので、やはり何か妖しいものだと思ったが、いくら逃げようとしても逃げられなかった。

そうしているうちに、娘の腹に異状が生じた。ある日の夜、娘の父親が家の中を見回りしていると、娘の部屋の窓に男の影が映るのに気が付き、翌朝、娘を尋問して、先述の事情を知った。娘は父の指示通り、ひと巻きの絹糸の先を針に通して、その晩、少年が来た時にこっそりと少年の上着の襟に刺した。すると、少年は動顛して、あわてて逃げていった。

翌朝、糸をたどってみると、裏山の洞窟の中で一匹の大蛇が頭に針を刺されて死んでいた。鉄は蛇と相克の関係なので、細い針に一刺し刺されただけで、蛇は死んだ。娘はその後、盥に何杯もの蛇の子を産んだ。

咸鏡北道の会寧、城津にもいわゆる「甄萱型伝説」がある。鳥居龍蔵が三十数年前に見つけたものもあるが（『有史以前の日本』参照）、去年『東亜日報』紙上に鶴坡閑人が投書したもの(3)はさらに信用できると思う。会寧の伝説をすべてここに引用するのは無理なので、わずかにその梗概を述べると、次の通りである。

会寧の西の鷲池岩に李座首という一人の土豪が住んでいて、年老いて一人娘が生まれたので、とても可愛がっていた。ところが、娘が嫁入り前に妊娠したので、両親が厳しく問い詰めたところ、次のような真相がわかった。すなわち、毎晩、明け方になると、四本足の動物がいつも娘の寝室に音もなくやってきて、娘を強姦する、というのだった。

娘は父に命じられたとおりに絹糸の束をこっそりと隠しておき、その端を野獣の足首にくくりつけた。翌朝、糸をたどると、池に着いた。座首は村中の人を総動員して池の水を浚ってみると、足首に糸がまきついている一匹の獺《かわうそ》がいたので、撲殺した。

娘は月満ちて、髪の毛が黄色い男の子を生んだので、人びとはその赤ん坊を「ノラッチ（黄色い子）」と呼んだ。ノラッチは武勇に優れ、水泳が上手だった。その後、ある女英雄と結婚して、三人の息子が生まれたが、その三番目の息子が、後に清の太祖になったという。

（咸鏡北道）城津《ソンジン》の伝説の梗概を抄録すると、次の通りである。

むかし、城津郡臨溟の北の一里ほどのところにある雪峰山に、広積寺という大きな寺があった。ある日、その寺の老僧が、一匹の大きな蜘蛛を見つけたので、それを寺の中の空き部屋で育てた。その後、蜘蛛は一人の美少女になったので、老僧は驚きつつも喜んで、相変わらず少女を空き部屋で育てていた。ある日、老僧は娘が妊娠しているのに気づき、その訳を聞くと、娘は「毎晩、私がぐっすり眠っていると、一人の童子がこっそりやってきて泊っていきます」と答えた。

「それなら、糸の束の先に針を通して童子の服の後ろ襟に刺しなさい」と老僧は言った。少女は言われた通りにやった。翌朝、追跡してみると、針と糸は大沼の中に入っていた。寺の僧を集めて沼の水を汲みだしたところ、龍のような動物のエラに針が刺さっているのが見つかったので、それを撲殺した。

娘は月満ちて、気宇軒昂《きうけんこう》な男児を産んだ。その子は少年期に中国に渡り、中国の天子になったという。

咸鏡北道の会寧や城津などの伝説が、事実とはかけ離れて、清の太祖など中国の皇帝を朝鮮（会寧、あるいは城津）出身とすることの理由については、第二篇、十七話の中ですでに見解を述べたので、ここでは繰り返さない。

ここで問題にしたいのは、会寧、城津のこの甄萱式伝説が、その地に古来固有のものなのか、それとも朝鮮南部（慶尚道、全羅道）から伝来した甄萱式伝説の末尾に、彼らが持っていた「清の太祖は我が地方の出身」だという伝統的な説話を結合したものなのか、である。ただ、見たところ、甄萱式伝説はもともと朝鮮南部の説話だったようで、今でも黄海道や平安道では、このタイプの伝説は見つかっていない。

咸鏡北道で発見されたこの種の伝説の伝播は、高麗中葉および末葉、李朝初めに、尹瓘《ユングワン》（一〇四〇—一一一一）、李成桂《イソンゲ》（一三三五—一四〇八）、金宗瑞《キムジョンソ》（一三八三—一四五三）等の諸将が、咸鏡北道の女真族を撃退した後、咸鏡北道の荒涼地帯に南部の移民を奨励、あるいは強制した結果、多数の南方人が咸鏡道、とりわけ咸鏡北道の諸地方に移住したために引き起こされたことではないかと思われる。

すなわち、全羅道民、または慶尚道民は、「甄萱王は、毎晩、少女のところへ通ってきた怪動物の息子」だという伝説を携えて咸鏡北道に来て、その土地で長く居住するうち、その地方固有の「中国皇帝、または清太祖は朝鮮で生まれた」という観念やその伝説を混合して、前述の説話を生み出したのではないだろうか。

ヨーロッパの説話学者はそれを「キューピッドとプシュケー」伝説と呼び、日本では「三輪山伝説」と呼び、『古事記』崇神天皇の条には、次のような伝説がある。

活玉依毘売《いくたまよりひめ》　其の容姿《かたち》端正《うるわ》しかりき。是《ここ》に壮夫《おとこ》有りて、其の形姿威儀《すがたよそおい》、時に比《たぐい》無きが、夜半《よなか》之時に倏忽《たちまち》到来《き》た。故、相感《あいめ》でて、共婚《まぐわい》して共住《すめ》る間に、未だ幾時《いくだ》もあらねば、其の美人《おとめ》妊身《はら》みぬ。爾に父母、其の妊身《はら》みし事を怪しみて、其の女《むすめ》に問いて曰いけらく、「汝は自《おのずから》妊《はら》みぬ。夫《お》無きに何由《いかに》か妊身《はら》める」と言えば、答えて曰く「麗《うるわ》しき壮夫《おとこ》有りて、其の姓名《かばねな》も知らぬが、夕毎《よいごと》に到来《き》て　共住《す》める間に　自然《おのずから》懐妊《はら》みぬ」是を以《も》ちて其の父母　其の人を知らんと欲《おも》いて、其の女に誨《おし》えて曰いけらく「赤土《はに》を床の前に散らし　閉蘇《へそ》紡麻を針に貫きて、其の衣《きぬ》の襴《すそ》を刺せ」と言いき。故、教えの如くして旦時《あした》に見れば、針著《つ》けし麻《お》は、戸の鉤穴より控《ひ》き通りて出でて、唯遺《ただのこ》れる麻《お》は三勾《みわ》のみなりき。爾に即ち鉤穴より出でし状《さま》を知りて糸の従《まにま》に尋ね行けば、美和山に至りて神の社に留まりき。故、其の神の子とは知りぬ。故、其の麻三勾遺りしに因りて其地を名づけて美和と謂う也（岩波書店、日本古典文学大系『古事記　祝詞』参照）

「美和」の音は、「三勾」「三輪」とも通じるので、後世の語りで「三輪」に落ち着いたものと思われる。日本の記録に残る多くの民間伝説では、夜来者はほとんどが蛇とされている。

朝鮮でも、慶尚南道東莱地方の語りで夜来者が大蛇とされ、咸鏡北道城津の広積寺の伝説で龍とされていることは、日本の話と関わりが窺われる。

大蛇に関する説話は、（スサノオのヤマタノオロチ退治をはじめ）日本各地に多くみられるし、朝鮮の南部にも多い。それは、日本の大蛇説話が朝鮮に影響を与えたとも考えられる。

甄萱式伝説も、最初は日本から朝鮮の南部に移入されたものとも考えられるが、明確な資料を探すのは難しい。朝鮮の甄萱式伝説は、最初にどこから伝わったかは不明だが、中国の説話集にも同じタイプの話を見つけたので、次にいくつか挙げてみよう。

唐の張讀（八三三―八八九）の『宣室志』〔『唐代叢書』一名、『唐人説薈』所収本〕には、次のような話がある。

（浙江省温州）平陽の人、張景は弓が得意で、本郡の神将とされた。景には娘があり、やっと十六、七でたいそう賢かった。その父母はこれをかわいがり、隣の部屋に居させた。

ある晩、娘が一人で部屋に居て、まだ熟睡はしていなかった。突然、その戸を押して、にわかに一人が入ってきたのが見えた。白い衣を着て、顔はまるまるしていて、娘のベッドですすり泣いた。娘は、泥棒と思い、恐ろしくて見る勇気が無かった。

白衣の人は、今度は前に来て笑って迫った。娘は、ますます怖くなり、妖怪ではないかと思った。そこで声を励まして、「あなたは泥棒でなければ、妖怪なのではないか」と聞いた。白衣の者は笑って「わが心を東遷（東遷の意味不明）私を泥棒というのは間違いで、異類というのはひどいではないか。私は斉の人、曹氏の子である。詩人は私を態度が立派とほめているのに、あなた一人知らないのか。あなたが私を拒んでも、あなたの部屋に住み着くまでだ」言い終わるとベッドにあおむけに倒れて寝た。娘は憎んで、盗み見る勇気もなかった。明け方に帰っていき、翌晩もまた来た。娘はますます恐ろしくなり、その翌日、父につぶさに話した。

父は「妖怪に違いない」と言い、金の錐《きり》の先に糸をつなぐように命じ、かつ鋭い刀を娘に授けて、教えて言った。「怪しいものが来たら、これで撃て」と。この夕べもまた来た。女は強《し》いて和やかな言葉で応対すると、怪異は果たしてよくしゃべった。夜半になると娘はひそかに錐をその項《うなじ》に止めた。妖怪は飛び上がって大声で叫び、糸を引きずって去った。

翌日、娘は父に話した。小者にその後を追わせると、建物を出て数十歩、古木の下に穴があった。縄をその中におろした。すなわち深さは数尺にならず、果たして一尺余りの蠐螬（地虫）が中にうずくまって、錐がその項にささっていた。けだしいわゆる「斉の人、曹氏の子（蠐螬）」である。張景はすぐに殺し、これより（怪しいことは）絶えてなくなった。

『唐代叢書』はもともと、各種の唐代小説を精選、載録したもので、学術上は、あまり価値のないものだが、この話は、他の叢書所収の『宣室志』には見られない。錐の先に糸を通してそれを怪しいものの項に刺したというのは、いかにも拙《まず》いが、ともかくこれは甄萱式の話である。同じく『宣室志』〔『稗海』続編第七套〕巻五にも次のようなタイプの話がある。

晋陽〔山西省太原〕の西の童子寺は、郊外の牧地の外にあった。貞元年間〔六二七―六四九〕に鄧珪という人が寺に仮住まいしていた。

秋に客と数人で宿に集まった。すでに扉を閉めた後、突然、一本の手が窓の間から入ってきた。その手の色は青白く痩せていた。皆を率いてそれを見た。皆は慄然としたが、一人、珪だけ恐れるところが無かった。窓の間から吟唱する声が聞こえた。珪はそれが化け物とわかったので、尋ねた。

「おまえは誰だ」

答えて言うには「私は山間に隠居して何年にもなります。今晩風月に誘われてぶらぶらしていて、先生がここにいらっしゃると聞いたので、ご挨拶に来ました。先生がたの席に列するべきではないので、窓の下に居たいと思います。先生とお客様の談笑が聞ければ満足です」珪は許して、座して客と談笑した。楽しみが尽きて久しくして別れを告げようとしたところ、珪に「明日の晩もまた来ます、先生がお見捨てにならないことを願います」と言った。行ってしまってから珪と客たちは議論した。

「これは妖怪に決まっている。その跡を究《きわ》めないと患《わずら》うことになるから、麻糸をなって数百尋の縄にして、それがまた来るのを待ちうけ、必ず縛ろう」

翌日の夕方、果たしてやってきて、また手を窓から出した。珪はすぐに縄で腕を縛って、絶対に解けないようにした。

窓のところで「どういう罪で縛られるのか、その意味はどこにあるのか。後悔することになるぞ」等々わめいて、縄を引いて帰っていった。翌日、珪は客と一緒にその後を確かめた。寺の北に行くと、百余歩のところに、ブドウの古い一株が茂っていて、縄がその枝に巻き付いていて、人の手のような葉っぱがあった。果たして窓のところで見たものだった。そこでその根を掘らせて燃やした。怪異はおさまった。

妖怪がやってきたのが情事のためではないとしても、妖怪を追跡する方法は一致している。甄萱タイプの伝説の最も重要な特徴は、実にこの点にある。

中国にも金の錐を使ったという話がある。長文なので概要だけを引用する。明の祝允明（一四六一―一五二七）の『語怪』〔『説郛続』四六〕「桃園女鬼」の話である。

厳州（浙江省建徳）東門外に桃園があり、たくさんの遺体が葬られていた。園中には桃が植わっていて、四周は高い塀で囲まれていた。弘治（一四八八―一五〇五）年間に、一人の少年が元宵節に灯籠を見た帰り、桃園の横を通りかかった。たまたま頭を挙げたら少女が見えた。壁に寄りかかり、体半分を出して、とても美人だった。少年を見おろして、少しもはばかる様子が無かった。少年はちょっと振り向いたが意に介さず、捨ててそのまま進んでいった。（すると）人に出会ったが、その人は、少年と一緒に歩いた。その人は警備兵で、同輩だった。歩きながら話した。その人が訊ねた。

「君は結婚しているか」

「まだです」

「今何歳か」

「十九です」

また「八字」(4)を言った。だいぶたって、わかれ道で同輩は別れていき、少年は一人で行った。夜が次第に更けて、通りを行く人はまれだった。しばらくして後ろに足音が聞こえた。振り向くと、塀のところにいた女だった。ちょうど追いかけてきた。少年は驚いて尋ねた。

女が、「私は普段からあなたを知っています、あなたは自分で忘れている。今日、あなたが一人で帰るのを見たのでわざわざついてきました。しばらく一緒にあなたの家に帰って一晩の楽しみをしましょう。どうして驚いているのですか」と言った。

少年は、「あなたはどうして私のことを知っているのか」と聞いた。

女は少年の幼名、誕生日、家のことを詳しく言ったが、すべて正しかった。たまたま同輩と歩いていたのを尾行して、その口から出た話を聞いたのだ、と言った。

少年はそれを信じて、すでに魅《ひ》かれていたので、一緒に家に着いた。少年の家には老人と老婆がいて、一部屋に住んでいた。子は独りで一部屋に寝た。初め出かける時、その戸に鍵をかけ、帰ると老夫婦を呼ばず、自分で戸を開けて休んだ。

すなわち女はすでに部屋の中に座っていた。また、それがどうして先にいるのか、(おかしいと)気づかなかった。明りの下でよく眺めると、ことさらなまめかしさも増した。新しい衣装はあでやかで、飾りも特にきらびやかだった。皆キラキラ飾り立てていた。老夫婦はすでに休んでいたので、子は爨(台所)に行って食べ物をとってこようとした。女は行くには及ばない、と言って、「私がもう持ってきましたから」と言った。

すなわち卓上の蓋物を取って、蓋を開けると、中には鶏魚豚肉料理と温めた酒が入っていた。取り出して一緒に飲食した。骨付き肉も大きな切り身の肉もまだ暖かかった。食べ終わると就寝した。女は衣を解いたが、中も外もきらびやかで新しかった。交わったが、処女の様であった。夜明けに去っていき、少年はもちろんそれが誰なのか知らなかった。夜になるとまたやってきた。ともに食事をして一緒に休み、昨日と同じだった。すでにして、訪ねて来ない夕べは無かった。しばらくすると、隣人がその笑い声を聞いて、探ってみて老夫婦に話した。

「お宅の息子さんは良家の女を誘惑して同居している。後で露見したら、ご老人にも累が及ぶでしょう、どうするつもりですか」

老夫婦はそこで夜になるのを待って覗いて見た。果たして女がいるのが見えた。老夫婦は息子を愛していたので、ひどく驚きはしなかった。翌日、息子を呼んで話し、戒《いまし》めた。

「……心の中では絶縁しようと思うのですが、ひかれて忍びがたいのです」……、女は、これを知っても、ことに恐れて避けるふうもなかった。

老夫婦はどうしようもなく、また近所の人に相談した。近所の人は老人に、役所に訴えるように勧めた。老人はそれに従った。その話は次々伝わり、とうとう郡守の李君に伝わった。郡守が子を呼び出すと、詰問するまでもなく、息子はすなわち自ら承伏した。……しかし女の姓も住居も知らないというので、郡守は妖怪にほぼ間違いなく、人ではないと思った。息子を処罰はせず、長い糸を女の衣につけて、翌日、それを調べるようにと言った。息子が教えを受けて帰り、夜に部屋に入ると、女は早くも知っていて、迎えて言った。

「あなたはなぜ急に私の服に糸を付けようとするのですか。袖の中の針と糸をさっさと渡しなさい」

息子は奪いかえすことはできず、女に与えた。翌日、また郡守のところに行くと、郡守が言った。

「今晩は鋏で裾を切れ」

子が鋏を持って帰ると、女はまた迎えて、怒って言った
「どうしてまた私の衣の裾を切ろうとするのですか。さっさと鋏を渡しなさい。私がしばらく預かります」

子が群守に報告すると、群守は怒って、すぐに命令を出して兵を数人、捕獲に向わせた。その家に近づくと、女は部屋の中ですでに察知した。晴れていたのがたちまち大雨になり、捕り手は前に進めなくなり、帰って群守に報告した。(……どうしても捕えることができないので、群守は息子を呼んで訊ねた。)

「女の容貌はどんな感じか、衣装はどんな色か」

息子はつぶさにかくかくしかじか、と答えた。正に、果たして成人前に亡くなった通判(地方官)の長女(の遺体)が桃園の中に置いてある、(その容色は……衣装は……)命じて女の墓を調べさせたら、顔は生きているようだった。取り上げて燃やすと怪異は収まった。その後、息子には、ついに何事も無かった。弘治(一四八八—一五〇五)年間のことである。


話は大変複雑で、ここでは夜にやってくる者は女性であるが、その妖怪を追跡する手段として群守が針と糸を利用しようとしたのは、明らかに甄萱タイプである。しかし、中国のこういった説話が、朝鮮各地の甄萱タイプの伝説と直接関係がないことは、中朝両民族の説話がたいへん異なっている点を見ても、肯定できるだろう。ヨーロッパの話が朝鮮の話と全く関係がないことは、さらに明らかで、それは省略する。

以上の諸例で考えてみれば、日本と朝鮮の甄萱タイプの伝説の間には、必ず直接な伝播関係があると思われる。それゆえ鳥居博士は、日本の三輪山式伝説は朝鮮から日本に移動して、その伝説は両民族が「朝鮮・日本種族群(Koreo-Japanese group)」を形成して、(中国大陸の)X地方(故地)に居住していた太古の時代から語り継いだ話だと想像した。しかし、氏は甄萱タイプの伝説が会寧や城津だけにあるものだと思っており、『遺事』や『野談』等の記録

にもあることを知らず、また特に朝鮮南部にその伝説が多くあることも知らなかった。かつての朝鮮と日本の状況を見れば、むしろこの説話は日本を通して朝鮮南部に輸入され、さらに江原道、咸鏡道に移動したように思われる。

このように甄萱伝説の伝播経路を断定することは容易ではないが、上に引用した諸例から世界的に存在するこの種類の伝説は、朝鮮にも多くの資料が残っているが、中国の説話の中にもその痕跡を残していることがわかる。

最後に、甄萱タイプの伝説の内容に関して一言述べたい。

このタイプの伝説では、基本的に男が夜、やってきて、未明に帰っていく。これについてある学者は、古代人類の一つの習俗（妻問い婚）が、説話の中に痕跡を残しているのだと述べている。すなわち、未開社会では、娘は成年になると必ず別の部屋に置かれ、その間、求婚する成年は、夜、そこに出入りする（妻問いする）ことができる。そういう時代に生まれた話なので、夜やってきて明け方に帰っていくというプロットが現在まで残っているのだと主張するのである。

これは、面白い考え方だが、朝鮮東部の甄萱タイプの伝説に出てくる夜来者は大概人類ではなく、大蛇、大蚯蚓、獺、龍、杵、蛴螬（地虫）、葡萄、死んだ処女などの妖怪である。妖怪が夜にやってきて鶏が鳴く前に去っていくのは、ほかのタイプの数多くの語りにも一般的に見られるモチーフである。したがって、甄萱タイプの話に登場する妖怪（夜来者）について、（妻問いの習俗のような）何か重大な意味があると考える必要はないだろう。

次に、甄萱タイプの伝説で、夜来者が自分の居住場所や姓名を明言しないというモチーフに関して、日本の中山太郎はその『日本民俗志』七三頁以下で、「このモチーフは〈トーテム〉の異なる部族の男子が、ほかの〈トーテム〉の女子と密会した場合に発生した話型」に見られると述べている。

彼の推論によると、同族婚を常としていた古代日本では、他族、あるいは他村［通婚圏外］の男が他族の女と往来すると、その居住地や姓名を告げることができなかった。彼は、「万が一、自族の女子が他族の男子と往来した場合、当該族の青年は、自分たちの妻の候補が一人減ることに怒り、復讐の態度を取ることがある」と考えたのである。
これも面白い考え方ではあるが、やはりそのように深く考える必要はない。朝鮮東部の説話では、夜来者は妖怪であり、他のタイプの妖怪説話の場合と同一に取り扱うことができる。深く考えすぎると、逆に誤った理解を招きがちである。

つぎに、蛇類が鉄を恐れること、すなわち「針に刺されただけで死ぬ」という信仰について述べると、朝鮮の民俗信仰には、「妖怪や鬼の類は、鉄や一般金属類を怖れる」という考えがある。鬼類は金属の音を怖れるので、夜、出かける場合、かつては馬の首に鈴をつけたという。

また谷間の水を飲む際には、その中にある毒、例えば、交尾した蛇類の精液が上流から流れてくるかもしれないので、水中に金銀製品、あるいは銀銭等を入れて、その上の水を掬って飲めば、毒は除かれているという。「そうしないと、女子が蛇類を産むこともある」という。

船乗りは、水鬼（水中の妖怪）の禍を避けるためには、珊瑚や金銀製の髷止めを持っていればよいという。水鬼が船乗りの結い上げた髪をつかんで引っ張る際、そこに金銀の髷止めを認めると、あえて近づいてこないというのである。

鬼やらいの時に金属製の器を叩いて音を出すのも、そのような理由があるとされることもある（以上は、すべて慶尚南道盲人組合長、亀浦在住の盲覡・崔順道氏談）。

日本の民間にも、よく似た信仰が見られる。山形県米沢市出身の高橋千代子夫人によると、米沢地方にも三輪山タイプの伝説があり、「蛇は鉄物《かなもの》をとても嫌うので、小さな針に刺されても死んでしまう」という。

中国の民間にもそういった信仰がある。例えば、唐の封演の『封氏聞見録』（『学津討原』十三集）巻八「魚龍は鉄を畏れる」の条には、次のような話が見える。

海州（江蘇省連雲港）の南に谷川があり、上流は淮楚に通じ、公私の水運の道だった。宝応年間（七六二）に堰が破れて水が枯れた……堰を修復しても、完成寸前でいつも壊れ、こういうことが四回続いた。

あるいはいう、梁の時、浮山堰を築いた。しばしば決壊が起きた。すなわち鉄数万斤を、その下に積み上げ、それで堰ができた。すなわちその言葉にしたがって穴を塞いだ。初め堰が崩れそうになると、常にその下から雷鳴のような激しい音が聞こえた。その音は上流数里まで移動した。

けだし、金や鉄の味は辛く、辛くて目を損なう。蛟龍はその眼を守るため、これを避けていくのだ。それで堰はできあがった。

大暦年間（七六六―七七九）に刑部郎中程皓の家は相州（河南省北部）にあったが、その屋敷の前に小さな池があり、ある人が剣を造るのに、池の中で焼き入れをしたら、蛇や魚が皆死んだ……

鉄の粉が混入した水を飲んだ蛇や魚がみな死んだということは考えられるが、「鉄の辛味が蛟龍の目を害したので、蛟龍が鉄を避けた」という説明は信じがたい。しかし「龍蛇が鉄を怖がり避ける」という信仰が存在したことは、よくわかる。

唐の『洛神伝』〔『古今説海』〕には、次のように記されている。

太和年間（二二七―二三三）に処士の蕭曠は洛東から旅をして孝義館に到った。夜、双美亭で休んだ。時に月は明るく風は清く、曠は琴を善くしたので、琴を取って弾いた。夜半、調べが大変重々しかった。突然、洛水で、ため息をついて、人が次第に近づいてきた。一人の美人で、曠は琴を置いてあいさつした。

「どなたですか」

その女が「洛浦の神女です……たまたまあなたの琴の清雅な調べを聞きましたので、ぜひ拝聴したいと思ってきました」と答えた。

曠はそこで「別鶴操」と「悲風」を弾いた。

……曠は「龍は鉄を畏れると聞きましたが、そういうことがありますか」と言った。

女は「龍は神に近く、鉄石金玉、すべて通り抜けることができます。どうして鉄だけ恐れるということがありましょうか。恐れるのは、蛟《みずち》や螭《あまりょう》の輩《やから》です」と言った。

曠が「雷氏の子は豊城剣をつけて、延平津に到り、水に飛び込んで龍になった。こういうことがあるのですか」と、また言った。

女が「龍は木《もく》の類です。剣はすなわち金で、金は木に克ちますからお互いに影響しあうことはありません。どうして（影響を受けて）変化することがありましょう」と言った。

この文章は『太平広記』巻三二一「蕭曠」の条にも引用されているが、『太平広記』はこれを『伝記』から引用している。洛水女神は、龍が鉄を畏《おそ》れる説を否認したが、これは作者の理論であって、中国の民間信仰は「龍は鉄を畏れる、というが、そうなのか」という句にはっきり表現されている。そして、作者も「畏れるのは、蛟や螭の輩である」と言っており、龍類でも下級のものは鉄を怖がって避けたと明言している。また、作者が龍は木類で、「剣は金で、金は木に克つ」と述べるところからも、やはり中国の信仰では「龍類は金属を怖がる」と思っていたことがわかる。元の伊世珍の『瑯環記』〔『学津討原』十五集〕巻上に、ある人が蛇にかまれて、死にたくなるほどの痛さだった。一人の子どもが来て「二本の刀を水に入れてこすり合わせ、その水を飲めば効く」と言って緑螈となって、壁の穴に入った。その人は、その処方通りに飲んだら、すぐに治った。それで緑螈を蛇の医者という。すなわちイモリ（守宮）である。

とあるのも、「蛇が鉄を畏れる」の証拠と見ることができる。こういった信仰に関しては後に詳述する機会があるだろうから、ここでは省略する。ここで強調したいのは、蛇類や妖怪、龍蛟等が金属を怖れ避けるという信仰は昔から存在したということである。

この種の信仰の起源は、金属で鋳造された武器が、全ての可視的な敵、すなわち人類、獣類、蟲類などを刺殺できる点から、見えない敵である鬼や妖怪等も金属を怖がって避けるという信仰が生まれたものだと私は考えている。すなわち、原始信仰では目に見える存在や目に見えない存在がみな同一水準上にあったので、「目に見える敵類が怖がるものなら目に見えない敵もそれを怖がるものだ」と彼らは信仰したと思われる。そして、例えば、血液を崇拝した原始人は血液が赤色なので、全ての赤色の物、例えば赤珊瑚、赤鉄鉱、小豆粥、赤い符（札）、赤い柱樑などを神聖視したのと同じ論法で、敵が怖がる武器を金属で鋳造したもので、「同質異状」の原理で全ての金属を鬼や龍・蛇・妖怪などが怖がって避けるものとして信仰したと思われる。

訳注

（1）忠清道、全羅道、慶尚道。

（2）野生人参の神秘化したもので、説話の中では英雄が食べて強力を得る。「地下国大盗賊退治説話」参照。

（3）鶴坡閑人の報告は『東亜日報』（一九二七年九月一九日から二〇日の三面）に会寧の明堂池として掲載されている。「伝説の朝鮮　ヌルハチが清太祖となり、李座首の娘がヌルハチを生んだ（伝説의 朝鮮 노라치가 清太祖가 되여 리좌수 딸이 노라치를 나

엇다)」ノラッチはヌルハチ。

（4）　生まれた年月日時。これによって運勢を占うが、特に結婚の相性を見る。

第七篇　その他の説話

1　海の水が塩からいわけ

むかし、有名な大泥棒がいた。時の国王は一つの石臼を手に入れたが、その臼は宝物で、如意宝珠のように、それに向かってほしいものを言いさえすれば、何でもすぐに出してくれた。大泥棒は、それを盗もうと何年も考えぬいた末、ある日、その宝の臼をまんまと盗み出した。大泥棒は、陸上にいたら、いずれ露見すると思ったので、それを持って、海に出た。

海の真ん中にたどり着くと、大泥棒は船を止めて考えた。

「ここまで来たから、もう安心だ。近頃は塩の値がひどく高いから、塩を出して、大儲けしてやろう」

大泥棒は臼に向かって、「塩を出せ」と言った。すると、臼はぐるぐる回りだし、雪のように真っ白な塩が、後から後から際限なく湧き出してきた。大泥棒はうれしさのあまり、臼を止めるのを忘れてしまった。それで、塩の重みで船は転覆し、大泥棒は溺死した。その石臼は今も海底でぐるぐる回り続けているので、石臼から出てくる塩のせいで、海の水は今でも塩からいのだ。

（一九二〇年九月、咸興、張湅原氏談）

これと類似した説話はドイツの童話にもあるので、私は、当時、高等普通学校の生徒だった張氏にいつ誰から聞いたかを尋ねた。しかし、張氏は最近聞いたものではなく、幼い頃に友だちが話すのを聞いた、と言った。石臼が海底で塩を出すという構想がドイツの説話とぴったり一致しているので、私はこの説話が本当に朝鮮民族古来のものかどうかを確かめようと、何人もの咸興出身の人に尋ねてみたが、なんらの要領も得られなかった。

しかし、改めてドイツの話と張氏のこの話を吟味すると、石臼が塩を出すという一条以外は、二つの話が少しも似ていないことに気づいた。もし張氏が近年に聞いた説話ならば、両者の間にこのように距離が生じるとは考えにくい。本当にこれが朝鮮の古来の説話ならば、文化史上非常に興味深い問題である。

ドイツの伝説と朝鮮の伝説の間にどうしてこのような関係が存在するのか、偶然の一致なのか、あるいはドイツ民族の説話が、なんらかの経路で朝鮮内にまで伝わってきたのかについては、将来の研究の進展に期待する。

読者の参考までに、つぎに『グリム以後の新しい童話』から「海水はなぜ塩からいか」を抄訳する。

むかし、かわいくて正直な子どもがいた。この子は、目の不自由な祖母と良心以外は、何も持っていなかった。

少年は学校を卒業すると、船乗りになり、生まれて初めての航海に出た。新しい仲間たちは、金さえあれば賭博をしていたが、少年はお金がなかったので、その賭け事の輪に入ることもできなかった。祖母にそのことを訴えると、祖母はしばらく考えていたが、部屋の中をしばらく捜して、小さな石臼を出してきた。

「お金がいる時にはこの臼に向かって、「臼よ臼よ、金を出してくれ」と言えば金が出てくる。必要なだけ出たら、「臼よ臼よ、止まれ」と言えばいい。必要なものがあれば、なんでもこれに言えば、願い通りに出てくる」と言った。

少年は船に戻ると、同僚たちはまた賭け事をしていた。少年は片隅に行って、臼に向かって、「金を出してくれ」と言うと、臼は一回転して、金を出した。それで、少年は仲間の中で、一番の金持ちになった。航海の途中、食糧が不足すれば、その臼で食糧を供給した。

船長は悪い考えを起こし、ある晩、少年の船室に行って、拷問を加えて、臼から物を出す方法を聞きだすと、少年を海に突き落とした。

船長は自分の部屋に戻ると、ちょうど塩がなかったので、「臼よ臼よ、塩を出せ」と言った。臼は回り、塩を出しはじめたが、船長は、臼を止める言葉を知らなかったので、臼を止めることはできず、塩は出続けて、ついには船室に塩があふれた。

船長はあわてて臼を海に投げこもうとしたが、甲板で転び、臼は粉粉に割れて、船長は失神した。割れた臼のかけらは、一つ一つが小さな石臼になり、間断なく塩を出し続けた。そして、船も船員も皆、海中に沈んだ。すべての石臼は、今も海中で塩を出し続けている。それで、海の水は今でも塩からいのだ。

石臼のかけらがまた小さな石臼となり、海底で塩を出し続けているという点は、この説話の中で最も興味を引くところであるが、この点も朝鮮説話の中にはないことから見て、張氏の説話は朝鮮民間で伝承された話なのだろう。

2　顔面で粉に印をつける

宣祖の時の人、柳夢寅の『於于野談』「顔面で粉に印をつける」の条に、次のような笑話がある。

長者の高蜚《こうひ》は、忠清北道の忠州の人である。性は吝嗇で、財貨を重んじた。蔵も箪笥も、必ず自ら封印した。糠やふすまのわずかなものも千金のように大事にした。

ある時、仕事で遠出をすることになり、帰ってくる日を計算して、妻と妾の食糧を升で測って与えた。米倉を封印して出かけようとした。器を調べたら、くず米粉数斗が入ったまま、蔵の外に置いてあった。出かけるのに忙しく、しまう暇がなかったので、その表面に顔を押し付けて、「もしこの粉を食べて、この顔の痕を壊したら、罪は死にあたるからな」と言った。

帰る時になったら、途中で雨に降られて川で足止めされた。妻と妾は食糧が尽きて、飢えに耐えきれず、互いに相談して「死を待つより、食べて死にましょう」と言って、半分を食べて、半分残し、妻は、陰部で、その粉に印をつけた。

高蜚は帰ってくると、その粉の器を調べて、左右からじっくり眺めて「俺の鬚は縮れていないのに、この鬚はどうして縮れているのか。俺の口は横に開いているのに、この口はどうして縦なのか。俺は舌を出していないのに、どうして舌が出ているのか。盗み食いをしたな」と言って、太い棍棒で、妻と妾を殴った。

これは、今も朝鮮の民間に伝わる話である。このタイプの話は、どの国にもあるようで、南方熊楠の『続南方随筆』(2)によると、英、独、仏、イタリアにもあるという。

ここに試しに一例を挙げると、十六世紀刊の書籍に次のような話があるという。すなわち画工が旅に出る前に妻の腹に一頭の角のない羊を描き、消さないようにとよく言い含めた。その後、好色で独り者の商人が画工の妻と通じた後、その腹に一頭の角のある羊を描いた。

この類の笑話は、どうやら日本にも多くあるようで、十三世紀の無住法師の『沙石集』七巻六章では、一人の大変嫉妬深い妻が、磨粉に塩をあわせて、夫の陰部に塗って、夫の情婦を防いだ話の後に、また次のような話を記している。

ある人が出かけるときに、妻の貞操を検査しようと、妻の陰部に一頭の臥牛を描いた。姦夫は妻と通じた後、立っている牛を描いた。夫が帰ってきた後で、妻を詰《なじ》ると、妻は、「臥ている牛だって、ずっと臥ているわけではないでしょう」と言った。夫は、それもそうだと思い、妻を許した。

ほかにも日本には、このような話が伝わっている。

夫が出かけるときに妻の陰部に轡《くつわ》をはめた馬を描いた。帰って見ると、轡のない馬に変わっていた。その訳を問い詰めると、妻は「豆を食べる馬は、轡を外すのが当然でしょう」と答えた。

「豆」は日本語で「まめ」と発音し、これは女陰の隠語である。前の話に比べて、より軽妙な味わいに富むといえよう。

ある日本の夫は、出かけるときに妻の秘所の右に一羽の鶯を描いたが、帰って見ると、鶯は左に行っていた。妻を詰ると、「鶯の谷渡りも知らないのですか」と答えた。

ほかの話では、玄米が白米に変わるが、これについて妻は「米売りが米を搗いてくれました」と答えて、夫は満足したという。

中国にもこのような笑話はあり、『笑林広記』巻一「拙《つたな》い蓮の花」というのがある。

ある教師が、外に住み込み家庭教師にでかけるので、妻が私通をするのではないかと虞《おそ》れ、妻の秘処に蓮の花を一輪描いて印とした。年季が明けて家に帰ってきて、確認したところ、花は落ちた後で、痕も無かったので、大変怒って責めようとしたら、妻が言った。

「あなたが自分で間違えたのです。何でも描けるのに、どうしてただ蓮の花を描いたのですか。知らなかったわけではないでしょう。蓮の花の下には蓮根があるのですよ。訪ねてきた人びとは、良し悪しかまわず、こっちを掘ったりあっちを掘ったりして、すっかり掘りつくされました。私のせいではありません」

同書巻三「換班（当直交代）」には、次のように記されている。

ある門番の妻は淫乱だった。夫は昼も夜も見張りをしていたが、ある日、この男、妻のほとの左側に一人の門番が見張る姿を描いて、印とした。妻はまた、人と事を行い、前の門番を消した。間男は、慌てて右側に描いて去った。夫が当直から帰って調べると、すでに元の絵ではなかった。怒って「左側に描いたのに、どうして右に移ったのか」というと、妻は「役所に何年も勤めて、まさか見張りの交代を知らない、ということはないでしょう」と言った。

いずれも構想が似ていて、この話の各民族間の授受関係は、はっきりわからない。各国の話を比べて見ると、中国の話は単純で、日本の話は、日本語のいわゆる「洒落」を聞かせた軽快な諧謔があり、朝鮮の話は綿密な技巧で、それぞれの民族性の一斑がうかがえて興味深い。中国の素朴、露骨に対し、朝鮮のものは詮索的、論理的で、日本のものは華やかで明るく貴族文学的である。

3 妻を懲らしめる話

ある不実な妻が、夫が出かけたすきに姦夫を家に連れ込んで、酒を飲んで気ままに過ごしていた。夜になり、姦夫が泥酔したところに、夫が突然、帰ってきた。妻はあわてふためいたが、夫はとっくに計画していたことで、妻を落ち着かせると、油を熱して、その油を泥酔している姦夫の耳に注げと命じた。妻はしかたなく夫の命令どおりに、姦夫を殺した。

次に夫は「お前が人を殺したのだから、もしもこの事がばれたら、お前も生きてはいられない。だから、早くこの屍体を背負って、山に棄ててこい」と言った。妻はますますドキドキして震え上がったが、しかたなく屍体を背負って山に行った。一人でも恐ろしい夜道を背には屍まで背負っているので、風が吹いて草が揺れる音にも驚いて、心臓が飛び出しそうだった。村を出て、田の畦畔《あぜ》を通って、山の麓に着いた。

突然、「誰だ」と怒鳴る声がして、妻は気絶しそうに驚いたが、それは自分の夫だった。夫は再び厳粛に、「人を殺したら命で償わねばならない。この屍を背負って、今から役所に行って自首しろ」と命令した。妻は真っ青になって、「どうか命だけは助けてください」と哀願した。夫は、妻に屍を背負わせ、一緒に姦夫の家に行った。妻は、唯々諾々と従い、姦夫の家の門前まで行った。鶏がちょっと騒いだだけで、杳《よう》として人影もなかった。夫は姦夫の家の門前で、姦夫の声を真似て、「戸を開けろ」と言った。姦夫の妻は、夫の遊びが度を過ぎていて、嫉妬と憤りで寝付かれないでいた。それで、返事もしないで聞こえないふりをしていた。何度も呼んだが、相変わらず返事はなかった。

「おい、門を開けないなら、首を吊って死ぬからな」と言うと、その妻は「勝手にして」と言って煙草のキセルを叩いていた。夫は姦夫の首に縄をかけて、それをその家の門の梁にぶら下げると、急いで家に帰っていった。姦夫の妻は、しばらくしても、何の気配もないので、心配になって外に出てみると、本当に夫が首を吊って死んでいた。大声を張り上げて泣いたが、後悔先に立たずであった。一方、放蕩だった妻はそれ以後、改悛して誠実な人間になった。

この説話は、朝鮮の各地にあるので、ここでは、ただ概略を記した。日本にもこれと似た話があり、森口多里の『農民童話集 黄金の馬』は、次のような話である。

或処《あるところ》に米屋があった。毎晩五斗俵を一俵ずつ何者かに盗まれる。誰がどうして盗むのか一向分らない。或夜その米屋の旦那殿が出かけた留守のあいだに、わきから男が来て、米屋の主婦《おがさん》を騙してお湯に入った。その最中に旦那殿が帰ってきて、この有様を見つけて、いきなり風呂桶に蓋をして、火をどんどん焚きつけて、とうとうその男を煮殺してしまった。旦那殿は、さてどうして殺した罪を胡麻化そうかと工夫した挙句、死人を俵に詰めて、沢山積み上げてある米俵の一番上に載せておいた。

その夜も盗人が入ってきて、一番上の米俵を盗んでいった。盗人は途中で、いつもの俵より軽いのに気がついたので、肩からおろして開けてみた。そしたれば、入っていたのは男の死人であったから、驚いて田に運んでいって、蓑を着せ、笠を被《か》ぶせた上で、他家《よそ》の田の水口にツックボッコさせておいて「蹲《うずくま》らせておいて」逃げ去った。

その夜、田の持主のお百姓が水引きに来て、水口にツックボッコしている人影を見つけて、「なんで水口を塞ぐのだ」とどなった。それでも人影は逃げないので、近づいて棒で殴りつけた。そしたれば人影が倒れたので、しらべてみたれば、もう死んでいた。お百姓は、自分が殺したのだと思って、当惑したが、死人の顔を見てみたれば、予《かね》て自分の知っている男であった。そこで死人を担いで、死人の家に行って、死人は戸口に立たせておいて、うまく死人の生きていたときの声色《こわいろ》を使って、「嬶々《かかあ》いま帰ったぜ」と呼んだ。家の中では死人の女房《がさま》がそれを聞きつけて、「なんだって！　自分の好きなことばかり毎晩毎晩して歩いてるくせに、勝手にしろ」と叫んだ。お百姓はまた声色を使って、「そんなら、井戸に入って死ぬぞ」と言った。家の中では女房が荒々しい声で、「なじょにでもなれ」とどなった。そこでお百姓は死人を井戸の中に投げ込んだ。女房はその水音を聞いて、亭主がほんとに井戸に身を投げて死んだのだと思った。(3)

この日本の話と朝鮮の妻を懲らしめる話とは、別に文化史的な授受関係はないようで、偶然の一致に過ぎないと思われるが、両者は非常に似ているので、読者に参照していただくために、ここに引用した。

4　小僧の話

『慵斎叢話』に見られる小僧の話〔「和尚と小僧」〕以外にも朝鮮の民間には、小僧が老僧をからかう話が山ほどある。その中に日本の小僧の話とまったく一致する話があるので、まず紹介しておきたい。

ある老僧は、干し柿〔あるいは飴〕を押入れに隠して、他人にはやらず、独り占めしていた。それで、小僧たちに見つかった時には「これを食べると、死んでしまうぞ」と嘘をついた。その中に一人、賢い小僧がいて、ある日、老僧が出かけた隙を狙って、押入れの中の干し柿を一つ食べてみた。小僧は死ぬどころか、(干し柿は)とてもおいしかった。そこで小僧は、干し柿を一つ残らず全部食べてしまった。それから、老僧が何よりも大事にしていた硯を庭で叩き壊して、部屋に戻ると、病人のように布団をかぶって寝ていた。

老僧が戻ってきて、どこが悪いのかと聞くと、小僧はこのように答えた。

「和尚さま、とんでもないことをしてしまいました。和尚さまが大切になさっていた硯を壊してしまいました。それで、死のうと思って押入れの中のものを全て食べました。でも、まだ死なないのです」

老僧はむざむざ、干し柿と硯を失った。

これは誰もが知っている朝鮮の民間説話である。日本の話には、佐々木喜善の『紫波郡昔話』[4]「和尚と小僧の話」一「毒梨」に次のような話がある。

或る山寺の庭に一本の梨の木があって、秋になって実が熟して黄色に色付いているのを、和尚は、「あれは毒の実なので必ず食ってはならぬぞ、食うと死ぬるぞ」と堅く堅く小僧に言いつけて置きながら、自分は時々そっと採って食って居た。

小僧もそれを真の事とばかり思って居たが、或日和尚の留守の時に烏が飛んできて梨の実を食って居て誤って一つ落した。それを小僧は見て居たが、烏が一向死なぬので、自分も試《ためし》に下に落ちた実を拾って食って見た。うまいのなのって頭が鳴る程甘くて、甘いばかりか一向死ななかった。死なぬばかりか気持ちまで清々して涼しかった。小僧はこれはすっかり和尚に今迄騙されて居たと思って、梨をうんと取って食って、そしてわざと和尚の大事の皿をこわしてから、自分の室に入って布団を頭から被って寝て居た。

和尚は外から還ってくると、小僧は寝て居るのでどうしたかと訊いた。実は和尚様の大事な皿をこわしたので、申訳《もうしわけ》がないから死ぬ気になりあの御庭の毒の実をうんと食った。ほだから俺は今に死ぬだろうと思って斯うして寝て居たと答えた。

この日本の説話は、おそらく朝鮮説話の影響を受けたと思われる。

5　醜かったり美しかったりする妻

朝鮮の民間には次のような説話があったのを覚えている。簡単に紹介したい。

ある放蕩な夫が妻を追い出すことにした。その理由は、妻が、妓生やその他の遊女よりも美しくないからであった。妻は、乱れた髪を整え、石鹸で顔を洗い、紅とおしろいで化粧をして、嫁いだ時に着てきた華やかな服を籠底から取り出して着て、身なりを整えた後、夫の家の門を出ようとした。部屋に座っていた夫は、出ていこうとする妻の面目一新した姿を目にするや、思わず魅了されて、「お前は醜い時は醜いが、きれいにすれば美人だな」と言って、改めて、妻を呼び戻した。

このような人情にまつわる説話は、たとえ相互に授受関係がなくても、各民族の間で、似た伝承を持つことは大いにありうる。日本にも、これによく似た説話があるので、次にそれを紹介する。佐々木喜善の『紫波郡昔話』の「女房を出す戸口」という題の、古い話である。

或男、隣の女房が自分の妻より美女《ええおなご》に見えた。それで其女に通った。家の女房は働くことばかりが適能《いけの》で化粧をしなかった。或日女房に向い、お前は見にくくてならぬに依って出て往けと言う。

女房は余の事とは違ってしかたがないものだから、それでは出て往きますと言って、風呂敷包や何かと支度をし、髪を結ったり化粧をしたりしたところを見ると、これは隣の女房より遙かに美女である。男は急に出してやるのが惜しくなった。

女房は愈々支度が出来て、夫の前に手をつき、それではお体を大事にしてがんせ。私も永々お世話になりました。居たうちのご面倒有難かと礼を述べて、土間に下り其所から出ようとすると、夫は其出口に立塞がって、此所は俺のところだから出て行ってはならぬ、他のところから出て行けと言う。それで女房は常居《じょうい》の縁側から出ようとすれば、早速其所にも亭主は立塞がって、此所も俺のところだから出て往ってはならぬと言った。女房はしかたがないから座敷の方から出ようとすると、また其方へも駆けて行って、此所も俺のところだから出て行ってはならぬと言う。それでは私が出て往くところはありませんと女房が言うと、うん出て行くなと夫は言う。

女房はそれでは出て往くなてしかと言って装《もえ》をほぐしたから、それからは男は隣の女房に通うのは止めたと謂う話である。

6　名官が長丞を裁く話

『青邱野談』巻八「清州の副官が権謀術策で盗人を捕える」の条には、次のような説話がある。

李趾光は、善政で名を知られていた。まるで神のような技で訴訟を解決した。清州に赴任した時、一人の僧が来て訴えた。

「某（私）は某所の僧で、紙を売って生活の資としています。今日、市《いち》に一束《そく》の紙を背負ってきて、市の傍で休んでいました。しばらく荷を下ろして、振り返って見たら、紙の束はもう無くなっていました。あたりを探しましたが、遂に見つかりませんでした。この元手を失くしては、帰る望みもありません。どうか伏して助けを賜り、この命を生かしてくださいますよう……」と願った。李は言った。

「お前がちゃんとみはらなかったから、人の海の中で失くしたのだ。助けてくれと言っても、どこに行って尋ねろというのか。面倒を持ち込まず、さっさと出て行け」

しばらくして、用事で一里ほどのところに出かけた。黄昏に役所に帰る途中、道端に「長丞《チャンスン》(5)」が見えると、指さして言った。

「これは何者か。官の行く手に傲慢に立っているとは」

下役が言った。

「これは人ではなく、長丞です」

李は言った。

「長丞であるにしても、あまりにも傲慢だ。捕まえて来て、明朝まで外に拘留しておけ。夜に乗じて逃げる虞れがあるから、三班の役人は、官門で命令を待つ者以外、全員、当直せよ」

下役たちはみな返事をしたものの、皆ひそかに笑い、誰一人として当直する者はいなかった。李はもちろん、こうなることはわかっていたので、夜中になると、気の利く通引（下役）に、ひそかにほかの場所に運ばせた。

翌朝、役所が開くと、警邏《けいら》の卒に長丞を持ってくるように命じた。邏卒が走って行って見たら「朱髯将軍」すなわち長丞は、いなくなっていた。始めは怪しんで、あたりを探したが見つからなかった。役所の矢の催促で、邏卒はやむなく、無くなったことを報告して罰を受けることにした。

李はわざと怒った様子を見せ、「官に身を置きながら、官の命令に従わず、当直しないで失うとは、処罰しないわけにはいかぬ。首吏（配下の役人の長）以下、それぞれ紙一束を収め、即刻、命令を待て。もし納めない者がいれば、代わりに鞭打ち二十とする」

そこですべての下役は、ことごとく紙を収め、役所の庭に紙が積み上げられた。そこで、昨日、訴えた僧を招き、彼が無くした紙を、その中から選ばせた。僧の紙には印があったので、手当たり次第に選び出して、元の束になった。李は言った。

「お前の紙を見つけたらさっさと出て行け。今後は気を付けてよく見張り、こんなことは二度と起こすな」

その僧は、何度も何度も感謝のお辞儀をして出ていった。李はその紙の束の出所を調べた。市の傍に住む無頼漢が盗んだ犯人だった。盗んで家に置いていたら、たまたま市中に紙がなくなった。（李趾光が）紙を収めさせた時に市中の紙の値段が高騰したので、（盗んだ紙を）全部売り払ったのである。

そこで（李趾光は）その男を捕まえ、罪を処罰して、男の金を没収し、紙を買った下役たちに分け与えた。余った紙の束は収めた者に引き取らせた。村中の役人も民も皆、その見事さに感心した。

日本の説話の中にもこれとよく似た話がある。どこで見たのかわからないが、民間には次のような話があるので、以下、簡単に紹介したい。

昔、ある毛革商が、夏の暑さと疲労に耐えられず、仏像の下で昼寝をしたが、目覚めてみたら、毛革が全部盗まれていた。すぐに役所に行って告発した。判官は訴状を見ると、下吏に仏像を捕まえてこいと命じた。重い石仏だったので、たくさんの人を動員して、手車で引いたり牛に引っ張らせたり、大騒ぎになった。見物人が幾重にも取り囲んだ。群衆は好奇心に駆られ、判官は石仏を引っ張って来て、いったいどんな判決を下すつもりか見ようと役所に押しかけた。すると、判官は突然、官門を閉鎖して、群衆を官庁の中に監禁して、夜になっても飲食を与えなかった。夜中になると、判官はこう言った。

「今、紙、筆、墨を渡すので、家に帰りたい者は、そこに住所と姓名を書けば、帰宅を許す。しかし明朝、毛革を一枚ずつ役所に納めよ」

こうして、翌朝、役所には、毛革がうず高く積み上げられた。判官は昨日の商人を呼んで、自分の毛革を探させた。さらにその出処《でどころ》を調べて犯人を捕まえ、重刑に処した。

この説話の出処は仏典に違いないと思われるが、私は今のところ原典を見つけていない。

7　鯉を放して宝を得る話

漁夫あるいは旅人が、一匹の不思議な鯉を海に放して、龍宮に行き、龍王から、王子、または王女の命の恩人として厚いもてなしを受ける。その後、家がなつかしくなって、帰る時に、龍王の王子あるいは王女の計らいで、龍宮の宝物［宝珠、宝の硯滴、宝の函、三色の瓶の薬等］を手に入れて、幸せに暮らした、あるいは「開けたら、二度と龍宮には戻れない」と何度も注意されたのに開けてしまい、一筋の煙とともに、再び龍女の元へは行けなくなった。

この話のうち、単に龍宮説話だけが独立した話も少なくないが、このような「龍宮説話」のモチーフを取り入れた話（龍宮訪問譚）は、大変多い。

とりわけ龍女と結婚した漁夫が、龍女がくれた玉手函を開けたために、再び龍宮には行けなくなったという説話［慶尚道地方に多くある］は、日本の浦島太郎説話の源泉ではないかと思われる。

この事はしばらく置くとして、「魚類を放した恩徳で、その魚類から報恩を受ける」という話型は中国にも多い。紙数に限りがあるので、いちいち列挙できないが、数例だけを以下に引用する。

朝鮮の鯉を放す説話が、必ずしも中国のそのような説話と文化的接触関係がないとは断言できない。中国のこのタイプの話で、鯉または亀、スッポンなどを放して龍宮に行くというモチーフが見えない。だから朝鮮の鯉を放す話は全部が全部、中国の影響を受けたのではない。しかし朝鮮の鯉を放す話は、たくさんの細部で中国の話に似ており、熱心に研究する人のために、いくつか例を引用しておく。

晋の陶潜の『捜神後記』［『学津討原』十六集］巻十には、次のような話がある。

晋の咸康年間（三三五―三四二）、豫州刺史の毛宝が邾城（武漢）を守っていた時の話である。

一人の軍人が、武昌の市で一匹の白い亀が売られているのを見た。長さ四、五寸で真っ白でかわいかったので、買って持ち帰り、甕に入れて飼った。だんだん大きくなり、七日で一尺ほどになった。軍人は亀を憐れんで川辺に持って行って、長江に放して、去って行くのを見た。

その後、邾城は石季龍に攻略され、毛宝は豫州を捨てた。（この時）長江に逃れた者は、皆、溺れた。亀を飼っていた人も、鎧を着て刀を持ち、また同じく長江に身を投じた。

ところが、(亀を助けた人は) 水中に入っても、岩の上に落ちたようで、水は腰のあたりまでで止まった。急に動き出して、川の中ほどまで来た。よく見ると、以前、放した白亀で、甲羅は六、七尺あった。東岸に着くと、(亀は) 頭を出してこの人を見て、おもむろに泳ぎ去った。(亀は) 長江の中ほどまで行ってもなお振り返ってこの人を見て、沈んでいった。

白い亀が、飼育して放してくれた人を救い、別れる時に振り返って眺めたというのは、朝鮮の説話と似ている。唐の傅亮の『靈応録』〔『説郛』一一七〕「黄徳環」の条には、次のように記されている。

黄徳環の家の者が鼇(スッポン)を煮た。箬(クマザサの葉)でその窯に蓋をした。開けてみると一匹の鼇が笠(甲羅)を逆さにしてひっくり返っていた。甲羅は蒸されて爛れていたが、頭と足はまだ延ばしたり縮めたりしていた。家の者は哀れんで、こっそり河に放した。後に徳環は、熱病を患って死にそうになり、川辺の建物に移って養生した。夜に何かがゆっくり体の上に来て、とても冷たい感じがした。明け方に見ると、胸はすっかり泥だらけで、あの鼇が上に乗っていた。振り返り振り返りしながら去っていったが、その日のうちに病は癒えた。

これは放してやった亀が恩人の病を治したという話である。宋の岑象求の『吉凶影響録』〔『説郛』一一七〕には、次のように記されている。

韋丹が科挙に受かる前のこと、洛陽橋で一人の漁師が巨大な黿《おおがめ》を捕まえた。丹はこれを異常なこととして、買って川に放した。後に元長史、名は湙という者が来て、感謝した。すなわちその黿だった。

いささか荒唐無稽ではあるが、漁夫が捕まえたものを買い取って放したという点が、朝鮮の説話と多少の関係があると思われる。宋あるいは唐の人とされる戴君宇の『広異記』〔『説郛』一一八〕「送亀」の条には、次のように記されている。


劉彦回の父が、湖州（浙江省）刺史となったとき、部下の役人が銀坑で一匹の亀を見つけた。長さが一尺あり、彦回の父に持って来て献じた。郡官が皆集まって祝して言った。

「最初に亀を得るとは、千年のご長寿です」と。彦回の父は、自分はそういう者ではない、と謝して、自ら騎馬で亀を銀坑に返してきた。

その後、彦回の父が亡くなった。彦回は（湖北省房県）房州司士の官属となった。

山が洪水になり、水が平地を覆いつくし、一家が恐れおののいていると、突然、大亀が現れて道案内をした。亀について行くと、ずっと浅瀬で、十余里（?）の地を経《へ》て、一家は水難を免れた。その夕べ、彦回の夢に亀が現れ、

「昔、銀坑で先の長官のご恩を受けましたので、そのご恩に報いました」と言った。


また、晋の謝承の『会稽先賢伝』〔『説郛』五八〕には、次のように記されている。


孔愉（二六八―三四二）、字は敬康、かつて呉興県の余于亭に至り、人が道で亀に籠をかぶせているのを見かけた。愉は買い求めて渓流に放してやった。亀は水辺まで行くと、振り返って愉を見た。

孔愉は余于亭侯位に封じられるにおよび、印を鋳造しようとしたら、（印の）亀の首が振り返った曲がった形

になって、三回やってもうまくいかなかった。むかし、亀が振り返った姿を見るようだった。霊徳の感応がこれほどなので、(印を)取って身につけることにした。

これも買い取って放したものである。以上の例はすべて亀や鼈(スッポン)を放した話であり、それはこういった種類の中国説話の一般を代言するものであるが、中国説話の中でも次の鯉を放す伝説は、朝鮮の龍宮説話と非常に似ている。すなわち、清の李調元(一七三四—一八〇三)の『尾蔗叢談』[『函海』]巻二、「放鯉祠」の条には、次のように記されている。

荘麟は山西省臨県の村人で、歳は二十歳で未婚だった。

暑いときに河で水浴びをしていて、大きな鯉が網にかかっているのを見た。重さは百余斤ほどありそうで、鬛をぴんと挙げて訴えるかのようだった。麟が憐れんで放してやると、鯉は振り返るような恰好をしながら泳いで、波を越えて去って行った。

後に麟が畑で転寝していると、夢に秀才(6)が、いずれも立派な格好をした騎馬の従者を引き連れてやってきて、麟に拝礼して言った。

「大変なご恩を蒙りましたので、すでに父に頼んで妹を嫁にやることにしましたから、どうか断らないでください」

麟は驚いて「私は農夫にすぎません。もとよりあなたと知り合うような縁も無いのに、どんな恩を施したというのでしょうか。ましてや出世する見込みもないのに、妹さんをいただくことなどできましょうか」

秀才が言った。

「あなたは川の鯉を覚えていませんか。私は、すなわち禹門の龍王の三番目の王子です。魚になって遊びに出かけ、網に捕らえられていました。あなたでなければ、切り刻まれて市で売られていたでしょう。妹はすごい美人です。ほめるだけの価値があります。あなたはどうしてそんなに拒むのですか」

麟はこれを聞いて「水の世界とは道を異にします。あなたはどうして私を愛せるでしょう。あなたのご厚意をこうむるなど恐れ多いことです。お断りさせていただきます」

秀才は心中腹が立ったが、水晶を一つ出して麟に贈って言った。

「旱魃が悪さをしたら、あなたがこれに祈れば、甘雨がたちどころに降り出すでしょう。寝るとき枕にして、日照りに遭ったら祈ればかならず効き目があります。号して雨師といいます」

（麟は、旱魃を救ったので、）州県がこぞって礼を贈ってきたが、皆、断った。遠近の者、皆が、これを徳とした。国朝の順治初年（一六四四）に荘麟は老いて七十余になった。亡くなる三日前に、また夢に秀才が現れて「あなたの寿命は尽きようとしています。水晶は返してください」と言った。麟は懐を探り、そうして亡くなった。土地の人は河に面して祠を建て、今に至るも「鯉を放した荘麟の像が中にあり、祈ると霊験がある」と言う。

助けられた鯉が龍王の息子だという話で、助けてやった者が龍女と結婚しかけるのは、非常に朝鮮の説話に近い。龍女と結婚したら、この世の人としての生命はなくなってしまうので、龍子の求婚を拒絶して、もっぱら人の世に有益な「雨を降らせてくれる水晶」を手に入れたとあるのは、中国人の現実的かつ功利的なことを述べている。

中国の龍宮説話は、「陸地を行くように海を渡って龍宮に至り、龍女と結婚する」朝鮮や日本の話と違って、空想的ではない。最後に引用した説話は非常に朝鮮のものに近いが、近世の記録なので、朝鮮や日本の龍宮説話が中国で生まれたとする証拠としては価値が低いと思われる。

訳注

（1）高等普通学校は、植民地期における朝鮮人男子生徒向けの中等教育機関。
（2）「女の腹に羊を描いた男」
（3）森口多里『黄金の馬』三弥井書店、一九七一年、五七～五八頁による。原著は一九二七年『農民童話集　黄金の馬』実業之日本社。
（4）郷土研究社発行、爐邊叢書　一九二六念。現代表記に改めた。
（5）上に顔を描いた石または木の棒で、村はずれなどにたてられた。境界を示し、その土地の安寧の守護神でもある。
（6）本来は、科挙の最初の試験に合格した人のことであるが、単に科挙受験をするような人をいう。

おわりに

考えてみると、この世で著述を出すということは、著者がたいへんな自信を持っているか、またはまったくの無知か、それとも、書肆や社会の在り方にうんざりしているか、または、何かに窮しているかのこの四つの境遇にあるかだろう。私がこの不足の多い本を刊行することにしたのは、決して前の二つの理由からではなく、後の二つの理由が複雑に作用してのことである。

昨年八月十五日、いわゆる民族解放以来、私は難治のせっかち病にかかり、研究もしなければならず、原稿も書かなければならず、年齢も既に五十が目前というありさまで、私に残された日々はわずか十年ほどかもしれず、健康も、若い頃とは違って衰えており、大学の講義準備に時間をとられ、各種の会議があふれかえっていて、私一人の身体では到底やりこなせない仕事の量である。

ところが、この春から乙酉文化社の趙豊衍君がたびたび訪ねてきて、朝鮮社会の知的貧困状態を熱心に説き、私に何か著述を出せと催促するのだが、今執筆中の朝鮮民族史概論は黄牛の歩みのようにノロノロとしていて、いつ脱稿できるかわからない状況である。

そして既に発表した論文は大概十年あまり前のもので、それをそのまま単行本化するのはあまりに恥ずかしい状態だ。

しかし、これを補正改稿するには多大な時間を要するので、今、せっかち病にかかっている私にはほぼ不可能なことだと何度も断ったが、趙君は、「それなら日本語で発表したものを乙酉文化社が翻訳して、旧式の綴り字法（旧漢字）の箇所も自分たちが書き改めるから」という。これを言い換えれば、原稿はすべて乙酉文化社が用意するから、内容には手を触れずに編集整理だけをしてほしいとのことだった。

趙君のこういう熱心な勧誘を最後まで拒絶するわけにはいかず、また、私自身も若い頃の論文を諸種の雑誌から一冊の単行本に整理してみようと計画していたこともあり、一九二七年八月(1)以来『新民』という雑誌に朝鮮語で十五回にわたって発表した「朝鮮民族説話의研究(2)」を当時発表した内容そのまま、とにかく上梓することを約束したのである。

ただ社会に対して申し訳ないのは、内容があまりに乏しく拙いことである。どうかこの本を読む諸学友は私のせっかち病を労《いた》わって同情する意味で、寛大なご了承をいただきたい。

一九四六年七月中伏日

孫晋泰

訳注

（1） 正しくは七月である。

（2） 正しくは「朝鮮民間説話의研究」である。

●解説篇

参考＝本書と原著の見出し対照表

『朝鮮民族説話の研究』（一九四七年）	本書での表題
序説	はじめに
第一篇　中国に伝わった朝鮮説話	第一篇　中国に伝わった朝鮮説話
（1）新羅の金錐説話	1　新羅の金の錐説話
（2）兄弟投金説話	2　兄弟が金を投げ捨てた話
第二篇　中国影響の民族説話	第二篇　中国の影響を受けた民族説話
（1）大洪水伝説	1　大洪水伝説
（2）北斗七星と短命少年説話	2　南斗七星、北斗七星と短命運の少年の話
（3）廣浦伝説	3　広浦伝説
（4）義狗伝説（其一）	4　義犬伝説（その一）
（5）義狗伝説（其二）	5　義犬伝説（その二）
（6）螺中美婦説話	6　美しいタニシ妻
（7）青蛙伝説	7　雨蛙伝説
（8）阿娘型伝説	8　阿娘型伝説
（9）孝子埋児伝説	9　孫順が児を埋めた伝説
（10）妻妾争抜白黒髪説話	10　妻と妾が白と黒のひげを競って抜く話
（11）尚州五福洞伝説	11　尚州五福洞伝説
（12）烈不烈女伝説	12　烈女であって烈女でない女の伝説
（13）浴身禁忌説話	13　沐浴は見るなの話
（14）仙遊に朽柯斧柯	14　仙境に遊んで斧の柄が朽ちる
（15）左七右七横山倒出	15　左七右七、横山倒出
（16）児智に関する説話	16　子どもの知恵に関する話
（17）李太祖墓地伝説	17　李太祖墓地の伝説
（18）王祥得鯉伝説	18　王祥が鯉を得た伝説
（19）潮水説話	19　潮の話
（20）山上三屍与銭説話	20　山の三人の遺体と銭の話
（21）姜邯賛禁蛙喧伝説	21　姜邯賛、蛙が鳴くのを禁じる
（22）山之高高撑石故	22　山が高いのは、岩が支えるから
（23）米嚢能言説話	23　米袋がしゃべる話
（24）トクジャンイ九九説話	24　甕売りの九九の話
第三篇　北方民族影響の民族説話	第三篇　北方民族の影響を受けた民族説話
（1）大戦争伝説	1　大戦争伝説
（2）犬猫の宝珠奪還説話	2　犬と猫が宝珠を取り戻す話
（3）地下国大賊除治説話	3　地下国大盗賊退治説話

孫晋泰の「朝鮮民間説話の研究」と『朝鮮民族説話の研究』との比較研究

金　廣　植

はじめに

民俗学者の孫晋泰（一九〇〇～一九六〇年代中半？）[1]は、一九三〇年前後に発表した主要論文の一部を解放後に乙酉文化社から『朝鮮民族説話の研究』（一九四七年）と『朝鮮民族文化の研究』（一九四八年）とに収めた。後者は多くの修正及び補訂が見られ、解放後における考え方の変化を垣間見ることができる[2]。本稿では、孫の説話研究の形成過程に注目し、朝鮮語雑誌『新民』（新民社）に十五回にわたって連載（一九二七年七月～一九二九年四月）された「朝鮮民間説話の研究――民間説話の文化史的考察」（以下、「朝鮮民間説話の研究」と略記）と『朝鮮民族説話の研究』とのテクストを具体的に分析したい。

雑誌『新民』は現在のところ、数回において復刻版が出ているがそのいずれも欠号が多い[3]。孫の十五回分の論稿を揃えることが困難なことも影響し、先行研究では分析の対象から外され、解放後の『朝鮮民族説話の研究』のみが言及されてきた[4]。雑誌連載から単行本になるまで二十五年余りが過ぎており、その変化を検討する作業は、単に孫の学問に留まらず、一九二〇年代になされた東アジア説話学の位相を改めて検証する意義を持つと思われる。

「朝鮮民間説話の研究」と『朝鮮民族説話の研究』との比較

先行研究では、金基珩（キム・キヒョン）がその変化について具体的に言及している。[5] 金基珩は「重要だと判断される違い」を六ページにわたってまとめている。[6] 本稿では紙幅の関係もあるので、そのなかで重要な箇所を中心にとりあげたい。それらに筆者の訂正を加えてまとめたのが次の【表1】である。

【表1】 雑誌『新民』と単行本『朝鮮民族説話の研究』との対応表

	「朝鮮民間説話の研究」	『朝鮮民族説話の研究』	筆者の訂正
1 廣浦伝説	なし	先に引いた種々の歴陽湖伝説のほかに、これと類似した説話が他県（歴陽県以外）にもある。唐の徐堅の『初学記』巻七「湖城陥」の条には、晋の干宝の『捜神記』を引いて言う。 干宝の『捜神記』に曰く、由権県（浙江省）は、秦の時の長水県である。秦の始皇帝の時、童の謡に「城門に血がついていたら、城はまさに陥没して湖となる」という。これを聞いた嫗は、毎朝、調べに行っていた。門衛が捕まえようとしたので、嫗はその訳を話した。その後、門衛が門に犬の血を塗ったら、嫗は血を見て逃げ出した。たちまち、大水が出て、県が水没しそうになった。主簿令の幹が入ってきて、県令（知事）に知らせると、県令は「どうして（おまえは）魚になったのか」と言った。幹は「明府（知事さま）も魚になっていますと」と言っ	雑誌（八回）の直訳 七月号及び九月号に引いた「支那」（注）の歴陽湖伝説のほかに、これと類似した説話が他県（歴陽県以外）にもある。唐の徐堅の『初学記』巻七「湖城陥」の条には、晋の干宝の『捜神記』を引いて言う。 干宝の『捜神記』に曰く、由権県（浙江省）は、秦の時の長水県である。秦の始皇帝の時、童の謡に「城門に血がついていたら、城はまさに陥没して湖となる」という。これを聞いた嫗は、毎朝、調べに行っていた。門衛が捕まえようとしたので、嫗はその訳を話した。その後、門衛が門に犬の血を塗ったら、嫗は血を見て逃げ出した。たちまち、大水が出て、県が水没しそうになった。主簿令の幹が入ってきて、県令（知事）に知らせると、県令は「どうして（おまえは）魚になったのか」と言った。幹は「明

山之高高撐石故	
一、なし 二、なし	
一、宋の李昉の『太平広記』巻二四八、詼諧類の「山東人」の条に引用された『啓顔録』や明の謝肇淛の『五雑組』巻十六の事部四の条を追記(八二頁) 二、五六十年前の、禽獣と倉神を題材にした裁判文学の手抄本『稗言』の裏面に……こ	た。とうとう(まちは)沈んで湖となった。『学津討原』所収の『捜神記』巻二十は、次の通りである。 むかし、巣県(安徽省)で、ある日、揚子江の水があふれた。間もなく水は元に戻ったが、あとに残った支流に巨大な魚がいて、重さは一万斤だったという。三日して魚が死ぬと、郡内の人びとは皆これを食べたが、老媼一人食べなかった。突然、老人が現れ、「これはわが息子である。不幸にしてこの禍に遭った。あなただけが食べなかったので、あなたに報いたい、もし東の門の石亀の目が赤くなったら城は、じきに沈むだろう」と言った。媼は毎日注意して見ていた。子どもが不思議がるので、媼が本当のことを話すと、子どもは、媼をだまして朱で亀の目を染めた。媼は見て、急いで城を出た。青い服の童子が「私は龍の子です」と言って、媼を案内して山に登った。城は陥没して湖となった。 これにより、晋代に早くも、歴陽湖伝説から変化した他県の湖水に関する説話が出現していたことがわかる。(一九頁)
一、雑誌の一二回に収録されている。(九七頁) 二、同じく一二回の九七〜八頁にすでに収録されている。	府(知事さま)も魚になっています」と言った。とうとう(まちは)沈んで湖となった。『学津討原』所収の『捜神記』巻二十は、次の通りである。 むかし、巣県(安徽省)で、ある日、揚子江の水があふれた。間もなく水は元に戻ったが、あとに残った支流に巨大な魚がいて、重さは一万斤だったという。三日して魚が死ぬと、郡内の人びとは皆これを食べたが、老媼一人食べなかった。突然、老人が現れ、「これはわが息子である。不幸にしてこの禍に遭った。あなただけが食べなかったので、あなたに報いたい、もし東の門の石亀の目が赤くなったら城は、じきに沈むだろう」と言った。媼は毎日注意して見ていた。子どもが不思議がるので、媼が本当のことを話すと、子どもは、媼をだまして朱で亀の目を染めた。媼は見て、急いで城を出た。青い服の童子が「私は龍の子です」と言って、媼を案内して山に登った。城は陥没して湖となった。 これにより、晋代に早くも、歴陽湖伝説が他県の湖水に関しても説話されていたことがわかる。(四二頁)

	羽衣伝説について	義犬伝説（其一～二）
	一、有名な羽衣伝説がある。羽衣伝説は白鳥伝説ともいえるし、鳥女伝説ともいえる。（六九頁） 二、私は一昨年に東京で発行された『民族』二巻一号に「西伯利亞白鳥伝説の一特徴に就て」という題で、朝鮮の羽衣説話の直接な関係地はおそらく西伯利亜だろうと述べた。（七〇頁） 三、……参考までに「支那」の話を紹介すれば……（七一頁） 四、なし	簡略に記述されている。
の話が中国の記述を通して伝わったことをよりはっきりと示している（この部分を追記してこの話が中国に影響を受けたことを強調している）。（八二～三頁）	一、有名な白鳥少女伝説がある。鳥女伝説ともいえるし、日本では羽衣伝説ともいう。（一九三頁） 二、私は朝鮮の羽衣伝説の直接な関係地はおそらく西伯利亜だと述べたい。（一九四頁） 三、西伯利亜の話を合わせて紹介すれば……。（一九五頁） 四、唐句道学의 捜神記（西陲零拾所収）には長文の鳥女説話があるが、ここでは省く。（一九六頁）	慶尚北道善山郡に伝わる義犬塚の伝説は、先年、『東亜日報』で各地の伝説、古跡、その他を紹介した際に詳細に紹介したことがある。その全文は以下の通りである。 義犬塚は桃開面林洞鯉埋閣の上部にある洛東江の東側の丘にある。むかし、延香駅吏だった金成発という者が市場から帰る途中、酒を飲みすぎて、（洛東江の東岸にあったが、今はない）月没亭まで辿り着いたところで、気を失って眠りこけた。この時、突然、山火事が起き、金成発のいる場所が次第にあぶなくなってきた。そばにいた犬が、川辺まで走って行って、尻尾に川の水を浸してきて、迫ってくる山火事を防いで主人を救ったが、力
	四、雑誌の一二回（一〇〇頁）に収録されている。	単行本で追加されているという金基珩の主張は間違っている。雑誌の連載では第二回目に続き、第八回、一二回で大幅に追記されており、その内容をそのまま単行本に反映しているのみである。単行本で新しく追加された引用は見当たらない。

（尚州）五福洞伝説	
「これは興味深い記録である」と終わっている。（九六頁）	
「これは興味深い記録である」以降に次のような記録が追記されている。 「このようなタイプの五福洞伝説が描く理想郷の話は、明らかに朝鮮の民族性と民族の感情を表している。しかるに、このような民間説話が中国桃源伝説の影響を受けて豊かに発展したということは、否定しがたい。このため我々は中国のこの話に関係の深い話を紹介したい。 干宝『捜神記』の続編として編まれた晋の陶潜の『捜神後記』（『学津討源』十六集）巻一には、次のような話がある。（後略） （五九〜六〇頁に及ぶ記述の追記）	尽きて死んでしまった。酔いから覚めた主人は、その義挙を感謝し、特別に葬礼を行った。その墓前の石碑は、当時の善山府使だった安應昌が建てたものだという。 （『朝鮮民間説話の研究』では「其一」「其二」にわたって簡潔にまとめている。分量からでも大きな違いがある。単行本の二一〜三一頁の内容を追加した）
雑誌で「五福洞伝説」は第三回の連載に続いて、第八回と第一二回に補足されている。「これは興味深い記録である」の以降の追記は、第八回の四六頁、第一二回に三頁（九四〜九六頁）にわたり、詳細に「再追記」されている。	

注：引用において「支那」などの不適切な用語があるが、学術的・歴史的事実を示すためにそのまま記すことをご了解頂きたい。

※　表では、金基珩「孫晋泰説話研究의 特徴과 意義」（二〇一三年）の論文のエッセンスを日本語訳してから筆者の実証的な分析結果を追記した。下線及び強調は筆者による。

「朝鮮民間説話の研究」の形成過程

【表1】でまとめたように、金基珩が雑誌には記述されていないと主張して「なし」と明記したところは、すべて間違いである。【表1】の「筆者の訂正」に明記したように、文献の引用はすべて一致している。部分的に表記や表現の違いがあるものの、その修正箇所も非常に限られている。

雑誌での「民間説話」から単行本の「民族説話」に用語が変更しているが、雑誌と単行本に収録された個別説話は完全に一致している。雑誌では中国影響の説話を先に連載してから中国に伝わった説話を配置したが、単行本で

【表2】 雑誌における追記と単行本との対応表

「朝鮮民間説話の研究」（一九二七～一九二九年）		『朝鮮民族説話の研究』（一九四七年）
連載順	連載中の追記	
一、**緒言**（1回）		**序説**
		第一篇　**中国**に伝わった朝鮮説話
		（1）新羅の金錐説話
		（2）兄弟投金説話
二、支那影響の**民間**説話（1回）		第二篇　**中国**影響の**民族**説話
（1）大洪水伝説（1回）		（1）大洪水伝説
（2）南北斗七星と短命少年説話（1回）		（2）北斗七星と短命少年説話
（3）廣浦伝説（1～2回）	廣浦伝説（8回）	（3）廣浦伝説
（4）義狗伝説（其一）（2回）	義狗伝説（8回、12回）	（4）義狗伝説（其一）
（5）義狗伝説（其二）（2回）		（5）義狗伝説（其二）
（6）螺中美婦説話（2回）	螺婦説話（8回）	（6）螺中美婦説話
（7）青蛙伝説（2回）	青蛙伝説（8回）	（7）青蛙伝説
（8）阿娘型伝説（3回）	阿娘型伝説（12回）	（8）阿娘型伝説

（9）孫順埋児伝説（3回）
（10）妻妾争抜白黒髪説話（3回）
（11）尚州五福洞伝説（3回）
（12）烈不烈女伝説（4回）
（13）浴身禁忌説話（4回）
（14）仙遊に朽**斧**柯（4回）
（15）左七右七横山倒出（4回）
（16）児智に関する説話（4回）
（17）李太祖墓地伝説（4回）
（18）王祥得鯉伝説（4回）
（19）**支那**に伝わった**新羅**説話（4回）
〈新羅の金錐説話〉

三、北方民族影響の民間説話（5回）
（1）大戦争伝説（5回）
（2）犬猫の宝珠奪還説話（5回）
（3）地下国大賊除治説話（6～7回）

四、日本に伝わった朝鮮説話（8回）
（1）使臣間の手問答（8回）
（2）青蛙伝説（9回）
（3）虎より怖い干柿説話（9回）
（4）三年唖婦伝説（9回）
（5）朝鮮の日月伝説（9回）
（6）虎兎説話（9回）
（7）癡壻説話（9回）

埋児伝説（8回）

五福洞伝説（8回、12回）

支那に伝わった朝鮮説話（8回）
〈兄弟投金説話〉
（**19**）潮水説話（7回）
（20）山上三屍与銭説話（7回）
（21）姜邯賛禁蛙喧伝説（7回）
（22）山之高々撑石故（8回、12回）
（23）米嚢能言説話（8回）
（24）トクジャンイ九九説話（12回）

北方民族影響の朝鮮説話　続
（4）朝鮮の日月伝説（14回）
（5）牛糞に倒れた虎（14回）
（6）興夫説話（14回）

使臣間の手問答（12回）

（9）**孝子**埋児伝説
（10）妻妾争抜白黒髪説話
（11）尚州五福洞伝説
（12）烈不烈女伝説
（13）浴身禁忌説話
（14）仙遊に朽柯斧柯
（15）左七右七横山倒出
（16）児智に関する説話
（17）李太祖墓地伝説
（18）王祥得鯉伝説
（19）潮水説話
（20）山上三屍与銭説話
（21）姜邯賛禁蛙喧伝説
（22）山之高高撑石故
（23）米嚢能言説話
（24）トクジャンイ九九説話

第三篇　北方民族影響の民族説話
（1）大戦争伝説
（2）犬猫の宝珠奪還説話
（3）地下国大賊除治説話
（4）朝鮮の日月伝説
（5）牛糞に倒れた虎
（6）興夫説話

第四篇　日本に伝わった朝鮮説話
（1）使臣間の手問答
（2）青蛙伝説
（3）虎より怖い干柿説話
（4）三年唖婦伝説
（5）朝鮮の日月伝説
（6）虎兎説話
（7）癡壻説話

（8）茄子で防賊した説話（10回）		**（8）茄子で防賊した説話**
五、放鯉説話について（10回）		
六、大蛇（蜈蚣）退治伝説（10回）		
七、羽衣伝説について（10回）	羽衣伝説（12回）	
八、甄萱式伝説について（11回）		
九、仏典由来の民間説話（13回）		**第五篇　仏典から出た民族説話**
（1）洪水説話（13回）		（1）洪水説話
（2）鼈主簿説話（13回）		（2）鼈主簿説話
（3）棄老伝説（13回）		（3）棄老伝説
（4）夫妻争餅説話（13回）		（4）夫妻争餅説話
（5）善人拾金説話（14回）		（5）善人拾金説話
（6）鹿・兎・蟾蜍の年自慢（14回）		（6）鹿・兎・蟾蜍の年自慢
（7）不識鏡説話（14回）	不識鏡説話（12回）	（7）不識鏡説話
（8）西山大師説話（14回）		（8）西山大師説話
		第六篇　世界的に分布された説話
		（1）大蛇（或大蜈蚣）除治伝説
		（2）白鳥少女伝説
		（3）甄萱式伝説
十、その他の説話（15回）		**第七篇　その他の説話**
（1）海水のしょっぱい理由		（1）海水のしょっぱい理由
（2）面印麺器説話		（2）面印麺器説話
（3）懲妻説話		（3）懲妻説話
（4）沙彌説話		（4）沙彌説話
（5）憎くも可愛くもある妻		（5）憎くも可愛くもある妻
（6）名官治長丞説話		（6）名官治長丞説話
		（7）放鯉得宝説話
		跋文

（下線及び強調は筆者による。詳細は拙著『韓国の朝鮮説話学の形成と展開』勉誠出版、二〇二〇、を参照）

は逆になっており、民族主義的立場で再構成されていることが理解できよう。

内容の変化についていうと、雑誌と単行本はほぼ一致しており、とくに重要と思われる結論は「興夫説話」を除けば全て同じである。雑誌での「興夫説話」は、モンゴルからの輸入として捉えていたが、単行本では元に連れられていった高麗時代の女性を通してモンゴルに伝播した可能性を提示している。ただ、これといった決定的な論拠は提示していない。

孫は連載期間中に多くの資料補足を行っており、【表2】のように、特に第七、八、一二、一四回に集中に試みている。

おわりに

本稿では、先行研究を批判的に検証し、「朝鮮民間説話の研究」と『朝鮮民族説話の研究』との実証的な比較分析を通して、その中身は既に一九二〇年代に完成していたことを明らかにした。驚くことに『朝鮮民族説話の研究』の中身は、すでに一九二〇年代に二十代の気鋭の民俗学者の孫晋泰によって完成していたと言い切っても過言ではない。孫は雑誌の連載後、日本語版『朝鮮民譚集』（一九三〇年）の付録において数多くの新資料を補足しながら、東アジア比較説話学を試みた。残念なことに『朝鮮民譚集』での補足は、解放後の韓国語版『朝鮮民族説話の研究』には反映されていない。

つまり、韓国では『朝鮮民族説話の研究』を中心に研究を進めてきたが、日本では『朝鮮民譚集』を中心に研究を進めてきた。本書を通して、「朝鮮民間説話の研究」（出版社によるまとめ本『朝鮮民族説話の研究』）、『朝鮮民譚集』、その後に発表された孫の論考、近年公開された遺族が保管してきた遺稿集を総合した孫晋泰説話学が求められると筆者は考えている。本書がその土台になることを願いながら翻訳作業に取り組んできた。

孫は、高木敏雄の死後、高木の「新し過ぎた学問」(7)の重要性を理解し、早稲田大学に在学中から高木の旧蔵書が所蔵されていた東洋文庫に研究の場を得て、夥しい業績を残したのである。東洋と西欧の膨大な文献調査と朝鮮民間説話採集に基づいて書かれた「朝鮮民間説話の研究」は、重複を含めて五十八編の民間説話を体系的に分析している。数多くの説話を扱っていることもあり、個別説話の分析は問題提起に留まった部分も多々ある。しかし、それは孫個人の問題というより、当時の比較説話の現実を示すものでもある。『朝鮮民族説話の研究』はすでに中国語版も刊行されているが、この度、先生方のご尽力を得て日本語訳版が揃ったことで、東アジアへと開かれていたその成果が日本語でも確認できるようになった。

筆者は、すでに二〇〇九年に『朝鮮民族説話の研究』の翻訳を進めていたが、出版できずに十年余りが経ってしまった。翻訳の事前作業に当たり、孫が引用した諸文献の原著にすべて直接当たり数多くの資料を集めた。その作業を活かして今回の翻訳では、かつて収集しておいた文献に基づいて精密に翻訳を行ったことをことわっておきたい。植民地支配下における厳しい現実のなかでも、アカデミズムに徹してなされた孫の代表的な古典がより多くの読者に遭遇することによって、更なる比較説話研究の発展、相互理解の増進、東アジア比較文化学の深化と広がりを強く希望してやまない。

注

（1）孫晋泰は一九五〇年の朝鮮戦争時に北に連れ去られた後、消息が不明である。北から南に来た申敬完などの証言によると、孫は北の体制に受け入れられず、持病を抱え苦労しながら一九六〇年代半ばに死亡したとされる（崔光植「孫晋泰の生涯と学問活動」、韓国歴史民俗学会編『南滄孫晋泰の歴史民俗学研究』民俗苑、二〇〇三年、三二一～三三三頁）。また申敬完の証言は、李泰昊『鴨綠江辺의 겨울』（다섯수레、一九九一年）を参照（青柳純一訳『鴨緑江の冬』社会評論社、一九九三年）。

（2）詳細については、南根祐『朝鮮民俗学과 植民主義』（東國大学校出版部、二〇〇八年）と全京秀『孫晋泰의 文化人類学』（民

俗苑、二〇一〇年）を参照して頂きたい。

（3）「孫晋泰著作目録」は次の拙稿をご参照頂きたい。『植民地期における日本語朝鮮説話集の研究――帝国日本の「学知」と朝鮮民俗学』（勉誠出版、二〇一四年）四一〇～四二一頁。

（4）詳細は次の拙稿をご参照頂きたい。「孫晋泰の東アジア民間説話論の可能性――『朝鮮民族説話の研究』の形成過程をめぐって」（『説話文学研究』第四八号、説話文学会、二〇一三年）一一八～一三〇頁。『韓国・朝鮮説話学の形成と展開』（勉誠出版、二〇二〇年）二二九～二七〇頁。

（5）金基珩「孫晋泰説話研究의 特徴과 意義」『民族文化研究』第五八号（高麗大学校民族文化研究院、二〇一三年）六六三～六六四頁。

（6）金基珩、二〇一三年、六五六～六六二頁。

（7）高木敏雄『日本神話伝説の研究』（岡書院、一九二五年）における柳田國男の「序」を参照。

孫晋泰『朝鮮民族説話の研究』の「説話」について

馬場英子

『朝鮮民族説話の研究』（一九四七）は、ソウルで刊行されていた雑誌『新民』に「朝鮮民間説話の研究」と題して一九二七年七月から二九年四月にかけて一五回にわたり、朝鮮語で連載したものを、朝鮮解放後に急いで整理し出版したもので、雑誌原稿をほぼそのまま踏襲している。両者の異同については、本書の金廣植の解説を参照されたい。

「一覧表」は、金廣植が再構成した雑誌連載時の内容をふまえて、『朝鮮民族説話の研究』で孫晋泰が取り上げた全五十八話について、日本で出した『朝鮮民譚集』での分類（神話伝説、民俗俗信、寓話、笑話など）を最初に明記した。各話の題名の次には、当時の新しい試みとして『朝鮮民族説話の研究』の各話に明記された、話者に関する情報、語られた場所と時間を載せた。以上の各話についての孫晋泰の整理に対して、次の行からは、現在、昔話比較研究の基本となっている、モチーフ構成によって昔話を分類する「タイプ・インデックス」で、各話に関係するタイプを示した。最初に、崔仁鶴が整理した「韓国昔話タイプ」（KTと略す）、世界標準としてアアルネとトンプソンが整理したものをウターが補充した「ATUタイプ」。エーバーハルトの「中国昔話タイプ」（Ebと略す）、日本については関敬吾の『日本昔話大成』のタイプを表示した。それぞれ対応するタイプ番号を明記

v　**昔話大成タイプ**：関敬吾『日本昔話大成』角川書店 , 1980

vi　書名に（　）は、『朝鮮民譚集』「附録」の資料を示す。

vii　高木敏雄は、「日韓共通の民間説話」（『日本神話伝説の研究』1912）、『日本伝説集』1913、『新日本教育昔噺』1917。南方熊楠は、『南方閑話』1926、『南方随筆』1926、『続南方随筆』1926、雑誌『日本及び日本人』『民俗学』より。

viii　高橋亨は、『朝鮮の俚諺集　附物語』1909、田中梅吉は、朝鮮総督府篇『朝鮮童話集』1924 より。

代表的タイプ名	参考	話の種類	古典文献資料[vi]	高木敏雄・南方熊楠[vii]	高橋亨・田中梅吉[viii]	メモ
地蔵浄土		兄弟葛藤	西陽雑俎	日韓共通 42 打出小槌（新日本）	19 金棒銀棒（総）鬼失金銀棒	長い鼻 シッディ・クール 14 話
			東国輿地勝覧　天中記　大智度論	続随筆・駕籠舁き互いに殺さんと謀りし話	1 水中の珠（総）	
兄妹結婚		神話	独異志 Les Lolos			
寿命の延長		運命	捜神記			
土地沈没伝説		伝説	淮南子　独異志　述異記　論衡　意林　捜神記　三国遺事　君子堂日詢手鏡（記録彙編）			
忠義な犬		伝説報恩	補閑集　破睡篇　青邱野談　東国輿地勝覧　（益斎集）　捜神記　捜神後記　清稗類抄　夷堅志　尾蔗叢談　幽明録	閑話・犬が姦夫を殺した話 随筆・動物崇拝		
忠義な犬		伝説報恩	捜神後記　異聞総禄　聞見偶録　湧幢小品　清稗類鈔			
龍宮女房（絵姿女房）		異類婚	述異記　捜神後記　原化記　（此中人語）	随筆・水の神としての田螺		
雨蛙不孝		動物前世	西陽雑俎　荊州記　続博物志	随筆・親の言葉に背く子の話		

附表：『朝鮮民族説話の研究』の説話一覧

注：
i　○囲み数字は『朝鮮民譚集』「附録」の目次番号を示す。
ii　**韓国昔話（KT）タイプ**：崔仁鶴・厳鎔姫『옛날이야기꾸러미』ソウル：集文堂刊、2003（日本語訳『韓国昔話集成』2013　悠書館）
iii　**ATU タイプ**：Uther, The Types of International Folk-tales FFC284-286 2004（従来の AT タイプを補充）
iv　**中国昔話タイプ（Eb）**：W.Eberhard Typen chinesischer Volksmärchen　FFC120　1937（『中国昔話集』2007, 平凡社 東洋文庫）

	『朝鮮民譚集』の分類[i]	『朝鮮民族説話の研究』題名	話者 場所と時間	韓国昔話（KT）タイプ[ii]	ATU タイプ[iii]	中国昔話（Eb）タイプ[iv]	昔話大成タイプ[v]

1．中国に伝わった朝鮮説話

1		新羅の金の錐説話		KT460	ATU480（613A）	Eb27	184
2		兄弟が金を投げ捨てた話		KT468			

2. 中国の影響を受けた民族説話

1	神話伝説 51 ③	大洪水伝説	1923.8 咸興府	KT725.1		Eb48	（通観 4 兄妹夫婦）
2	民俗信仰 19 ⑮	南斗七星、北斗七星と短命運の少年の話	1923.8 咸興府	KT416	ATU829A	Eb104	152
3	伝説 38 ⑫	広浦伝説	1923.8 咸興府（1927.8）	KT438	ATU825A	Eb47- Ⅰ	本格新 39
4	伝説 36 ⑪	義犬伝説（その一）	（1927.8 慶北）	KT128	ATU178A		235
5	伝説 37	義犬伝説（その二）	1923.7 慶北（1927.8）	KT129	ATU178A		235
6	其の他 2 ㉙	美しいタニシ妻	1921 全州（1923.5）	KT206	ATU465	Eb35	114
7	伝説 34	雨蛙伝説	1923.8 大邱	KT8	ATU249B	Eb74	48

		伝説	夷堅志甲　楽善録 尚書故実　捜神記 青邱野談			
	二十四孝	孝行	捜神記　初学記 孝子傳　三国遺事			
		笑話	芝峯類説　墨客揮犀 譬喩経			イソップ 『木馬と石牛』
	桃源郷	異郷訪問	破閑集　海東野書 破睡篇　青邱野談 捜神後記（桃花源記） （堅瓢集）			
こんな晩		伝説	蓼花州閑録所収の杜陽雑編　（芝峰類説）	日本及日本人・淮陽節婦の話 民俗学・泡んぶくの敵討ち		イビュコスの鶴
動物始祖伝説		伝説	於于野談　捜神記 夷堅志支戌 2	人狼伝説の痕跡（神話伝説研究）		
過ぎ去った時間		異郷訪問	（虞喜）志林			Rip Van Winkle
		謎昔	龍興慈記			
		巧緻譚	児世説　罷睡録			
横取りされた風水		伝説	五山説林草藁 龍興慈記			参考： KT347 風水師と三兄弟
	二十四孝	孝行	[蔵栄緒] 晋書　北堂書鈔　初学記（捜神記）（東国輿地勝覧）			
		神話的昔話	風土記　嶺表録異 耽螺志			
		巧緻譚	張氏可書			『古いインドの仏教説話』
	鳴かぬ蛙		南史　輟耕録　湧幢小品　香祖筆記 聞見異事	随筆 鳴かぬ蛙		プリニウス『博物志』
		笑話	稗言　五雑俎　啓顔録			
		笑話	五雑俎（明清笑話四種、周作人）百喩経			
		笑話	於于野談（殷芸小説）（東坡詩注）（パンチャタントラ「割れた壺」）			

8		阿娘型伝説	1923.7 慶北	KT334 怨恨の願い			
9	伝説 30 ⑦	孫順が児を埋めた伝説	1927.9 忠北	KT387			本格新 11A 孫の生き肝
10	笑話 47 ㉘	妻と妾が白と黒のひげを競って抜く話	孫晋泰の記憶 （1920.9 慶南）	KT546	金栄華 1375E		
11	其の他 19 ㉞	尚州五福洞伝説	1923 慶北	△ KT302	ATU470	△ Eb103	191 ？
12	伝説 35 ⑩	烈女であって烈女でない女の伝説	1927.7 馬山	KT410	ATU960A		本格新 33
13	民俗 14 ⑭	沐浴は見るなの話	1923.7 忠北	KT319 魚料理を嫌う人			
14	其の他 14 ㉜	仙境に遊んで斧の柄が朽ちる	俗語	KT300	ATU471A	Eb103	
15		左七右七、横山倒出	孫晋泰の記憶				
16	寓話頓智 12 ⑳	子どもの知恵に関する話	孫晋泰の記憶 /1927.8 ソウル				
17	伝説 43	李太祖墓地の伝説	（1930.3 大邱）	KT349		Eb173	
18		王祥が鯉を得た伝説	（咸安、東亜日報）	KT391			
19	伝説 16 ②	潮の話	1924.10 慶北	KT735 干満と津波の由来			
20	寓話頓智 4 ⑱	山の三人の遺体と銭の話	孫晋泰の記憶 /1923.8 慶北	KT659	ATU922A	Eb148 三人の泥棒	
21	民俗信仰 21 ⑯	姜邯賛、蛙が鳴くのを禁じる	1923.8 慶北 /1930.5 全南	（cf: 姜邯賛伝説 KT208）			
22	附録・智児⑳	山が高いのは、岩が支えるから	ソウルの学校で聞く	KT608 三婿同和			467 三人婿
23		米袋がしゃべる話	孫晋泰の記憶				丁 1419F 袋の中の姦夫
24		甕売りの九九の話	俗語	KT630.2 甕売りの算段	ATU1430	Eb 笑話 4 「愚か者のぬか喜び」	437 金儲けの胸算用

		神話的伝説	隋書 モンゴル史 高麗史			
		呪宝	Curtin			（シッディ・クール 13話）
甲賀三郎	盗まれた三人の王女	怪物退治	Curtin （芝峯類説）			
天道さん金ん綱		逃竄譚		天然伝説 蕎麦		
雀の仇討		動物社会	パンチャタントラ1「雀と啄木鳥と蝿と蛙と象」			猿蟹合戦
腰折れ雀		葛藤譚	宇治拾遺物語 捜神記 土俗学より観たる蒙古	日韓共通	25 ノルブと興夫（総） 興夫傳	

蒟蒻問答		笑話巧智	於于野談 (古今笑叢)	随筆 眼と吭に仏ありということ		
鳶不幸		動物由来		随筆 親の言葉に背く子の話		
古屋の漏り		動物社会	(紫波郡昔話) パンチャタントラ５	天然伝説 猿	21 臆病な虎(総)	
猫のように		笑話愚か嫁	朝鮮童謡集 和漢三才図会 春秋左氏傳	人柱伝説・源助柱		（長良の人柱）
天道さん金ん綱		人間と動物	土俗学上より観たる蒙古 （温突夜話）	天然伝説 蕎麦	24 虎の天罰(総)	
太陽と月						
しっぽの釣り		動物社会		天然伝説 猿の尾	7 狡い兎（総）	
糸合図		笑話愚か者	笑林	(日韓共通)		
屁ひり嫁		笑話愚か者	慵斎叢話 三国史記	日本神話伝説の研究		(無心出)

モーゼの主題		神話	六度集経 3			
猿の生き胆		動物社会	六度集経 4 三国史記 パンチャタントラ 今昔物語	天然伝説・海月	11 亀のお使い(総)	
姥捨て山		笑話巧智	雑宝蔵経 孝子傳 先賢傳 捜神記		17 親を捨てる男（総）	

3. 北方民族の影響を受けた民族説話

1	神話伝説 24	大戦争伝説	1923.8 慶北	KT725.2		Eb48 兄と妹の結婚	
2	其の他 3 ㉚	犬と猫が宝珠を取り戻す話	1922.8 ソウル	KT265	ATU560	Eb13	165 犬と猫と指輪
3	其の他 7, 8,9 ㉛	地下国大盗賊退治説話	1926.3 大邱 1927.8 江原 /1928 .1 咸南	KT284	ATU301	Eb122 怪物退治	本格新 2
4	神話 5+6 ①	朝鮮の日と月の伝説		KT100	ATU330	Eb11 + 68	245
5	頓智 31	牛の糞で転んだ虎	1928.1 慶南	KT54	ATU130	Eb14	29
6		興夫の話		KT457	ATU480	Eb24 燕の感謝	192

4. 日本に伝わった朝鮮説話

1	笑話 45 ㉖	使臣間の手問答	1923.8 慶北	KT638	ATU924	Eb194	520
2	伝説 34 ⑨	雨蛙の伝説	1923.8 大邱	KT8	ATU249b	Eb74 位牌の起り	48
3	笑話 44 ㉕	虎より怖い干し柿の話	1925.5 開城	KT50	ATU177 泥棒と虎	Eb10	33
4	伝説 33 ⑧	三年、物言わぬ嫁の伝説	1923.11 慶南	KT524			365
5	神話 5+6 ①	朝鮮の日と月の伝説	孫晋泰のまとめ	KT100	ATU123, 330	Eb11+68	27B、245
			1923.8 咸南	KT722		Eb68	
6		虎と兎の話	孫晋泰の記憶	KT25	ATU2		2A
7	笑話 35 △（㉒）	おろか婿の話	1928.5	KT506		Eb 笑話 6-1-5	345
8		茄子で泥棒を追いはらった話	孫晋泰の記憶	KT521	（AT1450）	Eb 笑話 8	△ 377

5. 仏典由来の民族説話

1	神話伝説 17 ③	洪水の話	1923.9 釜山	KT220	ATU160	Eb58	△ 127
2		鼈主簿の話		KT39	ATU91		35
3	神話伝説 26 ⑤	棄老伝説	1921.11 全北	KT662	ATU981	Eb201	523

無言較べ		笑話巧智	百喩経 4			
		笑話巧智	青邱野談　四分律 18 五分律 10　（輟耕録）（古今譚概）埋憂集	随筆　正直者金拾いし話		『木馬と石牛』
		動物社会	十誦律 34　（ジャータカ）（醒睡笑）	日韓共通	4 酒嫌いの兎と亀と蟾（総）	
尼裁判	松山鏡	笑話愚か嫁	雑譬喩経　北夢瑣言 百喩経　蓂葉志諧 笑府	日韓共通	韓様松山鏡（高）	
			四分律 11　罷睡録 華山罷睡録			

蟹報恩		動物報恩	捜神記　龍城録 玉堂閑話　記聞 桂海虞衡志　海語 酉陽雑俎	義犬塚猿神退治伝説	12 蟾の報恩（総）	
天人女房	雄鶏伝説	異類妻	玄中記　荊楚歳時記 酉陽雑俎　誠斎雑記 Curtin　東華録 捜神記	日韓共通	仙女の羽衣 9 天女の羽衣	天稚彦物語
	夜来者	異類婚	三国遺事　青邱野談 宣室志　古事記　風土記 有史以前の日本 語怪　封氏聞見録 洛神傳　瑯環記	日韓共通		三輪山伝説

潮吹き臼		呪宝	グリム以後の童話			
鶯の谷渡り		笑話狡猾	於于野談　笑林広記 3　沙石集	続随筆　羊を女の腹に画きし話		陰上に豚・臥牛を描く（民譚）
智慧有殿	（俵薬師）	笑話狡猾	黄金の馬　老嫗夜譚 醒世恒言 34			
毒柿		笑話巧智	慵斎叢話　紫波郡昔話　啓顔録　沙石集	日韓共通		
女房の出口		笑話愚人	紫波郡昔話			
名官治長丞		笑話巧智	青邱野談			
浦島太郎		異類婚	捜神後記 霊応録 吉凶影響録　廣異記 会稽先賢傳　尾蔗叢談			引用例は報恩だけ、結婚は無い

4	笑話 43 ㉔	夫婦が餅を争う	1923.8 慶北	KT645	ATU1351	Eb 笑話 1-15	497
5	⑲	善人が金を拾った話		KT629 僧と牛商人の争い			
6	寓話頓智 19 ㉑	鹿と兎とヒキガエルの歳自慢	1923.8 咸南	KT38	ATU726		506 長命較べ
7	笑話 46 ㉗	鏡知らずの話	（孫晋泰の記憶）	KT500	ATU1336	Eb 笑話 7-3	319
8	其の他 18（㉝）	西山大師の話	1928.2 慶北	(KT436 三難宰相)			

6. 世界に分布する説話

1	伝説 27 ⑥	大蛇［あるいは大ムカデ］退治伝説	1921.11 全北	KT117	ATU300	Eb18 Eb95 人身御供 98 人食い蛇	104 B
2	伝説 48 ⑬	白鳥処女伝説	（1923,8）京城	KT205 樵と天女	ATU400	Eb34 白鳥処女	118
3	民俗信仰 23 ⑰	甄萱型伝説	1923.11 慶南 （1926.8） 1926.3 全北 1928 咸南	KT201 夜来者		Eb112 精との交わり	101A 蛇婿入り

7. その他の説話

1	伝説 19	海の水が塩からいわけ	1920.9 咸興 （1923.8 民潭）	KT264	ATU565	Eb63 呪宝	167
2	笑話 41,42 ㉓	顔面で粉に印をつける	（1928.1 慶南馬山）	KT685			374
3	其の他 22 ㊱	妻を懲らしめる話	孫晋泰の記憶	KT686 二人の浮気者	ATU1537	Eb 笑話 27 不貞の妻の処罰	624
4	頓智 18	小僧の話	（1928.8 慶南）	KT647	ATU1313	Eb 笑話 17	532
5		醜かったり美しかったりする妻	孫晋泰の記憶	KT544			396
6	⑲	名官が長丞を裁く話		KT628	ATU1534		
7	其の他 1	鯉を放して宝を得る話	（1924.8 慶南）	KT306	ATU470	Eb39	224

したほか、代表的タイプ名を示した。話の種類の項には、伝説と昔話、動物昔話、運命譚など様々な分類法から、話の特徴を示すものを適宜、参考として載せた。古典文献資料、高木敏雄と南方熊楠は、孫晋泰が著書執筆時に参考にした著作を中心に載せた。また植民地朝鮮で出版された日本語の朝鮮昔話集として高橋亨、田中梅吉のものを参照した。このほか、各話の類話など、特記するものがあれば、メモに記した。

雑誌『新民』連載時の「朝鮮民間説話の研究」の構成

雑誌連載時の「朝鮮民間説話の研究」の構成は、次の通りである。

一　緒言　一回
二　支那影響の民間説話　一〜四回（追加七〜八回、十二回）
三　北方民族影響の民間説話　五〜七回（追加十四回）
四　日本に伝わった朝鮮説話　八〜十回（追加十二回）
五　放鯉説話について　十回
六　大蛇（蜈蚣）退治伝説　十回
七　羽衣伝説について　十回
八　甄萱式伝説について　十一回
九　仏典由来の民間説話（十二回）十三〜十四回
十　その他の説話　十五回

はじめに、二「支那（以後、本稿では「中国」に改める）影響の民間説話」、三「北方民族影響の民間説話」、四「日本に伝わった朝鮮説話」、九「仏典由来の民間説話」と並んでいて、連載当初から話を伝播の系統によって分類し、全体を構成しようとしていたことがわかる。続く五から八は、雑誌連載では、単独の話名が並んでいるが、このうち六から八の三話は、四七年刊『朝鮮民族説話の研究』（以後、『民族説話』と略す）では「第六篇　世界的に分布する説話」にまとめられていて、五の「放鯉説話について」は「第七篇　その他の説話」の最後に置かれている。

この連載で特筆すべきは、『民間説話』と題に掲げたとおり、各篇で取り上げる「例話」のほとんどが、一九二〇年の日本留学以降、毎年休暇で朝鮮に帰った時に、孫晋泰が自ら調査収集した話だということである。たとえば孫晋泰が比較の参考にしている高木敏雄の『日本伝説集』（一九一三）は、高木自身の調査ではなく、朝日新聞に寄せられた全国の読者の投稿から話をとっている。民俗調査の方法を説いたバーン（Burne, Charlotte Sophia）の『民俗学入門』が、岡正雄訳で日本で出るのは一九二七年であり、二〇年代当時は、自ら各地で聞き書き調査をして昔話集を編むことは、日本でもまだほとんど行なわれていなかった。その上、朝鮮では儒教の影響が強く、荒唐無稽な昔話を語ることは、両班にはタブーであった。庶民である婦女だけが語り手であったが、男女の生活の場も厳しく区別されていたから、「これだけの話を集めるのに、どれほどの苦労をしたことだろう」と崔仁鶴は思いやっている(1)。例えば第二篇10「妻と妾が白と黒のひげを競って抜く話」は、おそらく孫晋泰が最初に自分で聞いた話であるが、雑誌では、ただ「子どもの時に親戚の婦人から聞いた」と述べるにとどまる。ところが、雑誌連載後の一九三〇年に日本語に訳して日本で出した『朝鮮民譚集』では、「一九二〇年九月慶南東莱郡沙下面下端里、張氏夫人談」と明記している。朝鮮刊行の朝鮮語雑誌では、あるいは話者が特定されるのを憚ったのではないだろうか（話者事情の詳細は、樋口「解題にかえて」三八一頁を参照）。

孫晋泰にとって不運だったのは、幼時に母と祖母を津波で失くして、家庭で昔話を聞く機会をほとんど逸してしまったことだろう。孫晋泰が挙げた例話には、「自分の記憶」というのが十一話、約五分の一あるが、このうち、いわゆる世界に分布する本格昔話に相当するのは、第三篇4、第四篇5の「朝鮮の日と月の伝説」と、動物昔話「しっぽのつり」の類話である第四篇6「虎と兎の話」の二話だけなのは、やはり幼時の昔話体験の少なさの反映だろう。

次に、『民族説話』の構成について、見ていきたい。

『朝鮮民族説話の研究』の構成

『民族説話』では、最初に雑誌掲載時には「中国の影響」としていた話を二つに分け、新たに第一篇「中国に伝わった朝鮮説話」を設けている。これは連載四回目に、「中国の影響」の第十九話とした「中国に伝わった新羅説話、新羅の金錐説話」と、連載八回目に「中国の影響」の補充として載せた「中国に伝わった朝鮮説話、兄弟投金説話」の二話を配置換えしたのである。この篇を設けて、朝鮮の話が、一方的に中国の影響を受けただけではないことを示そうとしたのだろう。

新羅の「金の錐説話」は、朝鮮で今も広く親しまれる話の一つ「金の砧、銀の砧」に通じる話の九世紀の中国書『酉陽雑俎』の記録である。蒸した種から穀物が一本だけ実り、貧しい兄は、その穂をくわえていった鳥の後を追って、鬼（トッケビか？）の出るところに行く、など細部のストーリーも、現在の語りにそのまま通じるもので、最古のシンデレラの記録と称される「葉限」と並び、『酉陽雑俎』の中でも、特に興味深い話である。飯倉照平は、この話について、「唐代の中国では、南北を縦断する大運河や山東半島のあたりに、多数の新羅国から来た朝鮮人がいた。当時、中国に渡った円仁の旅行記を見ると、新羅の人たちの援助がなければ日本人の渡唐は不可能ではなかったか、と思われるほどである。『酉陽雑俎』の編者は、これらの人たちから直接話を聞いたのだろうか。あるいは、既に中国化された伝承が知られていたのか」（「鬼とトケビ」月刊『中国語』一九九三年十二月）と述べる。[2]

この節の最後に、孫晋泰は「新羅の金の錐の説話が、中国の民族説話にどのような影響を及ぼしたかは定かではないが……」と述べている。ここで「中国の民族説話」と述べているのは、中国の民間に伝わる話、すなわち口承で伝わる話をイメージしているのだろう。ここには、中国の昔話への率直な関心が窺われる。しかし残念ながら『民族説話』で「中国の民族説話」については、ここ以外で言及されることも、これ以上の検討が行われることもない。

ところで、この疑問への答えはすでに用意されている。「中国の山東省には、『長い鼻』[3]という題で、このタイプの話が今も伝わる」（『山東民話集』参照）のである。この話が、新羅で、どのようにして生まれたかは調べようもないが、段成式の詳細な記録（『酉陽雑俎』）によって、九世紀には、中国に伝わっていたことがわかり、現代の採話の記録から、穀物を蒸して与えるところから、鼻を伸ばされる結末まで、そっくり伝承されていることが跡付けられるのである。[4]

第二篇「中国の影響を受けた民族説話」で孫晋泰は、「近代まで発展してきた朝鮮文化が、つねに中国文化の一部分であったと仮定すれば、朝鮮の民族説話の中に、中国の民間説話や小説、その他の方面の影響が、たいへん多いはずである」と述べ、全体の半数近い二十四話がとりあげられている。

しかし、（中国の昔話を主に研究対象としてきた目から見ると）この二十四話は、正直なところ、中国の代表的な「話」

というには何か違う、どこか奇妙な感じがして落ち着かないのは、なぜなのだろう。そもそも「朝鮮文化が中国文化の一部分であった」ことなどあるのだろうか。結局、ここでいう「朝鮮文化」とは、つまり儒教思想に基づく科挙制度に支えられた「両班文化」のことではないのか。

4、5「義犬伝説」、7「雨蛙伝説」、12「烈女であって烈女でない女の伝説」、9「孫順が児《こ》を埋めた伝説」……と忠義や孝行、貞節など儒教が勧める徳を連想させる題名が並び、すべて文言文の中国古典に出典や典拠を探るのみで、「民間説話や小説」と述べながら、口語で書かれた白話小説や、現代の中国の民間説話には、全く言及されない。わずかにフランス人宣教師の本に触発されて、1「大洪水伝説」で、中国雲南省のロロすなわちイ族に伝わる神話に言及しているだけである。孫晋泰が言うところの「中国文化」とは、両班の「朝鮮文化」のバックボーンたる漢文古典の世界だった。

現実の中国では、一九〇五年に科挙制度が廃止され、一九一一年には清朝が滅び、名ばかりとは言え、中華民国の世となって、新しい文体、文学を求めて、各地で歌謡および昔話収集の運動が展開されていたのだが。（これについては、最後に少し触れたい。）

第二篇の主な説話について、孫晋泰の評価を見ていくことにする。

2の「南斗七星、北斗七星と短命運の少年の話」は、朝鮮で広く語られる話であるが、四世紀、晋の干宝『捜神記』に、すでにほとんど変わらない形で見えることを述べる（孫晋泰が引用する中国古典文献の中でも、『捜神記』『捜神後記』は、特に引用例が多い）。3の「広浦伝説」は土地沈没伝説で、これも一種の洪水伝説であるが、更にさかのぼって漢代の『淮南子』に記録があることを述べる。

4、5の「義犬伝説」では、場所や時を明記して、朝鮮各地に義犬伝説が伝わり、その最も古い話は高麗時代に遡るが、いずれも「酔って山中で寝込んだ主人を、愛犬が体を水で濡らしてきて、山火事の火から救う」話であるのは、実は中国の『捜神記』の義犬伝説の焼き直しにすぎないと述べる。

8の「阿娘型伝説」は、怨霊伝説で、密陽嶺南楼をはじめ、朝鮮で広く知られた話だが、中国の宋の『夷堅志』などに見える話の焼き直しであることを示す。「阿娘伝説」は、今なお韓国では小説や映画の題材になるなど親しまれているが、孫晋泰の調査では、口頭伝承としてこの話を聞くことはなかったのだろう、『朝鮮民譚集』には載録されていない。

12「烈女であって烈女でない女の伝説」は、日本では「泡んぶくの敵討ち」、西欧では「イビュコスの鶴」などの名で知られる、罪を隠しても意外なもので暴かれるという話である。一九二七年七月、李殷相と周永の語りによる、とある。連載四回目の掲載なので、一九二七年末か二八年ころの執筆だろう。この話については、一九二四年に南方熊楠が「淮揚節婦の話」を『日本及日本人』などに投稿している。話の筋は、中国、日本、朝鮮で、ほぼ共通であるが、「最初の夫の仇を討った」ということで、朝鮮では「烈女」の碑が建てられ、これが題名にもなっているところが、独特である。

（ついでに、この「中国の影響」篇で、南方熊楠の著作の引用が明記されているのは、21の「姜邯賛、蛙が鳴くのを禁ず」と、第一篇2に移された「兄弟が金を投げ捨てた話」だけであるが、四、五の「義犬伝説」、七の「雨蛙伝説」なども、引用文献から見て、それぞれ熊楠の関係論考を参考にしていることがうかがえる。）

本書には、孫晋泰の「自分の記憶」による話が十一話、約五分の一あるが、この「中国の影響」篇には、漢字の知識を試す文字謎の15「左七右七、横山倒出」、漢文の作文力を問う22「山が高いのは、岩が支えるから」、さらに16の「子どもの知恵に関する話」、20の「山の三人の遺体と銭の話」、23の「米袋がしゃべる話」など、学校生活や男の世間にかかわる、頓智や笑話に分類される話が取り上げられている。塾に通う子どもたちには、言葉遊びの世界も漢字漢文の知識を問う「中国文化」のもとにあったことがわかる。

第三篇「北方民族の影響を受けた民族説話」では、最初に一九〇九年に出たカーテン（Jeremiah Curtin）の“A Journey in Southern Siberia:The Mongols, Their Religion And Their Myths”から、２「犬と猫が宝珠を取り戻す話」と３「地下国大盗賊退治説話」の二つの世界的に分布する話を取り上げる。カーテンが記録したのは、それまでほとんど文献資料が無かったロシアのバイカル湖東岸に暮らすブリヤート人（モンゴル族）の伝承であり、朝鮮の話には、漢字文化圏の中国以外に、北からの伝播の道があった、と述べる。このうち２「犬と猫が宝珠を取り戻す話」については、朝鮮では普遍的ではなく、西北地方にしか伝わらないので、契丹族あるいはモンゴル人の移住によってもたらされたのではないか、と推測している。

一方、３「地下国大盗賊退治説話」では、大邱と江原道の話と孫晋泰自身の記憶の三例を挙げ、カーテンが記録した「ブルルダイ・ボグド」の話と、モチーフの比較を試みている。この話は、朝鮮全土に広く伝わっていることを指摘している。

「北方民族影響」篇の後半三話、すなわち４の「朝鮮の日と月の伝説」、５の「牛の糞で転んだ虎」、６の「興夫《ホンブ》の話」は、いずれも一九二七年三月刊の鳥居きみ子『土俗学上より観たる蒙古』の東モンゴルの話を読んだ後に書かれたもので、雑誌連載では最終回直前の十四回に追加されている。

このうち４の「朝鮮の日と月の伝説」は、連載九回目に第四篇「日本に伝わった朝鮮説話」として、すでに朝鮮と日本の話を取り上げており、この連載十四回は、その続編も兼ねる。

「朝鮮の日と月の伝説」は、朝鮮と日本とモンゴル三国の類話を比較できるたいへん興味深い話である。孫晋泰は、第四篇「日本に伝播」では、自分が記憶している朝鮮の話の梗概を「虎に母親を食われた子どもたちは、天から降りてきた綱で天に逃げて太陽と月になり、虎は腐った縄が切れて墜死して高粱の茎が赤くなった」と、まとめる。ついで高木敏雄『日本伝説集』の「子どもたちは天から降りてきた金ん綱で無事、天に逃げるが、山姥は腐った縄が切れて墜死し、その血で蕎麦の茎が赤くなった」という九州の天草の話を紹介して、ほぼ原形のまま（朝鮮から日本に）伝わっている、と述べる。一方、連載の十四回では、鳥居きみ子の本から東モンゴルの話として、木の上に逃げた子どもたちが、綱で引き上げてやると言って魔物を騙し、地面に落として殺す話を紹介し、モンゴル、朝鮮、日本の話が関連する証としている。孫晋泰が当時、すでにモチーフに注目して話を比較する視点を持ち合わせていたことがうかがえる。ただし、「子どもたちが木の上に逃げて、木の下の魔物を騙して退治する」というのは、実は漢族の話に典型的なモチーフで、鳥居が記録した、この「天からの綱」が無い東モンゴルの話は、中国（漢族）の話に近い。一方、このタイプの中国の話で、「天から降りる綱」らしいものが出てくる例は、少ない。わずかな例として、内モンゴルで記録された「子どもたちは空飛ぶ鵲《かささぎ》に鉄の縄を下ろしてもらって、木の梢に逃げるが、魔物（狐）には、草の縄が下りてきて、鵲がくわえてきた火で縄を焼かれて、墜死する」という話[5]には、天からの綱に近いモチーフが残っていると言えよう。「天から降りる綱」は、朝鮮とモンゴルと日本のこの話をつなぐ重要なカギである。（この話のアジアでの分布を含む詳細については斧原孝守の論文[6]を参照されたい。）

続いて孫晋泰は、鳥居きみ子の本からもう一話、幼い四人姉妹が留守番していると、母親を食った山姥が母親に化けて訪ねてくる話の別のタイプを紹介している。すなわち、子どもたちは、山姥の正体を見破り、追い返すが、「明日、また来るぞ」と言う山姥の捨て台詞に、恐れをなす。子どもたちが餅を焼いていると、卵と石臼とはさみと針と豚の頭が次々にやってきて、餅をくれるなら山姥退治を手伝おう、と言って、家のあちこちに隠れ、山姥をやっつける。「猿蟹合戦」の後半に共通する話である。孫晋泰は、この話について、日本で有名な話だが、元来は仏典にある話で、チベットにもあるから、北方民族を経由して朝鮮に伝わったのだろうと推測している。そして「北方民族影響」篇の次の話で、このモチーフを持つ朝鮮の例話5「牛の糞で転んだ虎」を紹介している。

これは、モンゴルの話を読んだ後、朝鮮にも伝わっている証拠の類話を求めて、（おそらく孫晋泰自身は話を知らなかったので）急ぎ友人から聞き取って載録した話ではないだろうか。一九二八年一月に聞いたことになっている。

なおここで仏典と言っているのは、ジャータカの「ウズラ本生譚」あるいは『パンチャタントラ』一巻の「雀と啄木鳥と蝿と蛙と象」である。

『パンチャタントラ』の話は、象に卵を踏みつぶされたウズラが、カラスや蝿の援助で象をやっつける話で、むしろ日本の「雀の仇討」に近い。このタイプの動物同士の話は、ミヤオ族の「母さんのために仇討ち」など中国の西南地域に住む少数民族に多い。一方、５「牛の糞で転んだ虎」のように、脅されるのが、子どもであったり、老婆であったり、人が登場する話は、中国の南部、特に沿海部を中心に広くそっくりな話が伝わる。話の内容だけで比較すると、朝鮮のこの話は、インドからチベット経由で中央アジアを経由してモンゴルに通じる北の道からではなく、むしろ南の海上の道を通って朝鮮に伝わったのではないだろうか。

第四篇「日本に伝わった朝鮮説話」の各話については、崔仁鶴[7]にも紹介があるので、参照されたい。

孫晋泰は、主に朝鮮の話が日本に伝わり、その逆はわずかだった、とするが、その根拠は特に示されていない。

1の「使臣間の手問答」については、日本の話にも餅屋が出てくるので、朝鮮の話との関係がうかがえる、と言う。いわゆる「蒟蒻問答」と呼ばれる話で、確かに上方落語では「餅屋問答」になるが、果たして朝鮮と関係があるのかは不明である。なお中国のこのタイプの話では、靴屋が登場する話が多い。

3「虎より怖い干し柿の話」は、日本では「古屋の漏り」の名で知られる。高木敏雄は読売新聞の連載（一九一一〜一九一二）で、阿蘇の話を紹介して、この話の一番古い記録は、インドの『パンチャタントラ』五巻「泥棒と食人鬼と猿」だ、と述べている。孫晋泰は、日本に虎がいないのに、「トラオカメ（虎狼）」と言うのは、朝鮮からこの話が伝わった証拠で、一方、朝鮮の話に猿が出てこないのは、最初は登場したが、朝鮮には猿がいないので、後に消えた、といささか強引な説明をしている（孫晋泰は触れていないが、実は、中国の特に沿海部には、日本同様に「漏る」を怖れる話が多い。共に猿が登場することなどを考え合わせると、日本の話は、中国からの伝播を考える方が妥当だろう）。

６「虎と兎の話」は、いわゆる「しっぽの釣り」で、朝鮮の話では、虎が兎に騙される。日本の話として、高木の『日本伝説集』から、出雲の清水兵三が報告した猿が熊に騙される「猿の尾」を挙げている。出雲の話は、朝鮮に近いので、孫晋泰は特に注目しているようである。

７「おろか婿の話」。馬鹿婿が舅の家を訪ねる話で、夫の陰茎に紐を結んで夫婦の合図にするが、用事ができた妻が、手元の紐を食品（乾鱈、鰹節）に結び付けたため、猫や犬がじゃれて引っ張り、夫が失態を演じる話である。孫晋泰は、類話として、東京での下宿の主婦、山形県米沢出身の高橋千代子から聞いた「南の山の愚か婿」を紹介している。山に囲まれた置賜地方では、その南に位置する会津の山地を指す言葉が「南の山」である。ただ「愚か婿」ですましていないところに、フィールドワークに努めていた孫晋泰の経験が生きている、といえるだろう。高橋夫人からは、ほかに「屁っこき嫁」を聞き、また「甄萱伝説」に関連して、米沢にも、三輪山伝説に似た話があるとして、「蛇は金物を嫌うので、小さな針に刺されても死ぬ」と記す。

この第四篇「日本に伝わった朝鮮説話」と第五篇「仏典由来の民族説話」では、「日韓共通の民間説話」（一九一二）を始めとする高木敏雄の著作や『南方随筆』など南方熊楠の論考で取り上げられた話について、主に論じている。

第六篇「世界に分布する説話」では、中国以外からの影響も探っているが、基本となるモチーフの整理ができていないので、関係ありそうな話を無暗に列挙する結果になっている。２「白鳥処女伝説」については、天井を突き破って天に帰る、という朝鮮のモチーフがブリヤートの住居の構造と関係あるとして、北方からの影響の証拠と考えている。

第七篇「その他の説話」では、主に各種「野談」の写本から笑話を取り上げている。最後の7「鯉を放して宝を得る話」は、慶尚道に多い話だという。龍宮訪問譚という点で、亀が鯉になっている以外、日本の「浦島太郎」にそっくりの話であるが、中国その他の国には類話が見つからず、ここに置いたものと思われる。「浦島」との関係を考えると興味深い話である。

孫晋泰の目指したもの

例話の大半を自らの採訪調査に依った孫晋泰の「朝鮮民間説話の研究」の連載（一九二七～二九）は、中国の古典文献の影響、仏典による伝来、モンゴルからの伝播、日本への伝播……と歴史的な縦のつながりと地理的な横のひろがりを視野に入れて、朝鮮の民間説話の全体像を捉えようとした、先駆的な試みだった。「白鳥処女伝説」や「地下国大盗賊退治説話」などの比較研究から、世界的に分布する話が朝鮮にもあることを示し、文化の流れを指摘した。さらに一九三〇年には、この連載を踏まえて、東京でそれまでの採訪調査で集めた一五四話を、神話・伝説、民俗・信仰、寓話・頓智説話・笑話、その他に分類して、詳細な漢文出典などの附録をつけて、『朝鮮民譚集』として出版している。朝鮮半島全域を対象とするという、大規模で本格的な資料集は当時まだほとんどなく、貴重である。凡例の最後には、「近く朝鮮で原文で出す予定」と記すが、朝鮮国内での出版は、結局五〇年以上後のことになる（李基白編『孫晋泰先生全集』ソウル：太学社　一九八一、崔仁鶴『朝鮮民譚集』訳注、ソウル：民俗苑二〇〇九）。

孫晋泰のこの二著作および『朝鮮古歌謡集』『朝鮮神歌遺篇』を当時の時代背景の中で考えると、植民地支配下という深刻な状況下、ともかく朝鮮文化の伝承が喪われる前にしっかり記録にとどめることが第一の目的だったのではないか。

一九〇〇年生まれの孫晋泰は、ほぼ日本の植民地支配の下で教育を受けている。日本に留学して「人類学、民俗学に目覚めて」（『朝鮮民譚集』序）、早稲田大学卒業後は、東洋文庫に研究拠点を得るなど、研究環境には恵まれて、三三年の帰国までを過ごしている。

日本の雑誌『民族』は、柳田國男の指導の下、岡正雄、石田幹之助らが中心となって創刊した人類学（民俗学）の学術雑誌で、一九二五年十一月から一九二九年四月まで出た後は、誌名をより内容に即した『民俗学』と改め、一九二九年七月から一九三三年十二月まで出る。この『民族』二巻一号（一九二七年七月）に孫晋泰は「西伯利亜白鳥伝説の一特徴に就いて」を発表しており、あるいはこれが、本格的学術雑誌へのデビュー論文だったのではないかと思われる。（孫晋泰は非常に多作で、続く『民俗学』雑誌などでは、ほぼ毎号投稿が載り、また学界消息欄を見ると、他の複数の雑誌への寄稿も多数見られる。）

一方、孫晋泰デビューの一年前の『民族』一巻五号（一九二六年七月）には、岡正雄と旧制二高以来の友人で、東大で人類学を学んだ中国人留学生何思敬（一八九六〜一九六八）の「支那の新国学運動」が、何畏名義で掲載されている。一九一八年の北京大学歌謡徴収処設立に始まる中国の新国学運動を紹介する内容で、石田幹之助から北京大学『歌謡週刊』『国学門週刊』などの雑誌を借り、中国にも日本と同様の民俗学をひろめようという運動があることを知った。そして経書や儒学によって軽んじられてきた、民衆の口から口へと伝えられてきた説話や「歌謡」こそ、民の声である、という周作人の歌謡に関する文や顧頡剛の孟姜女研究などを夢中になって読んだ、と述べる。何思敬は、翌二七年初に帰国して、広州の中山大学に法学院教授として赴任。鍾敬文らが主宰していた雑誌『民俗』（一九二八年三月創刊）にバーン『民俗学』の紹介文を載せ、中山大学の民俗学講習班では「民俗学概論」を講じている。『民俗』四号では、顧頡剛らが北京で行なった妙峰山での参拝調査を評価して、「読妙峰山進香専号」を書いている。その後も、日本の民俗学関係書を紹介し、中国民俗学の普及に尽力している（「本刊今後的話」中山大学『民俗』一〇一期など）。しかし一九三一年の満州事変後、何は上海で文化界の抗日活動に加わり、三二年には中国共産党に入党、三七年には延安に行く。以後、中国共産党の思想面でのブレーンとなるが、文化大革命で、悲惨な最期をとげる。

孫晋泰は、儒教を全否定する当時の中国の新国学運動を紹介した何思敬のこの投稿を、どんな気持ちで読んだのだろうか。何思敬とは、研究会で顔をあわせていたに違いないが、話をすることもあったのだろうか。

孫晋泰の著作は、日本の植民地朝鮮という現状の中で、現存の朝鮮の伝承文化を記録して残した貴重な資料である。

注

（1）崔仁鶴『韓日昔話の比較研究』「孫晋泰の説話研究とその業績」三弥井書店、一九九五年。
（2）円仁『入唐求法巡礼行記』（足立喜六訳注 塩入良道補注）平凡社 東洋文庫、一九七〇年。
（3）董均倫・江源『石門開』上海少年児童出版社、一九五五年（『山東民話集』平凡社 東洋文庫、一九七五年参照）。
（4）モンゴルの『シッディ・クール』にも「二人の兄弟」はある（西脇隆夫編『シッディ・クール』渓水社、二〇一三年）。
（5）孫剣冰採集整理「門墩墩、門掛掛、鍋刷刷」秦地女語り、内蒙古烏拉特前旗（『民間文学』一九五五年四月）。
（6）斧原孝守「「天道さん金の鎖」「妹は月」と月の起源説話」『神話と昔話・その他』ＧＲＭＣ、二〇二〇年。
（7）崔仁鶴『韓日昔話の比較研究』七六―七七頁（三弥井書店、一九九五年）。

【参考資料1】話者一覧

金浩栄　咸興
都相禄　咸興
都相禄慈堂　咸興
金致亭　倭館
金永奭　倭館
柳春燮　全州
明周永　馬山
白基萬　大邱
閔丙友　沃川
李殷相　馬山
安柱祥　槐山
金泰卿　京城
鄭常和　達城
方定煥　京城
馬海松　開城
李相和　大邱
車慶燁　春川
高橋千代子　日本山形県米沢出身
金升泰　釜山
丁炳基　錦山
鶴坡閑人　会寧
崔順道　東萊

張湏原　咸興

【参考資料2】引用書一覧

（原著に倣い、中国書　仏典　朝鮮書　和書　洋書に分け、おおむね時代順にのせる。訳注、附表で引用した書も含む）

中国書

『春秋左氏伝』　前漢　劉安（BC一七七―一二二）
『淮南子』　後漢　王充（二七―九七）
『論衡』　東晋　郭璞
『玄中記』（または元中記）
『論語』　晋　周処（『太平御覧』巻六八に引く）
『風土記』　晋　虞喜（『説郛』五九）
『志林』　晋　謝承（『説郛』五八）
『会稽先賢伝』　晋　干宝
『捜神記』　晋　陶潜（陶淵明）（三六五―四二七）（『五柳先生集』）
『桃源記』　晋　［陶潜］（『学津討原』十六集）
『捜神後記』　晋　宗懍（『玉函山房輯佚書』「雑家類」）
『荊楚歳時記注』　北魏　酈道元（？―五二七）
『水経注』　晋　盛宏之（『酉陽雑俎』に引く）
『荊州記』　南朝宋　劉義慶（四〇三―四四四）
『幽明録』　南斉　蔵栄緒撰（『北堂書鈔』に引く）
『晋書』　梁　任昉（四六〇―五〇八）
『述異記』　梁　殷芸
『小説』

『還冤記』　北斉　顔之推（五三一—五九一）（『説郛』七二）
『芸文類聚』　唐　欧陽詢（五五七—六四一）
『北堂書鈔』　隋　虞世南（五五八—六三八）
『啓顔録』　隋　侯白（『太平広記』に引く）
『孝子伝』　？　蕭広済（『太平広記』に引く）
『南史』　唐　李淵寿
『隋書』　唐　魏徴（五八〇—六四三）
『初学記』　唐　徐堅
『独異志』　唐　李冗（『稗海』第一套）
『嶺表録異』　唐　劉恂（『太平広記』巻四六四に引く）
『玉堂閑話』　唐の失名氏（『太平広記』巻四五八に引く）
『龍城録』　唐　柳完元（七七三—八一九）（『説郛』二六）
『封氏聞見録』　唐　封演（『学津討原』十三集）
『続博物志』　唐　李石（『稗海』第一套）
『酉陽雑俎』　唐　段成式（八〇〇—八六三）
『北夢瑣言』　唐　孫光憲［？—九六八］（『太平広記』巻二六二）
『霊応録』　唐　浮亮（『説郛』一一七）
『尚書故実』　唐　李綽
『杜陽雑編』　唐　蘇鶚
『意林』　唐　馬総（『学津討原』第十二集）
『宣室志』　唐　張讀（八三三—八八九）
（『稗海続編』）『唐代叢書』一名『唐人説薈』所収本
『捜神記』　唐　句道学（『西陲零拾』所収）
『洛神伝』　唐（『古今説海』ほか）
『記聞』　（『太平広記』巻四五七に引く）
『広異記』　唐　戴孚（君宇）（『説郛』一一八）

『原化記』	唐	皇甫（『説郛』）
『通典』	唐	杜佑
『桂海虞衡志』	宋	范成大（一一二六—一一九三）（『古今説海』）
『太平御覧』	宋	李昉（九二五—九九六）等選
『太平廣記』	宋	李昉等選
『夷堅志』	宋	洪邁（涵芬楼蔵版）（『十万巻楼叢書』）
『楽善録』	宋	李昌齢（『稗海』三套）
『異聞総録』	宋	無名氏（『稗海』六套）
『蓼花州閑録』	宋	高文虎（『古今説海』『説纂戊集』）
『張氏可書』	宋	張知甫（『函海』）
『墨客揮犀』	宋	彭乗（『稗海』六套）
『吉凶影響録』	宋	岑象求（生年不明）（説郛一一七）
『艾子雑説』	宋	蘇東坡（一〇三七—一一〇一）
『元朝秘史』	元	逸名
『誠斎雑記』	元	周達観（一二七〇—?）（『説郛』三一）
『瑯環記』	元	伊世珍（『学津討原』十五集）
『元史訳文証補』	明	洪鈞
『海語』	明	黄衷（一四七四—一五五三）（『学津討原』七集）
『龍興慈記』	明	王文禄（『記録匯編』）
『天中記』	明	陳耀文
『南村輟耕録』	明	陶宗儀（一三二九—一四一二）
『語怪』	明	祝允明（一四六一—一五二七）（『説郛続』四六）
『児世説』	明	趙瑜（『説郛続』二三）
『五雑組』	明	謝肇淛（一五六七—一六二四）
『湧幢小品』	明	朱国禎（一五五八—一六三二）
『笑府』	明	馮夢龍（一五七四—一六四六）

『東華録』　清　王先謙（一八四二—一九一七）
『尾蔗叢談』　清　李調元（『函海』）
『笑林広記』　清　遊戯主人（一七六一）
『聞見偶録』　清　朱象賢（『昭代叢書』庚集、巻二三）
『清稗類鈔』　民国　徐珂（一九一五）

『朝鮮民族故事研究』孫晋泰著、金華民訳、民族出版社、二〇〇八年
『中韓民間故事比較研究』顧希佳、李慎成編、中国文聯出版社、二〇〇七年

仏典
『六度集経』　呉　僧康僧会（?—二八〇）（高麗版大蔵経）
『雑譬喩経』　呉　僧康僧会（?—二八〇）訳（高麗版大蔵経）
『大智度論』　後秦　鳩摩羅什（三四四—四一三）訳（『法苑珠林』に引く）
『雑宝蔵経』　北魏　吉迦夜と曇曜共訳（高麗版大蔵経）
『十頌律』　後秦　仏若多羅（北インド僧）訳（高麗版大蔵経）
『四分律』　後秦　仏陀耶舎（罽賓の僧）と竺佛念共訳（高麗版大蔵経）
『彌沙塞部和醯）五分律』　南朝宋　佛陀什と竺道生訳。
『百喩経』　南朝斉　求那毗地（インド僧）訳（高麗版大蔵経）（四七九—五〇二）
『法苑珠林』　唐　釈道世

朝鮮書
『三国史記』　高麗　金富軾（一〇七五—一一五一）
『三国遺事』　高麗　一然（一二〇六—一二八九）
『破閑集』　高麗　李仁老（一一五二—一二二〇）（一二六〇）
『補閑集』　高麗　崔滋（一一八八—一二六〇）
『高麗史』　朝鮮　鄭麟趾（一四五一）「姜邯賛伝」五七地理志

『漂海録』 朝鮮 崔溥（一四五四—一五〇四）
『東国輿地勝覧』 朝鮮（世祖年間） 李荇
『慵斎叢話』 朝鮮（世祖年間） 成俔（一四三九—一五〇四）
『於于野談』 朝鮮宣祖朝 柳夢寅（一五五九—一六二三）
『五山説林草藁』 朝鮮 車天輅（一五五六—一六一五）
『芝峰類説』 朝鮮 李晬光（一五六三—一六二八）
『耽羅志』 朝鮮 李元鎮、一六五三年、癸巳版
『蓂葉志諧』 朝鮮 洪萬宗 粛宗の時の笑話集（一六七八）
写本『破睡篇』巻二
『青邱野談』 朝鮮
『稗言』（裁判文学の手抄本）
作者不詳『海東野書』（蔵書閣所蔵本一八六四年筆写）『青邱野談』の抜粋本
厳弼鎮編『朝鮮童謡集』彰文社、一九二四
李慎成・顧希佳編『韓中民間説話比較研究』宝庫社、二〇〇六
韓国歴史民俗学会編『南滄孫晋泰의 歴史民俗学研究』民俗苑、二〇〇三
李泰昊『鴨綠江辺의 겨울』다섯수레、一九九一（青柳純一訳『鴨綠江の冬』社会評論社、一九九三）
南根祐『朝鮮民俗学과 植民主義』東國大学校出版部、二〇〇八
全京秀『孫晋泰의 文化人類学』民俗苑、二〇一〇
金廣植『植民地期における日本語朝鮮説話集の研究——帝国日本の「学知」と朝鮮民俗学』勉誠出版、二〇一四

和書

『古事記』岩波書店（日本古典文学大系『古事記祝詞』）
『令義解』清原夏野・小野篁撰一〇巻、八三三年？ 吉川弘文館（国史大系）
『万葉集古義』藤原雅澄撰、宮内省、一八九一
『沙石集』一三世紀の無住法師 岩波書店（日本古典文学大系）

『宇治拾遺物語』一三世紀初め？ 岩波書店（日本古典文学大系）
『和漢三才図会』寺島良安、一七一二 平凡社 東洋文庫
『朝鮮の俚諺附物語』高橋亨、京城：日韓書房、一九〇九
『日本伝説集』高木敏雄、郷土研究社、一九一三
『南総の俚俗』内田邦彦、櫻雪書屋、一九一五
『新日本教育昔噺』高木敏雄著、敬文館書店、一九一八
『有史以前の日本』鳥居龍蔵、磯部甲陽堂、一九一八
『日本民俗志』中山太郎、総葉社、一九二一
『朝鮮昔話集』朝鮮総督府（田中梅吉）京城：大阪屋号書店、一九二四
（『ジャータカ物語』林光雅訳、甲子社書房、一九二四
（『インド古代説話集——パンチャタントラ』松村武雄訳、現代思潮社、一九七七
『南方閑話』『南方随筆』『続南方随筆』南方熊楠、坂本書店、岡書院、一九二六
『日本神話伝説の研究』高木敏雄、岡書院、一九二五．五—一九三一
『民俗学入門』バーン（岡正雄訳）、郷土研究社、一九二七
『土俗学上より観たる蒙古』鳥居きみ子、大鐙閣、一九二七
『温突夜話』鄭寅燮、日本書院、一九二七
『朝鮮民譚集』孫晋泰、郷土研究社、一九三〇
『農民童話集、黄金の馬』森口多里、実業之日本社、一九二七

『朝鮮民謡選』金素雲、岩波文庫、一九三三
『木馬と石牛』金関丈夫、大雅書店、一九五五
『モンゴル帝国史』一—六、ドーソン（佐口透訳注）、平凡社 東洋文庫、一九六八
『韓国昔話の研究』崔仁鶴、弘文堂、一九七六
『三国遺事』金思燁訳、朝日新聞社、一九七六
『日本昔話大成』関敬吾、角川書店、一九七八—一九八〇
『日本昔話通観』稲田浩二、小澤俊夫、同朋舎、一九七七—一九九八

『韓国昔話集成』崔仁鶴・厳鎔姫、悠書館、二〇一三―二〇一九
月刊『中国語』大修館、一九九三年一二月
『山東民話集』飯倉照平・鈴木健之編訳、平凡社 東洋文庫、一九七五
『シッディ・クール』西脇隆夫、渓水社、二〇一三

雑誌

『日本及び日本人』東京：政教社、一九〇七―一九四五・二
『郷土研究』東京：郷土研究社、一九一三―一九三四
『金星』東京：金星社、一九二三―一九二四

欧文書

J.A. Dubois, *Le Pantcha-Tantra* Paris, 1826
M.de C.D'Ohsson, *L'Histoire des Mongols*, Amsterdam, 1834
Edward Lancereau, *Pantcha-tantra, ou Les Cinq Livres* Paris, 1871
Lung, *Custom and Myth* London, 1884
E.S.Hartland, *The Legend of Perseus; A study of Tradition in Story, Custom and Belief*, London, 1894-96. 3vols
Paul Vial, *Les Lolos, Histoire, Religion, Moeurs, Langue Ecriture* 上海, 1898
Richard Schmidt, *Das Pancha-Tantram* Leipzig, 1901
Jeremiah Curtin, *A Journey in Southern Siberia:--The Mongols,Their Religion And Their Myths* London, 1909
Else Jena , *Buddhistische Märchen aus dem alten Indien*, Lüders, 1921
Johannes Reim, *Die Sinfflute in Sage und Wissenschaft* Hamburg, 1925
Paul Zaunert, *Neuere Märchen seit Grimm*, 1922
Wolfram Eberhard, *Typen Chinesicher Volksmärchen*, Suomalainen Tiedeakatemia, Academia Scientiarum Fennica Helsinki, 1937
Hans-jöng Uther, *The Types of the Folk-Tales*, Suomalainen Tiedeakatemia, 2004

解題にかえて

樋口　淳

本書は、刊行にあたってで述べたとおり孫晋泰著『朝鮮民族説話의研究』（一九四七年四月、ソウル、乙酉文化社）の翻訳です。本書の書名は直後に『韓国民族説話의研究』と改められましたが、内容は変わりません。

ここでは、本書執筆前後の孫晋泰の足跡をたどり、彼の日本留学以前と以後の経験を、とくに彼が目指した歴史学、民俗学、文化人類学、口承文芸学研究の視点から紹介し、考察してみたいと考えます。

一　留学までの歩み

孫晋泰の留学までの歩みを示す主要な資料は、四つあります。これを年代順に並べると、①一九二八年一月の雑誌『新民』の「己未前後の文化相」、②一九二八年七月の雑誌『東洋』の「最近朝鮮社会相の変遷」、③一九三〇年五月『朝鮮民譚集』の「自序」、④一九三七年五月の雑誌『朝光』の「郷愁設問」という短いアンケートへの回答ですが、これを私たちの関心に沿って並べ替えてみましょう。

まず最初に『朝鮮民譚集』の「自序」ですが、そこにはこんな記述が見られます。

「私は釜山より西の方一里許りの東萊郡下端という村に生まれた。幼にして祖母と母とに亡くなられ姉達も居なかったので他の子供たちに比べて昔話に親しむ機会に恵まれなかった。ようやく物心のついた頃からは貧に追われて転々と逆旅の生活を送ったので私の昔話についての興味と知識は貧弱なものであった[1]」

しかし、これでは母を失った原因や貧しさに追われた逆旅の生活の実態がよくわかりません。そこで雑誌『朝光』の「郷愁設問」を見ると、そこには「故郷はどちらですか、故郷について何を思い出しますか」という質問に対して、故郷は洛東江口の一寒村東萊であり、家は三十四年前の津波の時に流されたと答え、さらに「津波の折に海で亡くなった母を思う」と付け加え、それが五歳（数え年）の小児時代の出来事で、「小さな船に乗って、その怒濤の中を漂流したときの恐怖を追憶する」という、「逆旅の生活」に至るまでの衝撃的な事実が明らかにされます[2]。

留学までの孫晋泰の歩みを丁寧に調査した韓永愚によれば、彼は、密陽孫氏の孫秀仁の次男として生まれ、一九〇九年に小学校に入り、一九一二年にソウルに留学して中学に通いました。中学二年生の彼は「大胆にも韓国史編著を祈ったことがある」というほど歴史への関心を示しており、少年期には政治家になろうと夢を抱いたといいます。それは日韓併合期初期に韓国各地で流行していた民族主義歴史学の影響を受けたためですが、彼は一九二〇年に東京に留学して早稲田大学史学科に入っても少年時代の夢の実現を忘れなかったようです。彼は中学校在学中に、優れた言語学者であった周時経からも学びましたし、この他にも言論・文芸などの文化の各方面で行われていた「感傷主義的民族解放運動」に多くの感化を受け少年期を送ったのです[3]。

韓永愚が、こうした孫晋泰の軌跡を明らかにするために参照した資料の一つが雑誌『東洋』の「最近朝鮮社会相の変遷」です。そこには次のような記述が見られ、孫晋泰が受けた学校教育の事情を知るうえで大変興味深い資料です。

「私は今より二十年許り前に田舎の小学校に入ったが、その時私は確か九つであったと記憶する、私より幼いものは一人もいなかった。又私の年輩のものも極めて少なかった。最高齢の者が三十八、普通が二十から二十五歳位で、孫を産み娘婿を迎えたくらいの者はざらにいた。而して当時の政情は何時、国家が倒れるか測り知れないという危い時であったから、それらの小学校に憂国的政治教育や軍隊教育を施したのは寧ろ当然のことであった。私は子供で何も知らなかったが、学生間には盛んに演説会が開かれて政治論が闘わされ、京城から派遣されたらしい陸軍下士の者が体育の先生として毎日実戦演習というのを教えた。（中略）私が小学校を卒業するとき、お前は将来何になるつもりか聞かれて、〈私は中学校から大学に行きます〉と答えて、先生から偉いと激賞されたのは今なお鮮やかに記憶に残っている。私はそれを出鱈目に言ったに相違ないが、専門学校が僅か二つ三つ出来た当時、子供のこの言葉は確かに先生を驚かせたものであろう。しかし私も実はその時幼な心にも矢張り政治家になろうとしていたのである。（中略）十二の時京城に留学し、十三の時には原稿を先輩より書いて貰って、それを一晩中かかって暗誦し、翌日演壇に登って公衆の前でナポレオンがどうの、ビスマルクがどうのと滔々と一席の演説を試み一人前の政治家になるつもりで嬉しがっていたことがある。（中略）要するに、日清戦争から併合前までの朝鮮の教育は主として、政治的・軍事的・愛国的であったが、今一つ大なる教育上の潮流は自由・平等の思想運動であった。日本から輸入されたルソーの思想であって、文明開化という術語とともに自由平等の語は、今日に於ける無産階級・社会主義という言葉の如く、矢鱈に青年の間に用いられたものである。保守的な両班階級や老人達はこれを毛虫のように厭ったが、若い者はこれらの思想を否定しては同輩への仲間入りが出来なかった（4）」

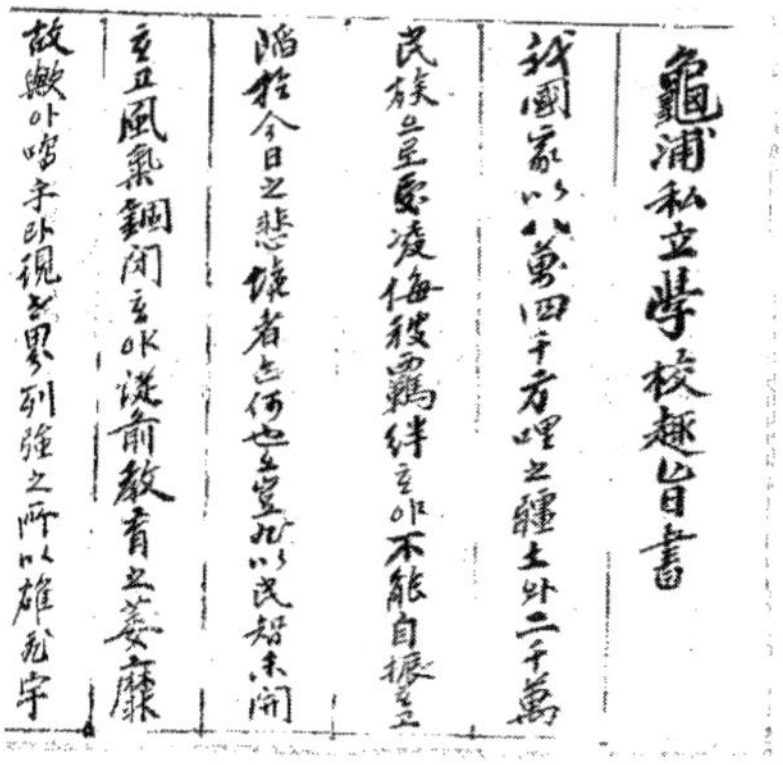
亀浦私立學校趣旨書
我國家以八萬四千方哩之疆土와二千萬
民族으로受凌侮被羈絆호야不能自振호고
陷於今日之悲境者는何也오豈非以民智未開
호고風氣錮閉호야從前敎育之萎靡
故歟아噫라現今世界列強之所以雄飛宇

亀浦私立学校趣旨書

長い引用になりましたが、これで孫晋泰が留学前に経験した教育の一端があきらかになります。この記事の中で語られた「田舎の小学校」とは、一九〇六年十一月に朴馨詮、尹相殷、李敬和以下二十六名の発起人が設立した亀浦私立亀明学校のことです。亀浦は洛東江下流に位置し、海と内陸部を結ぶところから、早くから商業が盛んで、国内外の情報がいち早く伝えられたところで決して「田舎」とは言えません。その「亀浦私立学校趣旨書」を読むと、留学前の孫晋泰が経験した学校教育がどのようなものであったかがよくわかります。(5)

このような事情は、彼が十二歳の時に京城に留学し入学した中東学校についても同じでした。

中東学校は、亀浦私立亀明学校の設立と同じ一九〇六年に、韓語学校教官三人が官立外国語学校の教室の三つを借りて漢学・算術を教える夜学を開設したのがきっかけで、一九〇七年に中東夜学校として漢学・算術に加え韓語、日本語、英語、算数、簿記を設置し、一九〇九年には私立中東学校としての正式な認可を受けています。孫晋泰が入学したのは一九一二年で、当時は校長は呉世昌でした。呉世昌は大韓帝国末期の開化派の理論家で、二度に渡って日本に亡命し、一九〇七年には東京外国語学校の朝鮮語教師として日本に一年滞在した経験を持つ人物ですが、一九一九年には民族代表三十三名の一人として三一運動に参加し、逮捕拘禁され有罪判決を受けています。

中東学校は、一九一四年に経営危機に陥りますが、崔奎東が校長に就任し、困難な財政問題に耐えながら、学校の体制を整え、後進の育成に力を注ぎました。崔奎東は、在職中一貫して創氏改名を行わず、学生に対し韓国語で訓話を行ったことで知られ、光復後は、ソウル市教育会長、ソウル大学理事長、ソウル大学総長などを歴任しましたが、孫晋泰と同じく朝鮮戦争の最中の一九五〇年六月二十五日に拉致され、帰還することはありませんでした。

韓永愚は、孫晋泰が「中学二年生の時に〈大胆にも韓国史編著を企てたことがある〉というほど早く歴史への関心を示し」といいますが、「最近朝鮮社会相の変遷」で語る少年時の歴史への関心は、後に彼が確立した「新民族主義史観」とは少し違うので説明が必要だと思います。

孫晋泰は、やはり「最近朝鮮社会相の変遷」のなかに、その当時学生の間で共有された民族主義的な「歴史運動」について、こう書いています。

「書物の名はあまり記憶せぬが、東国史略、幼年必読等の歴史物を子ども時代に愛読したものである。隋帝楊廣の二十万大軍を破った高句麗の乙支文徳、唐帝李世民の一眼を射中して安市城を救うたという楊萬春、秀吉の海軍を破った李舜臣、（中略）の如き諸忠将が謳歌され、（中略）申淑舟、河緯地その他の忠臣が最も崇敬され、檀君、東明王（中略）の如き朝鮮古代の建国始祖が崇拝された。つまり外敵を破った名将、領土を開いた英君名相、犠牲的な忠臣、開国の始祖を謳歌したのが当時の歴史運動であった」[6]

「勇将・名将・忠臣・英君が謳歌されたのは（従来は支那のそう言った人物が崇敬されていた代わりに）彼等（朝鮮人）の独立自尊心を衝動発揚せんがためであった。併合後に於いても、微力ながらかかる運動が継続された。師範学校、中学校、小学校等に於いて、謄写版刷りの朝鮮史が秘密に生徒間に配布され、時々世間を騒がしたものである。彼らは幼心にも、秘密結社を組織して巧みに監督者の眼を盗み、かかる印刷物を回していた。その言うことには滑稽を極めたもので、朝鮮は戦争をして負けた試しもなく、朝鮮史は世界中最も輝かしいものと言うのである。しかし彼等のその心事は察すべく余りあり、また一つの社会相として見逃すことの出

来ないものであった。私も中学二年生の時に大胆にも韓国史編著を企てたことがある」(7)

孫晋泰は、中東学校時代の歴史観をこう回顧したうえで、これを「これらの歴史運動も要するに〈センチメンタリズムによる一種の民族解放運動〉であった。」と総括しています(8)。

雑誌『東洋』は、孫晋泰が当時勤務していた東洋文庫の運営母体である東洋協会が発行する月刊誌ですから、以上の記述は白鳥庫吉や石田幹之助のような彼の身近で働いていた先輩や同僚向けに執筆したもので、文章にはくつろいだ座談的な雰囲気があります。

これに対して、『東洋』より少し前の一九二八年一月の『新民』に韓国人読者のために執筆された「己未前後の文化相」の記事は、『東洋』とほぼ同じ内容を扱いながら、総括はさらに冷静で厳しいものになっているように思われます。

多少の重複を恐れずに『新民』の当該部分を引用してみましょう。

「朝鮮は新羅一統以降、若干の国民意識が発生し壬申倭乱（文禄慶長の役）と丙子胡乱以降、若干の民族意識が発達したが、それは全く当時の知識階級に限って発生発達した現象で、一般民衆は前からの封建的思想の所持者だった。それは思想を伝達する文字が難辞で非民衆的な漢字であり、文化が一部支配階級の専有物だったからである。ところが、大韓帝国建設当時に至っては文化の民衆化運動が起きた。民衆的団結を形成するためには文化を民衆化しなければならなかった。己未前後十年間の朝鮮は民族的覚醒時代だったと言える」（中略）「帝国建設とともにこのような運動は歴史運動となった。『東国史略』『幼年必読』等がこのような書籍で、各学校では生徒に謄写版で朝鮮史を印刷配布した。この政治的愛国的歴史運動には必ず随伴発生する現象で、当時の朝鮮史は朝鮮が産出した偉人の賛美、祖国の謳歌で全面が装飾されていた。（中略）当時は、全世界がみんな帝国主義の時代だったため、朝鮮の教育も同じだったし、歴史運動もまたこれ軍国主義的になった。（中略）当時の歴史をみると、乙支文徳・楊万春等が支那大軍を破ったのは勿論だが、壬申倭乱にも朝鮮は少しも害されず、日本軍は李舜臣・郭再佑・趙憲・金徳齢等の諸将や明将李如松に惨憺たる敗北を喫したとされた。四千年歴史、三千里錦繍江山という言葉が当時の民衆には偉大な愛国的衝動を与えた。併合以降は当時の日本官憲がこのような運動に極度の監視を加え、周知の事実となるのだが、各、官・私立学校の生徒たちの間で秘密謄写版の朝鮮史が流行るようになり、度々世上を動揺したのは今も記憶に残っている。海外にいる色々な人たちには数年前までこのような種類の歴史運動が継続された」

「併合以降には歴史運動は極めて微々たるものでしかなくなったが、それでも終息したわけではない。しかし近日になっては、従来の軍国的・愛国的歴史運動が〈科学的或いは文学的歴史運動〉に方向を転換する傾向がみえる。それは今日の社会が昔と同じくただ興奮剤として歴史を要求せず、将来の生活を実質的に指導する理論的・科学的歴史を要求しているためだ。当時の社会は〈興奮剤〉を要求したが、今日の社会は一回興奮した後の静思熟慮を要求する。社会運動或いは政治運動の一部門としての歴史運動は祖国賛美、祖先賛美に依り、封建的排他思想すなわち地方的排他観念を打破し、檀君という共同祖先を立て朝鮮民族という民族意識を強化し、今の我々はまだ弱いが、我々の民族は先天的に優秀な民族で将来またすぐ偉大な民族になれるという観念を助長した。勿論、どのような運動も世界の大勢の所産だろうが、一方に運動は一種の優越感の満足である。悪く言うと、一種の虚栄心満足にあった。祖先が偉大で、祖国が強大でも今の我々が無識で弱小である以上、そのような自慢はただ自画自賛に過ぎない。（中略）祖先が偉大だったとしたら私も偉大だという気分で、家名を誇るのは、消極的衝動である。しかし、時代はもうそのような感情的衝動を要求するよりは、合理的自覚を漸々（ますます）要求する」[9]

『新民』は、前述のように優れた若手知識人が執筆した韓国語による総合雑誌で、朝鮮総督府嘱託の李覚鍾が編輯兼発行人ではあっても、ソウルをはじめ韓国各地の読者に高度な情報を発信していました。

孫晋泰は、『東洋』で〈センチメンタリズムによる一種の民族解放運動〉と総括した運動を『新民』では〈興奮剤〉と呼び「当時の社会は〈興奮剤〉を要求したが、今日の社会は一回興奮した後の静思熟慮を要求する」と述べています。この「一回興奮した後の静思熟慮」の必要という呼びかけには、たとえ同じ内容であっても『東洋』に於けるような仲間内の寛いだ気分は見られず、同時代の朝鮮の知識人層に向けられた一種の危機意識と緊張感がみなぎっているように思われます。

孫晋泰は、京城の中東学校で学び、呉世昌、崔奎東、さらには周時経など当時の最も優れた教育者の謦咳に接して、民族意識を研ぎ澄ませ、十八歳の時には、故郷の亀浦の亀浦市場で三月二十九日に起きた独立万歳運動の先頭に立ち、逮捕されて釜山刑務所に収監されながら、一九二一年に中東学校を卒業し東京に留学し、早稲田大学第一高等学院に入学します。そして一九二四年には文学部史学科に進学し、一九二七年に卒業し、一九二九年六月に、最初の著作『朝鮮古歌謡集』を刀江書院から刊行します。

二　『朝鮮古歌謡集』と孫晋泰の歴史観の変遷

『朝鮮古歌謡集』は、当時知られていた韓国の時調二千数百首のうち五百五十八首を翻訳紹介したものですが、この刊行に至るまでに、孫晋泰は五つの論文を書いています。これをまた年代順に並べると、①一九二五年八月に『短歌雑誌』八五号に掲載された「朝鮮歌曲紹介」、②一九二五年九月に同じく『短歌雑誌』の八六号に掲載された「歌曲から見た朝鮮人」、③一九二六年五月に『東洋』に掲載された「朝鮮の古歌と朝鮮人」、④一九二六年七月に『新民』一五号の「詩調と詩調に表現された朝鮮人」、⑤一九二七年三月の『新民』二三号の時調特集に崔南善等とともに投稿した「時調は復興する（しかし古型に固執するのは退歩）」の五篇です。

『朝鮮古歌謡集』について考える前に、これら先駆的論考の歩みをたどってみましょう。

まず『短歌雑誌』の「朝鮮歌曲紹介」ですが、これはおそらく早稲田大学第一高等学院で指導を受けた歌人の窪田空穂（一八七七～一九六七）の紹介によるものだと思われます。空穂は、ジャーナリスト出身の歌人で詩歌集『まひる野』の刊行（一九〇五年）によって歌人としての地位を確立し、一九二〇年に早稲田大学国文科講師に就任したばかりで、孫晋泰はすでに『オリニ（児童）』や『新女性』に論考を提供していましたが、同人雑誌『金星』に詩作や翻訳詩を寄稿する文学志向の強い学生でした。

彼は『朝鮮古歌謡集』の「自序」に時調研究の歩みを次のように書いています。

「時調は我々の先祖が我々に残してくれた大きな宝物の一つであり、朝鮮文学史上最も重要な地位を占むるべきものである。私はこの貴重な時調を、せめて、日本の人にでも紹介して見たい希望を八年前から持っていた。その時私は早稲田大学の第一高等学院に在学中であったが、窪田空穂先生に提出すべき作文の課題に窮した揚句、朝鮮の古歌について何か書いてみようと思いついた。そして、一番翻訳しやすいものを十首ばかり訳し、それに私の意見を書き添えて提出した。次の学期の初めになってその作文が私に戻されたとき、終わりに先生の評が書かれてあった。その中に〈訳は不味《まず》いと言わざるを得ないが、これを組織的に日本に紹介して見る気はないか。それは大きな意味のあることであろう〉と言う意味の文句が書かれてあった。

私がこの訳を本気になって試みようとしたのは、空穂先生のこの言葉に刺激されたからであった。多分大正一一（一九二二）年のことだったと記憶しているが、その夏休み中に、私は二〇〇余りの歌を文語体に、しかも原文に極端に拘束された態度で訳し、それを空穂先生のお目にかけた。文語体に訳したのは原文が古い言葉であるのと、古風な気持ちを現すにはそれが最も適した言葉であろうと思ったからである。先生は私の訳をご覧になって〈君、これは未だ日本語になっていないよ〉と言われた。そして〈君は原文に忠実になどと言っているが、日本文としても多少生きていなくてはいけない〉と忠告せられた。私は失望せざるを得なかったが、今度は訳の態度を換えて見ようと決心して、前の訳文をことごとく皆破棄し、新たな態度で訳に取りかかった。それは口語体、意訳という態度であった[10]」

『短歌雑誌』の「朝鮮歌曲紹介」とそれに次ぐ「歌曲から見た朝鮮人」に紹介された時調は、窪田空穂とのこうしたやり取りを経て、一応の仕上がりを得たものだと思われますが、その「朝鮮歌曲紹介」の冒頭で、孫晋泰は時調についてこう述べています。

「今日の詩でもなく、また民謡でもない、日本でいえばちょうど古今（古今和歌集）あるいは万葉（万葉集）にあたるべき、俗には時調と呼ばれる歌曲が朝鮮にはかなり古い時代からある。今日伝えられている歌曲の内で一番古いとされているのは高句麗の故国川王の時にその国相であった乙巴素《ウルパソ》の作である。歌としては大したものではないが、朝鮮の歌曲の起源については大分問題にされるものである。なんとなれば乙巴素の後は七世紀の百済末期の成忠に至るまで、時調はほとんど何人にも（作者不明のものは別として）歌われてないからである。成忠の作は、百済末期の気分が多分に現れていて大部分の人々はこれを認めている。成忠の後も十二世紀の初期までは、別に作者の名の明らかな作品は伝わっていないが作者不明な歌（古い作になるほど作者がわからない）から我々は多くの高麗時代を思わしめる、仏教色彩の濃厚な歌々を見出すことができるから高麗時代には相当時調が作られたらしい。（中略）朝鮮の時調は十二世紀ころからぼつぼつ本物になり高麗の末期から李朝にかけて全盛して純粋な朝鮮人の生活を歌い、夢を歌い、哲学を歌い、そして抱負を歌ったわけである（中略）」

しかし、このおおらかな時調は、近世に至ると一挙に様相を変えてしまいます。

「近世に至っては政治の混乱とともに一時衰え、最近になっては若い啓蒙詩人や、擬古歌人達によって復興を試みられているが、なかなか一家をなすくらいの作家は出てきていない。寂しい秋の夜などに、琴や長鼓に合わせて時調の一曲を聞く時は、まったく我々は中世の平和で素朴な世界に蘇生することができる」

ときわめて悲観的、詠嘆的で、分析も中途で頓挫してしまいます[11]。

この悲観的、詠嘆的な時調の理解は、同じ『短歌雑誌』八六号の「歌曲から見た朝鮮人」でさらに暗澹としたものになりますが、一九二六年五月の『東洋』では払拭され、さらに一九二六年七月に『新民』に発表された「詩調と詩調に表現された朝鮮人」で、時調は「詩調」と呼ばれ、その価値が民族の歴史のなかで問い直され、武臣や文臣といった官僚・知識層だけではなく、妓生をはじめとする賤民や農夫や名も知れぬ庶民の文芸、階層を超えた民族統合、国民統合の象徴として位置づけされることになります。時調は、感傷的な懐古の対象から、朝鮮民族統合の象徴として、その〈歴史的意味と科學的知識〉が問われることになったのです。

孫晋泰は、「詩調と詩調に表現された朝鮮人」（一九二六年）の冒頭でこう宣言します(12)。

「笠（삿갓）よりも大きい冠（갓）をかぶって背丈をこえる杖をさし、長いキセルに巾着袋（삼지）をかけて、介字形のヒゲに道袍《トルマギ》をゆったりと着ていた私たちの先祖たち。彼らは、私たちに大きな宝物を多く残してくれて行った。その宝物中の一つは、分明に詩調であった。詩調は唯一の韓国人だけの、広い世界を通してただ一つしかない宝物であった。宝物はひたすら韓国人だけの宝物ではなく、全人類の歴史的宝物であり、将来には必ず全人類の宝物にならなければならない。このような宝物の価値と意味を本当に理解する人が、どれほどいるだろうか？　彫刻の門外漢がラオコーン（Laokoon）の作品を見て、〈ああ、言葉の力と熱のこもった作品だね！〉と言って感歎するだけでは、この彫刻の意味と價値の全部を理解したとはいえない。私たちは、その芸術品の芸術的価値は勿論、それに関する〈歴史的意味と科學的知識〉を知悉した後になって初めてその作品を全体的に理解し鑑賞できる」

彼は時調の作品の歴史的な背景を探り、乙巴素や成忠の作品や『三国遺事』に見られる吏読文からなる郷歌《ヒャンカ》や仏教の影響を分析したあとで、こう述べています。

「今日に伝えられる詩調を概括的に見れば、私たちはその中に二つの潮流を発見することができる。一つは、比較的単純であり、情緒的であり、具体的、積極的、諧謔的であるのに対して、他の一つは、比較的複雑であり、意志的であり、思想的であり、抽象的、退廃的、遁世的、悲憤慷慨的であることを発見することができる。この二つの方面の実例は、以下に高麗時代における韓国人の生活と、李朝時代の韓国人の生活を、詩調を通して考察する際に列挙するから、ここでは省略するが、大体に言えば、時代と作者の不明な作品中に、比較的歌として単純で情緒的、積極的、具体的、諧謔的であることが多く、高麗末期や李朝時代の（大体、作者が明白な）作品は、理智的、思想的であり、抽象的、退廃的、遁世的、悲憤慷慨的である。したがって、私は前者に属する詩調に高麗時代或は新羅末の所作が多いと思う。作者が不明であるということは、それと同時に年代の古いものを意味する境遇が多く、抽象的、思想的な作品は、文学発達史上から見て、天真的、情緒的、具体的であるよりも、時代がずっと新しいものでなければならない(13)」

孫晋泰は、詩調の作品に二つの異なったタイプを構造的差異として摘出して、その違いの背景を古代と近世の政治史・経済史の構造的差異にもとめようとするのです。

「近世作家が悲傷的、頽廃的作風であるのに対して、中世の人々の作風はどうして諧謔的であり軽快であっても陽的な享楽を持ったのだろうか？　この問題に答えを与えるために、私は簡単に中世の人の生活と近世人の生活を政治的かつ経済的に考察してみようと思う。新羅の三国統一（六六八年）以後高麗中葉に至るまで約五百余年間の半島は、大体に平和な時代だった。甄萱《ケンケン》が全羅道に後百済を建国したのは勿論、新羅末年の一時的内乱も、それが国民生活を根本的に威赫したわけではない。鄭麟趾の高麗史食貨志に依れば、新羅末に土地制度が非常に紊乱したという。しかし、高麗太祖が建国劈頭に土地国有制を確立したので、その紊乱は一過的現象に過ぎなかった。それに新羅と高麗間の王朝授受は極めて平和裡に遂行されただけでなく、高麗王朝は旧新羅人や百済人に対して何等の迫害もしなかった。このように高麗初期の民衆は、政治的に別の不平がなく、経済的にも、その生活が保証され、内乱外寇の憂患も大きくなかった。したがって、平和裡に念仏を唱えて、極楽への道を探したのだ。（中略）高麗中世には咸鏡道一帯が女真族の侵略を受けた。しかし、それは尹瓘とその部下の武力で撃退した。その背後にある女真族、すなわちツングース族が満州と支那の北部を占領し、金という帝国を建設した時にも、高麗は少しも侵略を受けなかった」[14]

こうした高麗末から朝鮮王朝初期までの人々の平和な暮らしは、世祖朝に始まり燕山朝（一四九五～一五〇五）に激化する両班同士の党争によって一変し、民衆と志の高い士人は、これを嫌って離反します。

孫晋泰は、「燕山朝は一四九五年から始まり約四百数十年、燕山朝以前の李朝は一三九二年から一四九四年の約百年間だ。私が以前に詩調を李朝以前のものと、李朝のものを区別したのは、燕山朝以前の百年を無視したわけで、これを了解してもらいたい」と述べ、燕山朝を境に朝鮮王朝を初期と後期の二つに区別して考察を進めます。[15]

「李朝は、初期に高麗末に改革された土地国有制度を踏襲して、平和裡に比較的文化事業をたくさんした。国文を創製し、鋳字を発明し各方面の記録事業に努力した。しかし、すでにこの時から人々は利己的になって人生の辛酸が多く、現実生活を漸漸（だんだん）否認し始めた。それだけでなく、世祖朝（一四四六～六八）に王位継承問題がおこり所謂六臣の変を為始し、史臣儒者たちが頑迷固執して国王の言葉を聞かずに起こした史禍、士禍、続いて政治上で東西分党等が起き、無意味して不必要な紛擾と権力争闘を日常的に行うなどの中で、民衆は政治に嫌気がさして（厭症）誠実な政治家までも隠遁して無事主義を崇奉した。内政の紊乱に乗じて狡猾な権力階級が土地を占併し始めた。それと時を同じくして日本兵が怒濤のように海を渡って押し寄せ、韓国の運命は極まった。朝鮮歴史上に、壬辰倭乱ほど悲惨な記録を残した時代がないのは決して偶然なことではない」[16]

党争によって打撃を受けた朝鮮の政治経済は壬辰倭乱・丙子胡乱等の外患によって、一層疲弊します。

「これらの大戦役（壬辰倭乱・丙子胡乱など）を被った後の経済回復が何よりも急務であった。朝鮮における紊乱した土地制度の整備が最大の急務であった。ところが、朝鮮の為政者たちは何をしただろうか。またしても政権争奪に明け暮れ、いわゆる西人と南人派が反目し、いわゆる老論いわゆる少論派は元老と青年の間の衝突で歳月を送った。このような反目と衝突が、まったく国家と民衆生活を巻き込んで、信奉する派の儒学的道徳律に些細なことをあげつらって、それぞれ陳腐な解釈を加えて事実上は政権争奪の道具にした。この点を見れば、支那の儒学が朝鮮文化に多くの貢献をすると同時に大きな致命傷を残したことは、否定できない。この間に土地は地方豪族と権力階級の占奪に放任された。両班常人の階級区別が漸漸猛烈になり、壬辰乱後の三百余年に発達した土地私有制度は国民生活の保証を根拠から破壊して世上はますます利己的に、ますます個人主義的になった。これらの空気中で育った芸術は、昔日の素朴で享楽的作風を支持できなかったのは、重言する餘地もない」

「私たちがもし伝来の李朝詩調を燕山朝以前と以後の両方に区別しておいて、その作風を比較してみると、その中に現顕の差異を発見する。趙俊や鄭道傳、金宗瑞、南怡、黄喜、成石璘等の作品には、燕山朝以後の作風のように退廃的、隠遁的色彩がそれほど見えない(17)」

以上のように、詩調の歴史を中世（高麗時代に始まり燕山朝に終わる）と近世（燕山朝から朝鮮王朝の終焉まで）に分けた上で、孫晋泰は以下のように総括します。

「中世の韓国人には、比較的平和な生活を見られる。彼らは諧謔を愛し、素朴な感情と淳厚な心を持っていた。しかし、高麗末からその生活は漸漸（だんだん）利己的で物質的になり、外敵の侵入と無意味な戦争のために、その社会的経済的生活は根本的に動揺し始めた。李朝初期の少康があったが、それは一時的であり、十六世紀末と十七世紀初の倭乱胡亂のせいで、彼らの生活は再び救いがたいほどに破壊された。経済的に、文化的に、中世の光に満ちた希望にあふれる素朴で諧謔的民族性は漸漸（次第に）沈鬱で絶望的になって、畢竟は（結局は）隠遁的、廃頽的になった。最初は、彼等は大きな抱負と理想を持っていた（世界を農村化しようという偉大な抱負を）。しかし、冷たい現実はそれを嘲笑した。彼らは現実と戦ってみた。しかし、それは虚しかった。彼らは人の世上を捨て、自然の世上に入って行こうとした。自然を歌って、自然とともに老いて行こうとしたが、彼等がそうすればするほど、人の社会がそれほど解放して、弱して貧しい同胞を見捨てるに忍びなかった。だから、彼らの中の一部の人は慷慨する歌を歌って、毒の酒をあびるほど飲んだ。また、一部の人々は、積極的に、廃頽した国民の元気をまた振興しようと愛国歌を歌ってみた。このように近世の彼らは、悲悵し慷慨した民族になった。このような民族性が詩調を通しても分明に現れている。世界の多くの民族の中でも、彼等のように人生の辛酸を味わうことができるように味わった民族は珍しいだろう。しかしながら、彼らはそのような苦楚中にも、貴重な友情を現在まで見てきており、香ばしい稲の香る農村楽園をこの地上に建設しようとする抱負を今も抱持してきたことを、私は特に最後に言っておく[18]」

この総括に見られる歴史観は、孫晋泰が亀明學校や中東学校で培った歴史観と良く似ていますが、少し違います。まず共通するのは「民族主義」です。この民族主義は留学以前も以後も、一九四五年の光復後も一貫しています。

しかしながら留学後の民族主義は、留学以前の檀君、乙支文徳、李舜臣、申淑舟などの勇将・名将・忠臣・英君を崇敬し建国始祖を崇拝する愛国的・軍国的な民族主義ではありません。王・両班・常人・妓生・農夫などの身分や階級を越えて、その中心に自由と平和を愛する民衆を置く、新しい民族主義、後の新民族主義の萌芽としての民族主義なのです。

身分や階級を越えたこのタイプの民族主義は、国民国家の成立とともに生まれたもので、韓国・朝鮮の歴史の上では一八九七年の大韓帝国の成立、日本の歴史では一八六八年の大日本帝国の成立を一つの契機とするものであるに違いありません。そして孫晋泰が早稲田大学の史学科で指導を受けた津田左右吉は、一九一七年に『文学に現れたる我が国民思想の研究』を刊行した歴史家で、孫晋泰が「己未前後の文化相」で述べた「従来の軍国的・愛国的歴史運動」に代わる〈科学的或いは文学的歴史運動〉を代表する歴史家の一人でした。

孫晋泰が身分や階級を越えた朝鮮の民族統合の中心に「民衆」という概念を置いたように、津田は日本の民族統合の中心に「国民」をおきました。彼はまた、孫晋泰が檀君を実証的な文献史学の立場から批判したように、日本の神話や神代の歴史を実証的な文献史学の立場から批判し、一九四二年には軍国的・愛国的歴史家によって刑事訴追され、実刑判決を受けました。しかし彼は、孫晋泰が檀君を韓国・朝鮮の象徴的な始祖としたように、神話的な始祖をもつ天皇の象徴的な役割を擁護し続け、最後までその民族主義を貫いたのです。

津田はまた、孫晋泰が時調の歴史を朝鮮王朝初期までの大らかな時代と燕山朝以降の屈折した時代とに分けて考えたように、日本文学に現れた国民思想の歴史を貴族、武士、平民の時代に分けて考察しています。

津田は『朝鮮古歌謡集』に寄せた「序」で「日本でも、近ごろ歌謡、特に民謡の採集や研究が盛んに行われるようになってきた。それは、〈支那伝来の文字の文化と、その核心をなしている浅薄な主知主義的思想と偏固なる道徳経との圧迫〉から解放せられた民衆・社会の上層に、もしくは表面に、光彩を放っている〈文化の権威を過信し、または戦争や政治上の変動の如き特異の事件に眩惑していた迷夢〉から覚めはじめた民衆が、民衆自身の生命をその日常のうちに看取しようとするところから生まれた新しい気運である。この時、朝鮮の歌謡が日本語に訳せられて世に現れるのは偶然ではない。日本の民衆は、異なれる民族性を通して、そこに自己と同じき〈人〉を発見し、自己と同じき民衆を認知し、自己と同じき生命の躍動を感ずるであろう。政治的眼孔からのみ朝鮮をながめていたものは、之によって半島に新しい世界が開かれるであろう。のみならず、それはおのずから朝鮮の人々に対する理解と同情とを助けることにもなろう」と述べています。[19]

ここで津田の言う〈支那伝来の文字の文化と、その核心をなしている浅薄な主知主義的思想と偏固なる道徳経の圧迫〉とは、孫晋泰が退けた両班文化そのものであり、〈文化の権威を過信し、または戦争や政治上の変動の如き特異の事件に眩惑していた迷夢〉とは、皮相な軍国的・愛国的民族主義であるに違いありません。

これに対して津田は、時調の「科学的或いは文学的歴史」の探求が、国境を越えて民衆の相互理解と連帯を生むと述べているのです。

三 『朝鮮神歌遺篇』と『朝鮮民譚集』について

1 『朝鮮神歌遺篇』と巫歌の発見

孫晋泰は『朝鮮古歌謡集』に続いて、一九三〇年に『朝鮮神歌遺篇』と『朝鮮民譚集』という二つの著作を郷土研究社から立て続けに刊行します。この二つの著作に際立つのは、その綿密な現地調査(フィールドワーク)です。

孫晋泰は一九二三年の夏におそらくは民譚(民話)の聞き取り調査のために咸鏡南道咸興郡の友人・盧鳳鐘を訪ね、彼の名付け親であり盧家の家内祭祀を担う大巫金雙石尹と偶然に出会い、懇請して「創世歌」を聞き取ります。この出会いをきっかけとして孫晋泰の巫歌調査が始められ、慶尚南道、平安北道など各地の巫覡の巫歌を記録するに至ります。とくに一九三五年五月から雑誌『青丘学叢』に四回にわたって連載された「朝鮮巫覡の神歌」は、平安北道江界邑の巫覡・田明守の家に一週間滞在し、巫覡の祭祀の全体を明らかにしたものです。この時語られた巫歌は、祭祀が「神々を降ろして門を開く序頭の三神歌に始まり、十二神歌に進む」という、朝鮮・韓国の巫覡祭祀の基本となる「十二巨里」の全体像を示す最初の記録となりました。

田明守の巫歌にかぎらず、孫晋泰の記録は、対象を〈外側からではなく、内側から記録し、その世界観を明らかにする〉という今日の人類学・民俗学の基本を示す先駆的な手法でした。

例えば、一九二三年に金雙石尹から聞いた「創世歌」は、『三国遺事』や『三国史記』とは全く違った「宇宙と人類の誕生、火の発見や農耕の起源を語る民間の神話」です。同じ『朝鮮神歌遺篇』に慶尚南道東萊の盲覡が提供した「成造神歌」は、代表的な家の神である成造《ソンジュ》が「苦難に耐えて、木を植え、鉄を鋳し、大工道具を作り、家を建てた文化英雄」となったことを語り、韓国の伝統社会に男性の主宰する儒教的な祖先祭祀の他に、主婦と巫覡の主宰する家の神の重要な祭祀があることを具体的に明らかにしています。

こうした先端的な手法は、師であった西村眞次や鳥居龍蔵から学んだものに違いはありませんが、生得的な経験があったとも言えるでしょう。彼は日本留学以前の少年時代に、故郷・東萊郡下端でコンチンイ（공징이）という巫覡の行う巫術を垣間見て、巫覡の技に深い関心を抱いていたのです。[20]

コンチンイは、留学後の調査で出会った祭祀を主宰する巫覡とは違い、「太子巫」という〈他者の目に見えない使者〉を操って占いを行う巫女ですが、後に孫晋泰はこの記憶を頼りに中国の古い文献を調査し、巫の起源に遡り、一般の巫覡（「職業巫」）とは違った「家族巫」の存在に行き当たります。[21]

孫晋泰は、一九二五年十一月に刊行された雑誌『東洋』の「朝鮮に於けるシャマニズム」の中で、これを「家族的シャマン」と呼び、「朝鮮の家族的シャマンは、他のいずれのシャマンよりもその形は原始的にして普遍的である」と述べています[22]。

「家族的シャマンは一家族中にて相当に年を取ったそして祈禱に経験のある婦人がなるもの」で、主に産神、竈神、倉庫神などの家の神の祭祀を行います[23]。韓国の家屋には、日本の神棚の類はありませんが、主婦の起居する内房やマルと呼ばれる母屋の板の間にヒョウタンや甕に米を収め、一家の主人や家を守る家の神を祀っています。そして、その家の神の祭司は主婦なのです。こうした家の神を祀る女性と、儒教的な祖先祭祀に携わる男性の祭祀職の分業に関する記述は、後に秋葉隆等によって主張された「男性が担う祖先祭祀と女性が担う家内祭祀の〈二重構造論〉」の先駆けとなりました。

2 『朝鮮民譚集』

孫晋泰は一九三〇年十月に『朝鮮神歌遺篇』、十二月に『朝鮮民譚集』を同じ郷土研究社から刊行します。郷土研究社は、一九一三年に柳田國男が高木敏雄とともに雑誌『郷土研究』を発刊するにあたって創設した出版社で、当初は発行所を柳田の自宅としていましたから、孫晋泰の民譚研究に柳田國男の影響を見る向きもありますが、これには根拠がありません。『朝鮮民譚集』は、韓半島全域とは言えないまでも、当時可能な限りの地域を訪ねて語りを聞き、語り手の氏名や記録日時まで明らかにした孫晋泰独自の業績で、『朝鮮民譚集』が刊行された一九三〇年の日本には、これに匹敵する業績はまだ存在していませんでした。

またもし、孫晋泰が民譚集を編むにあたって影響を与えた研究者がいたとすれば、それは柳田國男ではなく、柳田とともに雑誌『郷土研究』を主宰した高木敏雄であろうと思われます[24]。

高木は、孫晋泰のようなフィールドワーカーではありませんが、ヨーロッパと東アジアの文献をよく読み、一九一二年には「日韓共通の民間説話」を著わし『三国遺事』『三国史記』のほか『傭斎叢話』などの野譚集に言及しています。高木は夭逝したので、孫晋泰に直接の指導を与えることはありませんでしたが、一九〇四年に著した『比較神話学』が孫晋泰の師である西村眞次や津田左右吉に強い影響を与えことは間違いありません。『朝鮮民譚集』には、細かく数えると一六三話の物語が収録されていますが、そのうち九話は孫晋泰自身の記憶によるものです。

彼は当時東京に留学中であった李相和、李殷相、方定煥といった文学仲間や学友から話を聞きとっただけでなく、連載中の『新民』誌上で寄稿を呼びかけ、平安道、江原道といった未調査地域の話を二十話以上記録しています。

しかし、注目すべきなのは『朝鮮民譚集』に収められた「妻妾争摘夫髪」という最初の記録で、日本留学直前の一九二〇年九月に故郷の東萊郡沙下面下端里の張家の主婦からの聞き書きです。孫晋泰は、その後も一九二二年八月の石巫女、二三年十一月の朴夫人、二十四年八月のもう一人の朴夫人と、ごく初期から故郷の話を記録していることから、彼の調査が故郷の人々の暮らしに対する関心から始まったことが窺えます。そしてこの故郷の語りの話者がすべて女性であることも興味深く思われます。

と言うのは、孫晋泰が調査を行った一九二〇年代は、儒教の「男女有別」の思想がつよく作用し、同じ屋内でも男性の生活空間と女性の生活空間が厳しく分けられていて、たとえ親しいはずの間柄でも女性に近づくことは極めて難しかったからです。彼に話を提供した四十四名の話者の内女性の話者はわずか七名にすぎず、そのうち四名が東萊の女性です。韓国に限らず世界中の昔話は母親や祖母から子どもたちに伝えられることが多く、とくに韓国では「民譚は男性が口にすべきものではない」と思われることが大きかったので、『朝鮮民譚集』の調査にもこうした影響は少なくなかったと思われます。

しかしながら孫晋泰は、こうした障害を乗り越えて、日本国内でも同じ朝鮮からの留学生に助けられながら、その調査を出版まぎわの一九三〇年春まで続け、その三月に十五話以上を追加し、すでに序文を書き終えた七月五日に高権三の語った「柿童」を加えて、粘り強く完成にこぎつけました。

四 「朝鮮民間説話의研究」と『朝鮮民譚集』について

三十歳に達したばかりの孫晋泰が、わずか十年の日本留学生活のなかで公刊した『朝鮮古歌謡集』『朝鮮神歌遺篇』『朝鮮民譚集』という三冊の素晴らしい著作の誕生には、もちろん彼自身の並々ならぬ才能と努力がありましたが、それとともにさまざまな幸運な出会いと出来事がありました。

そして、彼が「朝鮮民間説話의研究」を一九二七年七月から一九二九年四月まで『新民』にほぼ毎月連載し続けることができたのも、石田幹之助が『朝鮮古歌謡集』の後序に記した通り、彼が「殆ど毎日根気よく東洋文庫へ通ってきて頻りに勉強に没頭[25]」して行なった中国・朝鮮の文献資料研究の成果であり、彼の強靭な知力と気力の賜物ですが、やはり幸運な出来事に支えられたと考えられます。

その幸運な出来事とは、孫晋泰が通いつめた東洋文庫が、まるで彼の早稲田大学文学部史学科に入学に合わせるように一九二四年に創設されたことです。これは、まさに偶然の巡り合わせでしたが、彼の研究者としての生涯を一変させる一大事でした。

一九一七年に、中華民国総統府顧問を務めていたジョージ・モリソン（一八六二〜一九二〇）の中国に関する膨大な欧文文献コレクションを購入した三菱財閥の当主岩崎久弥は、一九二四年に自らの蔵書を寄贈して東京本駒込に東洋文庫を創設します。文庫には明治期の朝鮮語通辞であり優れた朝鮮古書籍研究者であった前間共作が開館とともに寄贈した貴重な野譚集や時調の資料が多く収められていました。

孫晋泰は、津田左右吉の紹介で文庫を訪れ、前間と出会い、前間から時調の指導を受けながら『朝鮮古歌謡集』を編纂し、漢籍と野譚資料を活用して「朝鮮民間説話의研究」を『新民』に連載し続けることができたのです。

孫晋泰は、早稲田大学卒業後も研究者として東洋文庫に勤務し、早稲田における師の津田左右吉や西村眞次に加えて、当時東洋文庫に関わっていた白鳥庫吉や石田幹之助のような屈指の東洋学研究者と交わり、中国・朝鮮の古籍に関する知見を深めました。

孫晋泰が『新民』に連載した「朝鮮民間説話의研究」と、光復後に刊行した『朝鮮民族説話의研究』の精緻な研究は、本書に収められた金廣植の「孫晋泰の「朝鮮民間説話の研究」と『朝鮮民族説話の研究』との比較研究」と馬場英子の「孫晋泰『朝鮮民間説話研究』の「説話」について」に譲りますが、ここで孫晋泰の『新民』に連載された論文と、光復後にまず刊行された著書について、私が抱いた幾つかの残された疑問を指摘しておきたいと思います。


まず第一の疑問は、この「朝鮮民間説話의研究」という優れた東アジア民話（民譚）研究が、一九二九年四月に『新民』の連載を終えると、一九四七年四月に乙酉文化社から『朝鮮民族説話의研究』として刊行されるまで、著者の手で十八年もの間ほとんど顧みられず、放置されてしまったことです。

そして、さらに残念なことに孫晋泰は、「朝鮮民間説話의研究」だけではなく、一九三〇年十二月に刊行した『朝鮮民譚集』についても、その基礎となったフィールドワーク（民譚の聞き取り調査）を放棄してしまった観があります。『朝鮮民譚集』の刊行にあたって、最後の瞬間まで民譚の記録を募り続けた彼の熱意は、どこに行ってしまったのでしょう。

『朝鮮民譚集』は、その記録の方法、厳密さ、誠実さ、分類の独自な性格、記録地域の設定など、一九三〇年の時点では、東アジアのみならず、世界の民話（民譚）研究の最先端に位置していたと思われます。その民話研究が、孫晋泰の朝鮮帰国とともに中断されてしまったのは何故なのか。これは大きな謎だと思います。

民話研究の基礎には、語り手と聞き手の出会いがあり、一度着手されたその記録は、さまざまな形で積み重ねられることで、その質と量を高めていきます。いうまでもなく個人のフィールドワークはいつかは中断されますが、最初に資料の聞き取りと記録に着手した研究者にとっては、その記録には終わりがないはずです。なぜなら、調査の記録は、たとえわずかではあっても、調査を重ねるたびに必ず新しい発見が加えられていく性格のものなのです。そして、その成果は次の世代に受け継がれていくのです。

またさらに、「朝鮮民間説話의研究」のような厳密な文献研究も、実はフィールドワークと表裏一体の関係にあります。

民話（民譚）の語りの記録を留める文献記録は、たとえその事実が記載されていなくても、必ず過去のある時点で、ある語り手によってある場所で語られた記録であり、考古学における化石のように絶対的な性格を保持しています。しかし、その記録も他の文献記録や語りの聞き取り記録（フィールドワークの成果）と比較検討されることで、はじめて意味が明らかになる性格のものです。

例えば唐代に段成式によって記録された『酉陽雑俎』に収められた「葉限」は、現在のところ世界最古の「シンデレラ」の記録ですが、そのことによって「葉限」が世界のシンデレラの原話であるとは言えません。『酉陽雑俎』の著者・段成式が記録したのは現在の広西チワン族自治区出身の李士元という使用人が語った話ですが、その李士元もきっと他地域の出身者の誰かから「葉限」の話を聞いたに違いないのです。

その「葉限」には、現在では誰でも知っている「シンデレラ」に登場する援助者の妖精は現れません。その代わりに登場するのは大きな魚で、この魚がヒロインの葉限を助けます。

この「葉限」という貴重なシンデレラ話を、膨大な漢籍の中から見つけ出した南方熊楠は、ただちにこの「魚の援助」というモチーフの、意味とその伝播状況の一端を明らかにするために、十九世紀末にポルトガルの民俗学者ペドロソが記録した「魚と娘」を援用します。「葉限」における「魚の援助」は、おそらく数あるヒロインの援助者のなかの一つのタイプであり、けっしてヒロインの援助者の原型ではないのです。

そして本書に収録された「孫晋泰『朝鮮民間説話研究』の「説話」について」で馬場英子が指摘している通り、一九二〇年代の中国では「民俗」蒐集研究活動（フィールドワーク）が盛んに展開されていますから、孫晋泰が東洋文庫の膨大な漢籍のうちに発見した中国の民譚の文献記録は、一九二〇年代以降の中国のフィールドワークの記録と比較されねばならないし、なにより韓国・朝鮮各地で行われる一九三〇年以降の民話の記録調査によって、新たな位置づけを与えられなければ意味はありません。孫晋泰には、一九三四年以降一九四五年まで、韓国でフィールドワークを継続し、さらにその成果を同時代の中国や日本のフィールドワークの記録と突き合わせる機会は、十分に残されていたはずですが、彼が一九三四年まで全力を尽くして探索していたはずの漢籍の民譚記録は、化石のまま留まってしまったのです。

第二の疑問は、孫晋泰がこうした一九三四年以降の民話研究の展開にまったく無関心であったのは何故かということです。

私がこうした疑問を抱くのは、孫晋泰が教えを受けた西村眞次は、その『神話学概論』（一九二七）で、神話（口承文芸）の国際比較の必要と、神話研究の多様な方法論を紹介していますが、孫晋泰自身がその『神話学概論』に「朝鮮の白鳥処女説話」を提供しているからです(26)。

孫晋泰が日本に留学していた当時の神話学は、例えばフレイザーの洪水神話研究が示すように、すでに文献資料研究とフィールドワークの関係を十分に理解していました。

そして神話学のみならず、民話の国際比較研究においても、フィンランドのアアルネによって創始されアメリカのトンプソンに受け継がれた「話型」の概念とその分類と比較研究が主流となり、一九三〇年以降には、ドイツのエバーハルトの中国民話研究や日本の柳田國男の民話・民俗研究などのさまざまな試みが、世界各地で展開されていました。この身近な国際的研究動向に、孫晋泰ほどの研究者が、なぜ無関心でいられたのか、理解できないということが第二の疑問です。

そして第三の疑問は、さらに深刻なことに、孫晋泰が自らの文献学的な研究（『朝鮮民間説話의研究』）とフィールドワークの成果（『朝鮮民譚集』）をその刊行によって完結してしまうと、この二つの研究成果は、それぞれが個別の卓越した業績という地位に留まり、その成果の総合という、当然行われてしかるべき次のステップに進むことがなかったことです。

たしかに民話（民譚）の研究には、すでに述べた通り「文献学的な研究」と「聞き取り調査」という二つの異質な研究方法があり、現在でも文献学的な研究は国文学者の仕事であり、「聞き取り調査」は民俗学や人類学の仕事として棲み分けが確立していることは事実です。しかし孫晋泰は、すぐれた文献研究者であると同時にすぐれたフィールドワーカーであり、その総合的な研究に最も近い立場にいた最先端の研究者でした。

しかも彼は、朝鮮に帰国する直前の一九三三年一月に宋錫夏とともに朝鮮民俗学会を組織していますが、帰国後は一九三三年夏に平安北道江界邑の巫覡・田明守宅に一週間滞在して、十二巨里《コリ》（祭祀の十二の節次）におよぶ祭祀の全体像を記録したのを最後に、民俗学研究の基本であるフィールドワークから遠ざかってしまいます。

一九三四年の孫晋泰の帰国以降の研究に対して、私がここで呈した三つの疑問は、「民俗学研究を取りまく社会状況がまったく違う現代の日本人研究者が発したアナクロニックな疑問にすぎず、一九三四年から一九四五年の光復までを生きた韓国・朝鮮の民俗学研究者の立場をまったく理解していない」と批判されて当然といえば当然かもしれません。

確かに、三一運動以降、それまでの朝鮮総督府の「武断政治」を改め「文化政治」を推進した斎藤実が一九三一年七月に退任し、同じ年の九月には満州事変が勃発、さらに一九三二年には五・一五事件、一九三六年には二・二六事件が起こり斉藤実が暗殺されるなど、日本の軍国主義が台頭し、日本と韓国の民俗学や歴史学などの学術研究が厳しい立場に立たされたことは間違いありません。

そして重苦しい日本の支配から解放された一九四五年八月十五日の光復から朝鮮戦争の最中の一九五〇年六月二十五日の拉北までのわずか五年ほどの孫晋泰の旺盛な執筆活動は目を見張るものがあります。

しかしそれでもなお私には、こうした社会的な背景が、孫晋泰の一九二〇年から一九三四年における孫晋泰の旺盛な研究活動と、一九三四年から一九四五年までの研究活動の寡黙な性格を説得的に説明するとは思えないのです。

注

（1）『孫晋泰先生全集・第三巻』太學社、一九八一年、一頁。
（2）『孫晋泰先生全集・第六巻』五〇五頁。
（3）韓永愚、二〇〇五年、「손진태（孫晋泰）의 신민족주의（新民族主義）사학（史學）」https://m.blog.naver.com/PostView.naver?isHttpsRedirect=true&blogId=okinawapark&logNo=67184805（検索日：二〇二一年九月三十日）。
（4）『孫晋泰先生全集・第六巻』六七四—六七六頁。
（5）부산역사문화대전、「구포사립구명학교（亀浦私立亀明学校）설립취지문」http://busan.grandculture.net/Contents?local=busan&dataType=01&contents_id=GC04201327（検索日：二〇二一年九月三十日）。
（6）『孫晋泰先生全集・第六巻』六八〇頁。
（7）『孫晋泰先生全集・第六巻』六八二頁。
（8）『孫晋泰先生全集・第六巻』六八二頁。
（9）孫晋泰「己未前後の文化相」『新民』三三号、一九二八年一月、一九五—一九六。

(10)『孫晋泰先生全集・第三巻』一九八一年（三）四―六。
(11) 孫晋泰「朝鮮歌曲紹介」『短歌雑誌』八五号、一九二五年九月、三五―三六。
(12)『孫晋泰先生全集・第六巻』五二七頁。
(13)『孫晋泰先生全集・第六巻』五三一頁。
(14)『孫晋泰先生全集・第六巻』五四五―五四六頁。
(15)『孫晋泰先生全集・第六巻』五四九頁。
(16)『孫晋泰先生全集・第六巻』五四七―五四八頁。
(17)『孫晋泰先生全集・第六巻』五四八―五四九頁。
(18)『孫晋泰先生全集・第六巻』五六二頁。
(19)『孫晋泰先生全集・第四巻』一頁（五三三頁）。
(20) 孫晋泰「支那及朝鮮に於けるの巫の腹話術について」『郷土研究』一九三一年九月、三―五。
(21) 孫晋泰「支那の巫について」『民俗学』一九三〇年四月、一六。
(22) 孫晋泰「朝鮮に於けるシャマニズム」『東洋』一九二五年十一月、四三頁。
(23) 孫晋泰「朝鮮に於けるシャマニズム」『東洋』一九二五年十一月、四三頁。
(24) 一九一三年に刊行された高木の『日本伝説集』は、一九一一年に「東京朝日新聞」の呼びかけに応じて全国から寄せられた昔話・伝説を、分類・整理したものだが、各話の末尾には寄稿者が明記されている（増尾伸一郎「孫晋泰と柳田國男」、『説話文学研究』四五号、二〇一〇年参照）。孫晋泰もまた、高木と同じく、『新民』に連載した「朝鮮民間説話의研究」の末尾に数回にわたって「民間説話募集」を掲載し、読者の寄稿を呼びかけている。そして実際、『朝鮮民譚集』には「一九二三年八月三日、慶北漆谷郡倭館、金永奭老人談」のような語り手の記録のほかに、「一九二八年二月、慶北金泉郡牙浦面国士洞、金文煥氏寄」のような寄稿者のものと思われる記録が多数みられる。この間の事情に関しては、金廣植の「孫晋泰の東アジア民間説話論の可能性」に詳しい。
(25)『孫晋泰先生全集・第四巻』一頁（五三三頁）。
(26) 西村真次『神話学概論』早稲田大学出版部、一九二七年、三一三頁。

主要参考文献

南根祐

一九九六 「孫晋泰学の基礎研究」『韓国民俗学』二八号

韓国歴史民俗学会編

二〇〇三 『南滄・孫晋泰の歴史民俗学研究』民俗苑

金廣植

二〇一四 『植民地期における日本語朝鮮説話集の研究』勉誠社

本書の翻訳にあたっては、漢文資料をのぞく韓国語テキストを、まず鄭裕江が翻訳し、金廣植が孫晋泰研究者の立場から韓国語テキストの翻訳を再検討し、さらに馬場英子が、中国民俗学研究の立場から、漢文資料を孫晋泰が利用した東洋文庫所蔵の資料から翻訳し、最後に金廣植、馬場英子、樋口淳が翻訳の最終的な検討を数次にわたって行った。

本書の出版にあたってご尽力いただいた風響社社主・石井雅氏に深く感謝する。

訳者・解説者紹介

金廣植（キム・クァンシク）

1974 年　韓国生まれ。
東京学芸大学大学院修了（博士）　立教大学兼任講師
専攻：民俗学、文化史
主要著書：『植民地期における日本語朝鮮説話集の研究――帝国日本の「学知」と朝鮮民俗学』（勉誠出版、2014 年）、『近代日本の朝鮮口碑文学研究』（寶庫社、2018 年、韓国語）、『韓国・朝鮮説話学の形成と展開』（勉誠出版、2020 年）、『北韓説話の新しい理解』（民俗苑、2022 年、韓国語）など。
編著：『近代日本語朝鮮童話民譚集叢書』全 4 冊（寶庫社、2018 年）など多数。
翻訳:『帝国日本が刊行した説話集と教科書』（民俗苑、2019 年）、『文化人類学と現代民俗学』（民俗苑、2020 年）など多数。

鄭裕江（チョン・ユガン）

1971 年生　翻訳家。
翻訳：『韓国昔話集成』全 8 巻（悠書館、2013 ～ 2020 年）など。

馬場英子（ばば　えいこ）

1950 年生　新潟大学名誉教授　東洋文庫研究員。
専攻：中国文学。
主要著書：『北京のわらべ唄』全 2 巻（共編訳、研文出版、1986 年）、『中国昔話集』全 2 巻（共編訳、平凡社東洋文庫、2007 年）、『語りによる越後小国の昔ばなし』（知泉書館、2016 年）。
編著『浙江省舟山の人形芝居』（風響社、2011 年）。

樋口　淳（ひぐち　じゅん）

1946 年生　専修大学名誉教授。
専攻：比較民俗学。
主要著書：『民話の森の歩きかた』（春風社、2011 年）、『妖怪・神・異郷』（悠書館、2015 年）など。
翻訳:『祖先祭祀と韓国社会』（第一書房、1993 年）、『韓国昔話集成』全 8 巻（監訳、悠書館、2013 ～ 2020 年）など。

著者紹介

孫晋泰（ソン　シンテ）

1900年　慶尚南道東萊郡沙下面下端里生まれ。

5歳で津波により母を失う。1921年3月に中東学校（京城）卒業後、日本留学。早稲田第一高等学院を経て1924年早稲田大学文学部史学科に入学、西村眞次、窪田空穂、津田左右吉等の指導を受ける。1927年に早稲田大学を卒業後、東洋文庫勤務。1934年に帰国し、普成専門学校（現高麗大学）勤務。1945年8月の光復後、歴史家として解放後の韓国の教育文化政策に深く関与。1950年朝鮮戦争勃発直後、北朝鮮に渡り消息を絶つ。

日本滞在中の主要著書：『朝鮮古歌謡集』（刀江書院、1929）、『朝鮮神歌遺篇』（郷土研究社、1930）、『朝鮮民譚集』（郷土研究社、1930）。

光復（1945年）後の主要著書：『朝鮮民族説話の研究』（1947）、『朝鮮民族文化の研究（1948）』、『朝鮮民族史概論（1948）』（いずれも乙酉文化社）など。

朝鮮民族説話の研究

2023年1月20日　印刷
2023年1月30日　発行

著　者　孫　晋　泰
発行者　石　井　雅

発行所　株式会社　風響社

東京都北区田端4-14-9（〒114-0014）
TEL 03(3828)9249　振替 00110-0-553554
印刷　モリモト印刷

Printed in Japan 2023 ©　ISBN978- 4-89489- 316-0 C1039